Psychology of a Whole Person

全人心理學

朱秉欣 著

五南圖書出版公司 印行

作者簡介

學歷
* 菲律賓若瑟書院士林哲學學士
* 菲律賓聖伯明神學院神學碩士
* 菲律賓亞典耀大學心理輔導學碩士
* 美國威斯康辛大學諮商心理學博士
* 羅馬額俄略大學宗教心理學研究

經歷
* 菲律賓宿務聖心中學文史教師
* 臺北耕莘文教院輔導中心主任
* 彰化教育學院客座教授兼代系主任
* 臺大社會研究所兼任副教授
* 輔仁大學教授兼秘書長、教務長
* 輔仁大學醫學院創院院長
* 輔仁大學心理復健學系創系主任

現任
輔大法律、社會、護理三系退休教授

著作
* 自慰問題統計研究（英文版）
* 青少年輔導
* 教會與教育
* 心理問題的探討
* 團體諮商的理論與技術
* 心理復健導論
* 全人心理學
* 通識教育規劃研究
* 國營事業主管人員的性向研究
* 教育機構增進宗教認知之可行性研究

序

　　全人心理學有兩種意義：一是專談人的心理不談動物心理，二是探討人從生到死的心理。本書的讀者為大學青年，為強調科學心理學的學者可作為研討與批判的材料。

　　文以載道、學以致用是筆者撰寫本書的動機。自1966年主講心理學開始，期間曾經採用過的教材已有七、八種版本。所有普通心理學課本的內容大同小異。前面的一章首先說明心理學已由哲學提升為科學。接著便詳細講解人體的構造，如大腦、神經系統以及耳、目、口、鼻等外在的官能。約自第四章開始，直接探討感覺、知覺、學習、記憶、情緒、意識與潛意識、知能與思考、人格與人格發展、心理病態與心理治療。最後，可能介紹人類的社會行為與團體生活，包括領袖與領導。

　　半個世紀以來，臺灣社會的變化很大。普通心理學的教材似乎沒有追上時代。三、四十年前的大學生上課帶課本、寫筆記，課前有預讀、課後作複習；上課不遲到，教室內不吃也不喝，更不帶手機。現在的大學生很多不買書，上課不帶教材，帶的是早餐與飲料。聽課不用耳朵而愛看銀幕上的圖表，不懂的教材也不會發問，老師提出的問題難得有一、二人回答。

　　普通心理學大多是大一新生或通識教育的必修課程。理論上，心理學為青少年男女瞭解自己並瞭解他人的心理應該非常重要，但上課開始同學們接觸了前面幾章，很快就失去了興趣。有關生理學的部分，大一新生已在高中的生物學課程有所瞭解。至於醫學、護理科系的同學，他們更有解剖學、神經心理學等更徹底研究

的課程，所以也不感到好奇。

　　大學的教科書往往蒐輯的教材很廣，因此課本也愈來愈厚。為適應科學的要求，課本中引用的參考書目長達百頁。這對出版事業可能有益，但對學生的實用價值可能不高。至於心理學的科學術語，不論中文西文凡出現在課文中的，應該都在上課時詳加解釋，無須另占篇幅。

　　普通心理學的課程，以往大多占上下學期四個學分，現今許多學系尤其通識課程改為兩個學分。這樣心理學的教材更該放棄心理學的歷史部分。尤其那些古老的動物實驗，如巴夫洛夫的狗、桑代克的貓與斯金納的老鼠等實驗。這些所謂的實驗研究，為一般科系的學生，難能從中得益。

　　本書不特別強調科學的美名，但更重視人類日常生活中的心理現象。因此並不避諱涉及非物質的精神體，或無法實驗更不可能量化的心理現象；如理智、意志、良知以及神視、啟示、附魔、驅魔等事實。為青年男女應付高考、普考，坊間早有專書提供試題與答案。這些考題對日常生活用處不大，本書從略。拙作倉促付梓未能請人校閱，不妥之處，歡迎讀者指正。

朱秉欣
輔仁大學退休教授，2008年

目　錄

第一章

導　論

　　天文學家告訴我們：太空中有遙遠的星球，它們的光還沒有射到我們的地球上來。宇宙有多大，誰曾經測量過？宇宙是怎麼產生的？它什麼時候開始存在？宇宙萬物的自然律是怎樣定的？由誰訂定的？中國古人說：我生爲有涯，而知爲無涯。實在，人類對宇宙萬物知道的不少，但不知道的更多。

　　現代規模較大的綜合大學，往往開設幾十個甚至一百多個學系。一位學者在化學、物理學或生命科學系研究一輩子，他也沒有完全瞭解化學、物理學或生命科學的全貌。至於其他幾十個學系的知識，他知道的更少。俗語說：隔行如隔山。一位研究人文科學的學者，怎麼能完全瞭解自然科學？一個研究物質世界的自然科學家，怎麼能瞭解研究人文科學的心理學以及精神世界的宗教學或神學？心理學家終其一生研究心理，結果的確他對人類的心理知道的不少，但他不知道的還很多。

壹、全人心理學的意義

　　心理學（Psychology）是研究人類心理的科學。按最早的定義，心理學是研究靈魂的科學。英文的Psychology一詞是由兩個希臘字Psyche與Logos組合而成的。前者是指靈魂，後者廣泛地指學問。如：Biology、Zoology、Sociology、Theology，中文都譯成生物學、動物學、社會學、神學。

　　心理學研究的對象是人，特別是人之所以爲人的理智、自由意志、良知、人的靈魂、靈魂的存有、靈魂的性質等。由於理智、靈魂等研究對象是看不見、摸不到的東西，祇能憑人的經驗與觀察所得再作理性的推敲；所以心理學最早的名稱爲理性心理學（Rational

Psychology）或哲學心理學（Philosophical Psychology），自從德人馮特（W. Wundt, 1832-1920）於1879年，在萊比錫創辦第一所心理實驗室以後，心理學似乎脫離了哲學而跨入了科學的門檻。心理學開始有了實驗心理學（Experimental Psychology）的名稱。但是，人類除了本能性的、外顯的行為之外，還有靈性生活；所以單憑實驗根本無法理解人之所以為人的特性，因此人類的生活經驗受到了重視，心理學又獲得了經驗心理學（Empirical Psychology）的名稱。20世紀以來，學術界大多傾向於自然科學的研究。行為主義學派的心理學家便把心理學界定為研究行為的科學。但是人類的行為有外在的行為與內在的行為，有獸性的行為（Animal behavior）與人性行為（Human behavior）之分。單研究外顯行為與獸性行為，人類心理學便成了動物心理學（Animal Psychology）。因此有識之士又將心理學重新界定為研究人類行為與心智的科學。隨著21世紀的來到，不少有關心理學的著作更將心理學改稱為研究人類身、心、靈的科學。根據人類親身的經驗以及對人類的實際觀察，心理學家又把人類靈性的、理性的部分納入了研究的範圍。

藉著日常生活的經驗，每一個人都有某些有關人類心理的知識。這些知識有的是親身體驗的，有的是由前人的著作傳承下來的，有的是由電影、電視、電腦獲得的。雖然這些來自經驗的知識不是很有系統的，也沒有經過實驗重複檢驗的，但無論如何，它們是由經驗得來的，或觀察客觀的心理現象所得的結論。這些知識祇要加以整理分析，解釋它們的前因後果，也可能是有系統的學問。

有關人類的心理現象，希臘哲人亞里斯多德（Aristotle, 384-322 B.C.）早在他的著作中討論人類的本性、人類的知識、理智、意志以及記憶等的功能問題。專門研究靈魂的著作有奧斯定的《靈魂論》

（*De Anima*）。法國哲學家笛卡爾（Rene Descartes, 1596-1650）認為人類的內在官能理智、意志、記憶及想像力等都是與生俱來的。人是由靈魂和肉軀所組合的。靈魂是身軀的主宰。主張經驗主義（Empiricism）的洛克（John Locke, 1632-1704）則認為人的一切知識均來自後天的經驗。洛克認為人生下來就如一塊白板（Tabula raza），其後一切的發展完全決定於後天的經驗。以上學者雖均被稱為偉大的哲學家，但他們所探討的確是實實在在有關人類的心理。

全人心理學試著不多討論有關動物心理的研究，不多敘述由動物實驗所得的研究結果，相反的，凡屬於人類所能體驗到的、觀察到的，我們儘量納入討論。既然現代心理學可界定為研究身、心、靈的科學，全人心理學不避諱有關靈的問題。關於身的部分，全人心理學較注意人體的形成與成長發展；至於有關肌肉筋骨的組織形態以及人體官能的構造，將留給生理學與解剖學去討論。至於人類所特有的理智、意志、良知、道德、信仰、欲望、性愛、婚姻、老年、死亡等人生問題將納入探討的範圍。

貳、全人心理學研究的方法

普通心理學介紹心理學研究的方法不外乎：一，實驗法；二，觀察法；三，調查法；四，測驗法等。關於人類的心理現象，有些也可採用實驗法。例如許多貧困地區的孕婦大多營養不良。心理學家可以先將她們按姓氏排列成一個母體，然後再依單數、雙數將她們分成兩組。接著按隨機取樣的原則於甲、乙兩組中抽出一組為實驗組，一組為控制組。研究員為實驗組的孕婦，從現在起每天改善飲食提高營養；控制組則依當地貧戶狀況照常渡日。八、九個月之後，孕婦們個

個生下嬰兒，研究員便可觀察統計，經過改善營養的孕婦所生的孩子是否比控制組的更加健康。同樣的方法可於幼稚園內實施，研究改良營養的兒童是否學業成績更佳，或身體更加健康。

實驗法被認爲是最嚴謹、最合乎自然科學的研究方法，它不但探討事態或行爲的現象，而更深究它們的成因。實驗所得的結果不但研究者可以重複檢驗，其他研究員也可以仿效驗證。不過，有關人類的靈魂、理性、思想、意願等專屬於人性的問題，實驗法便無用武之地。因此，研究人類的心理，屢次要用觀察法。

觀察法是科學研究上應用最廣的方法。事實上，任何科學研究幾乎脫不了觀察。研究人類的心理，觀察法廣泛地應用於對兒童的觀察。在嬰兒期，可採自然觀察法；稍長，亦可設計某種特殊情況，以觀察他們的行爲反應。從研究者方面來說，觀察可分參與觀察與非參與觀察。例如大學生的導師參與大一新生的迎新會，在此場合他可以自然地觀察哪些同學比較有領導能力，哪些同學更有服務美德。非參與觀察法往往使用於一般兒童教育的機構。教師們在暗室中透過單面鏡，觀察兒童在遊戲場合各種行爲的表現。

觀察法雖不被認爲是嚴謹的科學研究方法，但它與任何科學研究脫不了關係。採用觀察法該注意的是：觀察者是否受過特殊的訓練，學得如何觀察？何時觀察？觀察什麼？如何記錄？如何詮釋觀察所得？最重要的是：研究者對於觀察所得必須避免主觀的詮釋。

除了實驗法與觀察法之外，研究人類心理學的學者，大多採用心理衡鑑法。心理衡鑑普遍地利用各種心理測驗，如智力測驗、人格測驗、性向測驗、情緒測驗、興趣測驗、情況測驗等。智力測驗是以標準化了的測驗來衡量一個人智能的高下，也就是瞭解他或她聰明的程度。例如李生的智商在九十以下，大概他不容易考上大學；王生的

智商在一百二十左右，大概他攻讀碩士、博士不會有太大困難。智力測驗有的是文字測驗，有的是非文字測驗。以測驗的方式來分，有的是個別測驗也有的是團體測驗。人格測驗有的是探測一個人的人格特質，如誠實可靠、有自信心、善於社交、情緒穩定、革新創新等，有的則是評量一個人心理方面的偏差，診斷他所害的病是屬於精神病的妄想狂症、精神分裂症或是精神官能症中的焦慮症、解離症、憂鬱症或歇斯底里症。性向測驗分特殊性向測驗與普通性向測驗。前者包括文書性向測驗、機械性向測驗、藝術性向測驗、音樂性向測驗等，後者又稱學術性向測驗（Scholastic Aptitude Test，簡稱 SAT），也就是智力測驗。情緒測驗是測量一個人情緒的激動或它的穩定性。興趣測驗主要的是探測一個人的職業興趣，如學術研究、學校教育、醫護工作、社會服務、經商或歌舞演唱等。青年學生倘能藉心理測驗瞭解自己的智能、性向、以及職業興趣而早日接受專業教育或特殊訓練，則成就的希望必定倍增。

　　測驗之外，心理學家又可用自行編製的調查問卷，蒐集大批資料，然後再作統計分析。這種方法也被稱為統計研究法。統計研究應用的範圍很廣。社會學、社會心理學、諮商心理學、宗教心理學、教育心理學等都可採用。採用統計調查更可引伸到比較研究法（Comparative Study）。如比較海峽兩岸大學生們的學術興趣、價值觀念、政治理念、宗教信仰等。比較研究法可比較同時代、同年齡的青年，也可連續比較不同年代社會人士的道德觀念，這樣的研究又變成了歷史研究法。歷史研究法又被稱為縱貫法（Longitudinal Method），相對於縱貫法的便有橫斷法（Horizontal Method）。研究人類的心理有的是個案研究（Case Study），專門研究某一個人或某一事件。為研究歷史上的人物，如史達林或拿破崙，研究者也可藉文獻探討來分析他們的心態。所以圖書研究（Library Research）也是研

究人類心理的方法之一。

研究是一項很有趣的工作。研究的過程能長能短。它是先由觀念開始。例如假設：凡是人都應該有良知。然後選擇驗證的方法。最後由蒐集所得的資料加以分析解釋。所得的結果，用以答覆最早提出的假設。同一個問題能採不同的方法來加以驗證。不過，自然科學所特別重視的實驗法，在探討人類的心靈、理智、思想等精神問題時，有它的無能為力之處。因為精神體的存在，你可以肯定它有，但無法予以量化；更不可能要求它一再重複顯身，讓不同的人甚至不同時代的研究者作同樣的驗證。

參、全人心理學涉及的範圍

按照心理學的定義，全人心理學應該討論到人類身、心、靈三方面的問題。關於人體的結構、神經系統的組織、五官的功能、內臟的生理變化、疾病的發生等，遺傳學、解剖學、生理學、醫學都已有豐碩的研究結果，全人心理學不多加介紹。關於心理的問題，全人心理學並不放棄考古學（Archeology）或文化人類學（Cultural Anthropology）所提供的知識。由上列學科，我們可以肯定人類是在歷史的長河中不斷演化的，人類的智能也是逐漸發展的。靠人類幾千年幾萬年甚至幾億年累積下來的知識，我們肯定人是有理性的。既然人有理性，我們便推斷他有理智（Intellect）或稱智力。因此，國際人權法第1條便列出：「所有的人……人人都有理智與良知。」理智與良知的存在，我們無法用自然科學的研究方法來予以證明、量化或系統化。但人人都瞭解理智判斷是非真偽，良知分辨善與惡、功與過。全人心理學並不排除實驗心理學的研究方法，但因研究人類的心理，最主要的更是他的靈性生活。因此方法上更著重心靈生活的經驗與人

類所能觀察到的現象。按日常生活的經驗，人人多少擁有心靈生活的知識以及觀察到有關人生的種種現象。

首先，宇宙間除了有形的物質之外，是否還有所謂的精神體的存在？從現象的來觀察，古今中外絕大多數的人，都深信「舉頭三尺有神明」。接受了精神體的存在，人又合理地推論：神應該有善有惡，善神就是上帝、天使以及已經過世的先聖先賢的靈魂；惡神便是魔王、小鬼以及散布在人間的孤魂野鬼。鬼魂雖屬於精神體，但地球上的任何地區、任何民族都有相對的語言、文字，甚至相對的畫像。

關於日常生活中人類使用的電，我們只看到它的光，感覺到它的熱，但沒有見到它的形狀與它的面貌。電是存在的，我們深信不疑。採用類比，我們聽到人說話，也懂得他要表達的思想，但我們看不到思想。科學家都有思想，但他也看不到自己的思想，也無法把思想量化。雖然看不到，但藉著語言、文字的表達，我們不但聽到而且懂得他要傳達的主張。觀察現象，我們分辨人有善有惡。但是人的善惡功過又難於用數據來掌握。人有良知，良知是否與生俱來，自然科學家也無法予以肯定或者加以否定。憑社會大眾的經驗，全人心理學不敢予以否定。人人追求美好的人生，希望生活中獲得幸福、快樂。但幸福如何量化，快樂怎樣計算？雖然如此，我們都瞭解快樂與幸福的涵義，同時也體驗到什麼是真正的快樂、真正的幸福。

美與醜似乎沒有絕對的標準，善與惡又很難加以判斷；但「惡有惡報，善有善報」卻是理智清醒的正常人所有的要求。因此，全人心理學寧可尊重社會大眾的常識與見識而納入討論範圍。心理學被提升到科學的領域已有一百三十年的歷史，在這過程中，學者專家大多先以動物為實驗的對象。雖然由動物的研究，人們可以發現人類的感性生活，如喜怒哀懼與豬狗牛馬有許多相似的地方，但對人類獨有的靈

性生活卻貢獻不大。全人心理學試圖更重視人類的靈性生活，希望心理學對人性的提升發揮它的教育功能，而不讓心理學只被妄用於商業競爭或飲食文化、聲色娛樂、政治惡鬥的宣傳工具。全人心理學試圖由人類的起源、生命的開始，直到人類的死亡、生命的終結，來瞭解人一生中重要行為的產生、學習、改變與消失。

人既自認為是萬物之靈，人的生命應該有它特殊的意義，人的一生應該有它特殊的使命；最後人的死亡也應該有個特定的目標。人不但希望萬能，更希望永生。

肆、全人心理學的目的

「古希臘哲學家在幾千年前早探討，人類特別追求的是什麼。他們的結論是知與愛，就是知識與愛情。可見有理性的人有一個特殊的傾向，他什麼都想知道。〈創世紀〉記載：原祖父母在地堂裡享用萬物，不愁吃喝。魔鬼引誘他們偷吃上帝嚴禁他們吃的唯一果子，就是知善惡那棵樹上的果子。引誘的魔鬼說：你若吃了知善惡樹上的果子，你的眼睛會如上帝一樣明亮，而且能知道善惡。原祖父母就上了當。他們吃了以後，真的眼睛明亮了；但他們發現的是：自己都赤身裸體非常害羞。《聖經》上記載，他們便摘下樹上的大葉子，把它們串連起來遮蔽自己的身體。所以人類的求知欲是與生俱來的。嬰兒一開始走動，他便開始摸索。隨著年齡的增長，他的好奇心越來越大，求知欲也越來越高。

全人心理學並不是一篇學術研究報告，而是設法參考前人有關人類心理研究所得的成果，加以蒐集整理；為研究心理學的師生提供參考。全人心理學並不是讓人對人體構造的瞭解，而更希望現代讀者多

瞭解自己的身、心、靈，如何影響自己的思想、言語、行為以及日常生活。全人心理學特別注意的是人性的一面，至於本能性的、動物性的行為反應雖不排除，但非本書所要探討的重點。

什麼是與人性特別有關的心理問題？首先我們要討論的是：人類的起源、人類的特質、人類的靈性、人類的理智、良知、意志、道德觀念、人生目標、宗教信仰，以後也探討人類的犯罪現象、婚姻大事、企業發展、老年心態、死亡意義、身後歸宿等。

人類憑著天賦的靈性理性，假如能找到合情合理的解釋，告訴人他從哪裡來，該往哪裡去。那麼他可以望準目標選擇康莊大道勇往直前，即使路途中發生意外、遭遇天災地禍、疾病傷害，他仍可以逐漸回歸正道，繼續向著目標邁進，最後抵達人生終點。

觀察現代世界各國，人類似乎不在演進而在退化、惡化。擁有理性的人類一方面不斷發展科學瞭解大自然的奧秘，另一方面卻繼續放任獸性；不僅人與人之間互相殘殺，連人類賴以生存的自然環境也不斷加以破壞。人類縱情恣慾只圖個人的享樂。男歡女愛、陰陽相吸是大自然的規律，現代社會竟出現越來越多的同性戀者，甚至還結成連理。

憑理性，人都知道父母很自然地疼愛子女扶養弱小，現代社會竟出現了親手打死女嬰的父親和虐待親生幼兒的母親。青年男女相互傾慕、談情說愛、親吻擁抱也是人人樂見的社會現象，是人類的希望。現代社會竟出現了情侶們持槍動刀相互殘殺的悲劇。

國家是由民族組成，民族是由家族組合，家族是由美滿的家庭組合，美滿的家庭是由恩愛的夫妻組合。現代社會曾由戀愛結合的夫妻紛紛離婚，婚姻契約已成廢紙。外遇姘居連達官貴人也不以為恥。夫

妻互相殘殺時有所聞，年邁的老人為子女遺棄。狂妄的青少年男女互相械鬥，甚至動手動刀殺傷父母。社會演變至此，明顯地證實現代人類真的不在憑理性求進化、美化，而更在放任獸性而醜化惡化。全人心理學的目的旨在喚醒人類，多作理性思考表現人性行為，以挽回狂瀾，讓人類回歸人性、抑制獸性，重視人性、發揚人性。

　　現代世界人類面臨的大問題是貧富不均。按世界銀行的統計，在這科技進步快速、經濟非常發達的世界，竟存在著十億人口每天在生命線上掙扎；每年至少有八百萬人因貧窮而死亡。19世紀的前半，世界五大洲普遍地比較貧困；歐美各國也有許多貧戶。但到了1998年20世紀的末了，最富有的地區便集中在美國、加拿大、澳洲、日本與西歐。非洲、亞洲、蘇俄以及拉丁美洲的居民普遍地在貧困中渡日。根據UNICEF的統計，世界各國每分鐘在軍事武器上的花費達一百八十萬美元。同時，全世界每小時有一千五百個兒童因為饑餓而喪失生命。世界各地有更多的人生活在恐怖的暴政之下。到處流浪的難民不勝枚舉。全世界不到30%的人口耗掉了世界物資的四分之三。亞洲地區的許多國家，政客們與企業界人士掛勾，使富者更富、貧民更窮。為了政治理念、種族歧視、信仰因素，民眾的基本人權遭到剝奪。殘障人士尤其缺乏保障，受教育、謀職業，他們都得不到公平的待遇。人對人猶如豺狼虎豹。人類喪失了理性、埋沒了良知，連有愛心、有慈悲心腸的人們也望洋興嘆，深感自己無能為力。在重男輕女的文化，女嬰慘遭墮胎，女性淪為玩具、淪為商品可以金錢交易。

　　人對人似乎已失去了理性，人對飛禽走獸顯得更加殘忍。在地球上，每天有一種稀有動物從地球上絕種消失。另一方面，不關心有理性的人類而溺愛寵物的人越來越多。無數的青年男女愛上了狗、貓、鳥、蛇、鼠，每年為養寵物所消耗的糧食何止數百萬噸。寵物所享用

的食物遠比亞、非的窮人能吃到的更加精緻美味。寵物醫院的設施遠比貧窮鄉村的診所更加齊全。此外，人類對於自己居住的大地也不加珍惜。每年相當於四分之三朝鮮半島面積的熱帶森林遭砍伐而消失。每十年，地球上的氣溫將增加攝氏二到四度。同時海平面將上升數英尺。所以，除非人類的理性及時覺醒，採取有效的對策，今日的情況必將帶來明日的慘局。相反理性剝奪人權，製造恐怖擾亂治安，傷天害理違背正義，良知泯滅人性喪失。為挽救大局，瞭解人類的心理發展，探討人性墮落的原因，挽救病態的人類社會，喚醒人類與生俱來的良知，提升人類的靈性生活，明瞭人生的真諦，讓人性順著自然的演化進化，而趨向美化、聖化以致到達神化。《聖經》裡，耶穌說過：在天國裡的人不娶也不嫁。凡進入天國的人，正如古人說的「羽化而登仙」。他們祇敬拜上帝，不需要再貪財謀利，不再作金錢的奴隸。簡單地說，全人心理學的目的是希望幫助人做好人、行好事，明瞭生命的意義，找到最後的歸宿。

附註

註一：王寶貫著，天與地，臺北，牛頓，1996，頁159。

註二：王寶貫著，同上，頁163。

註三：同上，頁163。

註四：羅遼復著，物理學家看生命，臺北，牛頓，1999，頁180。

註五：同上，頁42。

註六：同上，頁44。

註七：羅遼復著，物理學家看生命，臺北，牛頓，1999，頁103～104。

本 章 摘 要

1. 心理學家為人類的心理知道不少，但他不知道的更多。

2. 心理學是研究人類身、心、靈的科學。

3. 按照現象人類有理智、意志、記憶、想像力等內在官能。

4. 研究心理學的方法有實驗法、觀察法、測驗、統計調查法等。

5. 任何科學研究，幾乎脫不了觀察法與統計研究。

6. 心理測驗有智力測驗、性向測驗、人格測驗、興趣測驗等。

7. 為研究人類的心理、實驗法有它一定的限度。

8. 人類是在歷史長河中演化的，智能也有進步。

9. 觀察現象所有的人都有理智與良知。

10. 憑生活經驗，人人都有能瞭解部分人的心理。

11. 古今中外，大多數的人肯定神靈的存在。

12. 神靈應分善神惡神，祂們中也分等級。

13. 根據現象，我們斷定人也有善人與壞人。

14. 人的生命應該有它特殊的使命。

15. 人的死亡應該有它特殊的目標。

16. 有理性的人實在什麼都想知道。

17. 人不但求知，同時還求真善美聖。

18. 觀察現象，現代人類似乎不在演進而在退化。

19. 現代人類面臨的大問題是貧富不均。

20. 現代又有很多人不愛異性而愛同性，不關心人類而愛養寵物。

討 論 問 題

1. 心理學是否應該多研究理智、意志、良知？

2. 人類的心理有沒有可能完全採用實驗法來研究？

3. 宇宙間到底有沒有神靈的存在？

4. 人生在世是不是有什麼特殊的使命？

5. 愛養寵物不愛人，愛戀同性不愛異性是人類的進化還是退化？

第二章

人從哪裡來？

　　全人心理學是研究人的一門學科。在探討人是什麼之前，很自然的我們該問：人是怎麼出現在這地球上的。換一句話說，人是怎麼產生的？按普通人的經驗，這問題的答案太簡單了，人就是父母生的。但是，我們若再問，那父母是誰生的？答案是祖父母和外祖父母生的。那祖父母和外祖父母是誰生的？答案是曾祖父母和曾外祖父母生的。這樣一直追問下去，我們就發現一個很大的難題，那便是人類的第一個父親和第一個母親（即原祖父母）到底是誰生的？

　　為答覆這一個問題，人類有史以來的思想家絞盡腦汁，也無法給所有的人一個滿意的答覆。一般科學家認為人是由宇宙變化偶然產生的。按現代古生物學家的解釋，人類是由猿猴演變而來的。中國古人有盤古從渾沌中出生，執斧鑿開天闢地及伏羲與女媧為洪水後僅存人類故而結婚生子繁衍後代的神話。依據兩、三千年以前，猶太民族所留下的聖經創世紀，有宗教信仰的人毫不猶豫地深信人是由上帝創造的。現今全球六十億人口中，至少二十億以上都深信人類是由造物主所創造的。老子道德經肯定天地萬物都有它的本源，這個本源就是「道」，「道」創造天地萬物，所以「道」就是天地萬物的創造者。（註一）

壹、由生物的進化探討人的來源

　　探討人類的起源，現代人不得不參考科學家的發現。20世紀以來，古生物學家大多根據出土的猿人化石來揣測人類的原始。按比較保守的估計，最古老的人類祖先應該出現在六百至七百萬年之前的東非和中非。人科動物大約在四百二十萬年前，進入南猿階段。早期南猿屬纖細型，兩百多萬年以前分化為粗壯型南猿與人屬動物。前者約

在一百萬年之前滅絕。人屬動物則因腦容量較南猿大幅增加，因而存活了下來，而且他們似乎已能使用工具。一般科學家傾向於相信，人類要到一百多萬年前的直立人時期才離開非洲；此後歐洲、亞洲都有早期智人（Homo Sapiens）出現。比較可靠的說法是：現代智人約在十六萬年之前出現於東非，現代智人在五至十萬年之間離開非洲向歐洲、亞洲遷移。

科學家估計，哺乳類動物能在地球上蓬勃發展，是在六千五百萬年之前恐龍滅絕之後。經過數千萬年的演化，靈長類動物中的一支成為今日主宰世界的人類。

靈長類先以樹棲為主，手足有抓握的能力，但指端並非尖銳的爪而祇有指甲。最古老的靈長類應該出現在五千五百萬年之前。除了猿類與人類之外，其他靈長類都有尾巴。現在尚存的猿類可分長臂猿、紅毛猩猩、大猩猩與黑猩猩四類。黑猩猩是目前與人類血緣關係最近的靈長類。科學家們估計人類與黑猩猩的祖先約在五百至七百萬年之前在演化上分道揚鑣。

在這數百萬年之內，人類重要的演化趨勢是：開始以兩足行走，由樹棲改為地棲生活，手足靈活，會利用工具，腦的容量增加，會使用訊號及語言，食物方面開始肉食。早期人類與猿類最大的不同便是兩足行走。科學家認為兩足行走有利於適應莽原生活。人類最早製造石器大約在兩百五十萬年前發生在東非。兩百四十萬年前的地層中，科學家發現了巧人（Homo Habilis）。在最近的兩百萬年中，直立人（Homo Erectus）和智人（Homo Sapiens）的腦容量大幅增加，可見腦容量的擴增有助於人類語言的發展、長期的記憶、工具的使用、知識的傳承以及地棲生活的適應。約在三十至四十萬年前的早期智人（Archaic Homo Sapiens）已有現代人的咽喉型態。

科學家認爲，早期智人是介於直立人（Homo Erectus）與現代人之間。歐洲的尼安德塔人（Neanderthals）被認爲是最有名的代表。最早的現代智人大約出現在十六萬年前的東非。現代智人的腦容量更高，額頭變高，下顎骨前端出現了下巴。根據先後出土的化石，科學家估計非洲的現代智人出現在十六萬年之前，中東的現代智人則出現在十萬年之前，也就是一千個世紀之前。中國與歐洲分別約在六萬與四萬年之前出現。（註二）

猶太民族留下的聖經創世紀，最多成書於三千五百多年以前。作者在當時絕對沒有現代科學家對遠古人科動物如何演化成現代智人的知識。不過，即使肯定了人類是由猿類或人科動物演化而來，這也並沒有否認人類的原祖是由上帝所創造。因爲不論是猿類或大猩猩，我們還需要問這些原始動物的來源。牠們是怎麼產生的？要是牠們是從低等動物、植物、單細胞生物，甚至無生物演變而來，我們還是要問，那有能力演化的物質是從哪裡來的？演化的方向、演化的規律是由誰設計、由誰規定的？不少現代科學家相信宇宙是由一個大爆炸開始。擁有科學頭腦的人還是要問：大爆炸的東西是從哪裡來的？宇宙的大爆炸總需要一股威力無比的強大力量，那麼，這股扮演炸藥角色的偉大能量又是從哪裡產生的？按理，大爆炸之後，應該出現一個雜亂無章的局面，爲何宇宙間無數的大、小星球都能自轉、公轉，呈現出各循軌道井然有序的奇景？人類祇要肯定萬有眞原，相信最原始的物質是由上帝創造宰制，那麼我們接受現代智人是由上帝創造，應該也不是不合情理。

至於沒有理性的動物如何演化成有理性的智人，那是另外一個問題。相信上帝存在的人也不難接受人科動物的演化到了適當的程度，上帝賦給他一個靈魂，讓人成爲萬物之靈，使他有能力讚賞宇宙萬物

之美，又瞭解上帝創造萬物供人類享用的美意。

　　現代科學家告訴我們，宇宙最初是一個無限小的點。（註三）（這個點約在一百五十億年之前發生大爆炸，炸開之後即向四面八方膨脹，現在還在繼續膨脹。宇宙之大遠非人類所能想像。人類生存的地球並非宇宙的中心；與宇宙相比，地球不過是一粒微塵而已。在茫茫的宇宙中，人類卻生存在這微塵一般的地球。其他行星中不但沒有人，連低等的生物像細菌也沒有。面對這無限奧妙的現象，人還能大膽地否認，身為萬物之靈的人以外就沒有更高的神嗎？

　　關於宇宙的生成，中國古代的思想家早已不斷探索，有的認為宇宙來自有位格的天，也就是神；或是無位格的道。天與道都是獨立永存的。老子《道德經》有：「道生一，一生二，二生三，三生萬物」。無論如何，關於宇宙的生成、人類的來源，古今中外的思想家都曾絞過腦汁，但沒有一個人曾給人滿意的答覆。就在這科學迅速發展的21世紀，科學家還無法肯定人是怎麼來的，同時也無法證明現代人所謂的智人不是神所創造的。（註四）

貳、人到底是什麼？

　　首先，我們不能否認的是：人是有生命的東西，因為人是活的。那麼生命又是什麼呢？生命也是一個難以界定的概念。自然科學家對生命有幾種不同的論說：一，生命是由某種特殊的活性物質所構成。二，生命是有組織的整體。三，生命是有目的性的運動。四，生命是有複製、遺傳和進化的特性。生物學家肯定生命的基本單位是細胞。一個細胞可按自己的模樣分裂為兩個完全相同的細胞，把自己的特性遺傳給下一代。雖然有物理學家認為生命與無生命之間的界限似乎愈

來愈不清楚，甚至有人大膽地說生命與無生命的絕對界限正在泯滅。不過，自然界所有的奇妙現象，包括生命的來源、萬物的演化、演化的規律與方向以及演化中的突變，連最前進的科學家也祇是發現、發明而不是他設計、創造。生物學家確定細胞由細胞膜、細胞質、細胞核三部分組成。細胞最小的直徑約10^{-5}公分，這是下限。那麼細胞的大小有沒有上限呢？細胞能不能無限制地長大呢？不能。這是自然律，不是現代智人所規定。菌類細胞直徑爲10^{-5}公分，駝鳥的卵黃直徑達七至八公分。棉花纖維細胞長約一至五公分，神經細胞的長度達一公尺左右。（註五）這一切都不是人的能力所能規定。

一個人的受精卵的細胞核中，含有兩公尺長的5.8×10^9核酸對的核酸序列。通過細胞分裂，它變成四個、八個、十六個……每一分裂出來的細胞是相同的，但不久以後它們就不再相同了。有的變成神輕細胞，有的變成肌肉細胞，有的變成網膜細胞……這是細胞的分化。成年人大約有10^{13}個細胞表面型態千差萬別，各司其職，但都是由一個受精卵變化而來的。（註六）

人體的每一個細胞都具有基本相同的遺傳物質，而且含有發育爲完整的有機體。這是細胞的多能性或全能性。無性生殖的實驗便證明了這一點。細胞的多能性的基礎是細胞核具有足以表達整個生命的核酸序列。正因爲這多能性，在一個已分化的細胞身上，可以殘留著這個生命整體的信息。（註七）

任何一個個體的生命是從哪裡開始的呢？答案是：從父母遺傳給他的DNA開始。人體生殖細胞的DNA只有6×10^{-12}克重，從物質組成來講，這一點DNA可以說是微不足道。從能量的角度來看，沒有蘊藏什麼奇特的能量。它的重要性在於它包含的信息。它好似電腦的晶片，記載了生命發育成長直到老死的全部信息。所以生命始於信息。

生命是高度有序的系統。墨子說：「生，形與知處也」。意思是：生命是結構和功能協調有序的系統。從生命過程的特點來看，信息也是特別重要。老子說：「無名天地之始，有名萬物之母」。這兩句話被科學家解釋為：宇宙始於無，生命始於信息。（註八）

生命的現象五彩繽紛，生命的運作奧妙神奇。老子說：「道生一，一生二，二生三，三生萬物」。幾千年前的哲人似乎已理解，宇宙間形形色色、千變萬化的事物都是由一個最簡單的道、一個基本的信息，一個數字，一個基本的定律推演出來的（註九）。任何一幢房屋需要一個建築師設計的藍圖。這藍圖就是信息。人類生命的這張藍圖是誰設計的呢？是父母嗎？是科學家嗎？是偶然產生的嗎？現代科學家相信，幾百萬年之前地球上沒有現代的智人；那麼在幾億年之前已出現在地球上的生命是誰設計的呢？既然不是人，那麼是不是該有比人更有智慧、更高明的一位？

人到底是什麼？亞里斯多德給人下了個定義：人是有理性的動物。人除了有生命之外還有一個精神體，人們稱之為靈魂。宇宙間所有的東西，科學家把它們分為無生物與有生物。有生命的東西則又分成植物、動物與被尊稱為萬物之靈的人類。人也是動物，所以在許多方面人與動物是有相似的地方。最基本的飲食、繁殖，人與其他動物類似。但是人之所以為人是因為他有理智。人能思考、推理、判斷，能研究、創新、發明。所以絕大多數的人肯定人與其他動物不祇是有等級上的不同而更有本質上的差異。

孟子說：「人之所以異於禽獸者幾希」。陳立夫把這「幾希」解釋為「知仁義也」，因為《易經》上說：立人之道曰仁與義。其實，古人老早稱人為萬物之靈，理由是因為他有理智，有理智才有理性。有理性，才能己立立人、己達達人，才能克制獸性、控制本能而發揚

仁義；才能與他人甚至與其他生物共同生存；才能追求比個人生命更
崇高的目標，爲維護眞理，爲主持正義，爲信仰上帝而捨生致命。不
過，人的生命、人的理智都有它的極限。積全人類幾百萬年的知識
傳承、研究發明，人類尙無法瞭解宇宙間更深奧的秘密。人擁有自
由意志，在許多事上，他可以自由抉擇，但他在能力上受到先天的限
制以及後天環境的制約。依每人的經驗，人無法享受絕對的自由；但
在某些場合，他又能堅持自己的立場。頭可斷、身可殺，志不可奪。
一個人的信念誰也無法使他改變。憑簡單的觀察，依類別人與人大家
相同；但按個性，各有獨特。人有意識，能理會自身的存在以及身處
的環境，但他無法意識到周圍的一切。人有學習的能力而且有無限的
慾望，但他憑一生的努力也無法達成願望，學習所有的知識與技能。
人生活在一個現實的客觀世界，但他對世界的知覺常是主觀的。人能
觀察他人藉以瞭解他人的行爲，但人無法對人的一切都獲得徹底的瞭
解。人可以累進地研究人、描述人，但人對人的描述常是片面的、局
部的。藉著人與人之間思想的交流、經驗的溝通、感受的分享，人能
透視人，但所得的結果還是膚淺的。人不可能是全知、全善、全能
的。在法律前面人人希望平等，但人的天賦卻各不相同。即使人與人
之間才智相近，但各人的成就仍有很大的出入。人人有進取心，但並
非常常上進。人心向善，但有時他也犯罪作惡。人有墮性，所以時常
需要他人的支持鼓勵。爲了未來的福祉，人能放棄目前的享樂。人類
的慾望似乎並不終止於物質世界，人生的目的亦不僅僅在於自身的發
展。人都渴望自己是有用的人，能服務他人造福社會，甚至敬拜他所
看不見摸不到的神。不論是用歸納或演繹的推理，人都明知自己會
死，會從人間消失。因此，人能爲身後作準備，對來世抱希望。在有
生之年，人不斷地變，但主體不變。人能整合過去、現在、未來。人
能以自己爲研究的對象。人能預知自己的結局，人一定會死而且祇死

一次；但不知如何死，更不知死於何處何時。

　　人能從物質世界瞭解抽象的事理，為了精神價值人能殺身成仁捨生取義。仰觀宇宙萬物的奧妙，人會體驗到造物主的臨在。所以祇有人有宗教意識、有宗教信仰。人追求真、善、美、聖，追求完美。人有分辨善惡的良知，人追求悟道、淨化、超越。人也期望與神契合，達到天人合一。人自我發展的終極目標並不在於自身，所以人企圖修練忘我無我，目的是為敬天愛人普渡眾生。心理學研究的對象是人，研究的科學方法之一是實地觀察或作統計調查。依據研究專家所得的結論是：一，信仰上帝的人更具有人性，更容易關懷他人。二，信神的人更能體會痛苦的意義和死亡的價值。三，信神的人更易領悟生命的意義和死亡的價值。

參、人與神有什麼關係？

　　假如現代智人真的如古生物學家所揣測的，是由猿類演化而來的；那麼在地球上某一個角落出現第一對夫妻——人類的始祖時，絕不會有「萬物之靈」自我抬舉的想法。他們也許和眾多猿猴一樣，整天所擔心的祇是哪裡找吃的東西以求生存。從許多研究原始人的資料中，科學家肯定當時的人的確是茹毛飲血不斷要與其他動物爭勝。當時的人絕對不關心當天要喝什麼、穿什麼，更不會動腦筋去照顧保護其他弱小動物。現代人最引以自豪的，莫過於人類有理智。沒有理智的動物不論是森林中的大象或大海裡的鯨魚，人殺了牠們都不會有罪惡感。至於有可能發展到有理智的人，即使尚在胚胎時期，人若剝奪了他的生命就會有很深的內疚。這種人類的體驗無疑地不屬於物理的問題或生理的問題，而是心理的問題。人從猿猴群中站立了出來，科

學家卻未能找出什麼時候他有理智。唯獨三千多年前猶太民族的聖經作者，好似異想天開地描述了上帝怎樣創造了一男一女，吩咐他們繁殖並管理大地，並且命令他們遵守上帝的禁令，最後又因抗命而獲得了懲罰。宗教家的解釋是：這是作者得了上帝的啓示，所以他們所寫下來的文字被尊爲聖經。

聖經是屬於神學的範疇，但無可否認的，聖經至少影響了近幾千年來人類的心理與生活。神學家們相信聖經是上帝在適當時期，也許是在人類已經進化到某一程度，而給人的一種啓示；讓作者們以當時人的語言來描述人類有理智的開始，以及人與神的關係。自從地球上有生命開始到現代智人的出現，歷經幾百萬年。三、四千年前的人憑當時的科學知識，絕不可能明瞭生命的演化。不過很令人驚訝的是，聖經對人類起源簡單的描述卻能讓全地球上幾十億人口信以爲眞。這豈不也是一個奇蹟。聽神學家的分析，也許我們也可以考慮：是否在猿猴演化到某一階段，經由上帝的干預，給其中的一對或一支付給了一個靈魂，讓原本爲動物的一對提升爲有理性的人，也就是人類的始祖。

從宇宙萬物幾十億年的演化史來看，短短的二、三千年，簡直不算什麼。但是就在這一個好似一霎那的極短時間，人類應該還在繼續演變。

研究人類的歷史或是周遊列國採訪地球上不同的民族，我們是否很容易發現，所謂的人與人之間存在著相當大的差距。首先，人與人之間明顯的有著上智下愚的差異。就外貌上看，有些原始民族似乎與猿猴相差無幾，另有些人卻美得好似仙子。在生活的方式層面，有些人而且人數很多，每天祇是在尋找生存活命的食物，與動物無異。另有些人卻吃的是山珍海味，穿的是錦衣華服，住的是高樓大廈，行的

是名貴轎車或頭等機艙。在思想方面，有的祇知道數算自己的手指，有的卻在手機電腦上玩弄著天文數字。在文化方面，有的是目不識丁，有的是飽學之士。在道德方面，有的是君子聖賢，有的是土匪強盜。在信仰生活方面，有些人虔誠敬神、刻苦犧牲、捨己為人、期待神人合一永歸天鄉；有些人卻是迷於塵俗、深陷泥淖，吃喝嫖賭類似禽獸。更有些人似乎在演化過程中出現了突變，為人父母的竟虐待自己的嬰兒，為人師表的獸性逞強騷擾學生。還有些人酗酒賭博吸毒販毒、搶劫兇殺擄人勒索、奴役外勞從事人口販賣。

　　大自然的規律是陰陽相吸男女成婚，生男育女繁衍子孫。現代社會出現了同性成婚、女性拒絕生育。上帝是否存在雖不屬於心理學研究的範圍，但信仰上帝的人按任何地區的統計，常是更順著進化的程序而向上發展；那與人性理性背道而馳的往往是不承認上帝存在的人們。因此，向上進化的人似乎不能脫離與上帝的關係。

　　孟子有云：「聖而不可知之之謂神」。莊子又云：「至人無己，神人無功，聖人無名」。陳立夫闡釋孟、莊的意思是神人高於聖人。所以古代立德、立功、立言的人是聖人，但不是神。人遵神旨進德修業，最後人神相契，但不是人演化為神。宗教家深信有理智的人有靈魂。靈魂是精神體，所以人死之後依然存在；善人的靈魂既已神化與至尊無上的神相契，所謂天人合一；而非人因成聖而升格為至高無上的神。心理學是研究人類身、心、靈的科學，既然靈是無形無像的精神體，這精神體是依上帝的肖像所造，所以心理學至少該提到人與神的關係。中國古人曾有指示說：「思知人，不可以不知天」。（註十）

肆、怎樣的人生才相稱有理性的人？

心理學家研究人，事實上就是研究自己。他的主要目的應該不祇是探討原始的人從哪裡來，明瞭人怎樣在歷史的長河中如何演化，而更是為協助人、協助自己活得更像有理性的人，更脫離獸性而發揮人性。如用古生物學家德日進神父的說法，按著螺旋型的演化，人更趨向於聖化、神性化。

《易經》一書是中國最古老的名著，陳立夫認為它是伏羲、文王、周公、孔子四位大聖人的集體創作。這書所陳述分析的是人生的大道理。根據觀察，所謂「仰則觀象於天，俯則觀法於地；觀鳥獸之文，與地之宜」（註十一）。他們發掘、探索了宇宙生存的真理，同時指出人類生存的法則。關於宇宙，他們說：「上下四方謂之宇，往古來今謂之宙」，為空間時間提供了正確的觀念。在這時空中的萬物，《易經‧繫辭傳》云：「一陰一陽謂之道，繼之者善也，成之者性也。」所以一陰一陽相生相長，孤陰不生孤陽不長，兩兩相對相生相長。《易經‧卦傳》又說：立天之道，曰陰曰陽；立地之道，曰柔與剛；立人之道，曰仁與義。所以仁義是有理性之人的為人之道。根據宇宙發展的原理，中國古人又悟到了人類如要廣生長生，必須做到「無過無不及」而以「中庸」為貴。所以程子說：「不偏之謂中，不易之為庸；中者天下之正道，庸者天下之定理。」人若能做到中庸，便能處處合理，時時適用」。所以古人肯定《易經》一書是為幫助人懂得「知天命，盡人力」的大道理。

中國古人以為「天人合一」為人生的最高境界。中庸有云：「誠者天之道也，誠之者人之道也」。誠者，自成也。又說：「惟天下之至誠，為能盡其性；能盡其性，則能盡人之性；能盡人之性，則能盡

萬物之性；能盡萬物之性，則可以贊天地之化育，可以贊天地之化育則可以與天地參矣」。換句話說，也就是：假如人能以人道之誠合天道之誠，贊化育參天地，那麼人便可以達到天人合一的境界。所謂天人合一應該不是指人與天（神）的混合，而是指人類遵行天命、實行天道，與天（神）的旨意相契合。所以古書又說：「天命之謂性，率性之謂道，修道之謂教」。看來，人類發展進化的最高境界還是遵物性、按理性、憑良知、順天命。

　　環視現代社會生活在我們周圍的人，是否大家很謙遜地聆聽中國古聖先賢的話？正面的答覆可能引起很多人的懷疑。理由是什麼？因為生活在21世紀的科學家們很可能以為他們已經或是即將明瞭宇宙中的一切奧秘，所以很自信地肯定「人定勝天」，以為人可以解決一切問題，而且不斷地、快速地向前邁進。但是，就在這科學技術、物質文明迅速發展的同時，我們卻發現人與人之間，甚至民族與民族之間，此起彼落不斷地發生暴力戰爭。有理性的人彼此互相殘殺。另外在地球上不同的地區，經年累月有著成千上萬的人吃不飽穿不暖，而號稱國富民強的同類卻不肯伸出援手。另有些人愛好飼養小貓小狗、鳥類魚類成為寵物，花費大筆金錢提供精緻食物，有時還為動物穿上不必要的衣服。自從上一個世紀以來，研究心理學的專家學者越來越多，治療心理疾病的技術日新月異，但整個地球上的精神病患、心理失常的人口卻不在減少反而增多。有的病患甚至是鬼魂附體，使精神科醫師不知所措。按大自然的規律，不論蟲魚鳥獸都是陰陽相吸，現代人卻大批大批地出現同性相戀，甚至還要求成婚成家，這樣的演化究竟是順性合理的進化，還是因突變而退化？

附註

註一：道德經：道的造化，頁97。

註二：參閱陳堯風清華大學教授演講稿。

註三：王寶貫著，天與地，臺北，牛頓，1996，頁159。

註四：羅遼復著，物理學家看生命，臺北，牛頓，1999，頁18。

註五：同上，頁42。

註六：同上，頁44。

註七：羅遼復著，物理學家看生命，臺北，牛頓，1999，頁103。

註八：同上，頁104。

註九：同上，頁53。

註十：中庸第二十五章。

註十一：易經‧繫辭傳。

本 章 摘 要

1. 古生物學家根據出土的化石揣測人類的原始。

2. 現代智人約在十六萬年之前出現於東非。

3. 科學家估計哺乳類動物的發展是在恐龍滅絕之後。

4. 現代智人最早大約出現在十六萬年之前的東非。

5. 自然界所有奇妙現象，科學只是發現而不是創造。

6. 生命的現象奧妙神奇，人知其然而不知其所以然。

7. 人與動物是本質上的不同，不只是等級上的差異。

8. 人的理智有它的極限，慾望卻可能無限。

9. 法律前人人平等，但天賦各有不同。

10. 信神的人更易領悟生命的意義。

11. 聖經影響了二千年來人類的思想，它是人類唯一記載上帝創世的著作。

12. 人有的是聖賢，有的是盜賊。

13. 那與人性背道而馳的人往往不信仰上帝。

14. 神高於聖人，立德立功立言的是聖人，但不是神。

15. 天人合一並非人因成聖而升格為至高無上的神。

16. 心理學理當探討人與神的關係。

17. 研究心理學應該協助人活得更像有理性的人。

18. 仁義是有理性之人的為人之道。

19. 人道如能合於天道，人便可以達到天人合一。

20. 人類進化到最高境界便是尊物性，按理性、憑良知、順天命。

21. 現代人很多互相殘殺，愛寵物不愛人。

22. 現代青年男女只想尋歡作樂，不願生男育女，明顯地不合人道，不再進化。

討 論 問 題

1. 單由出土的化石能否肯定人一定是猿猴進化來的？

2. 高山大海到處充滿生命，科學家能否確知，它們是怎麼產生的？

3. 不肯相信神的人，怎樣能找到人生的意義？

4. 古老的文化很多，為什麼只有猶太民族留下了上帝創世的紀錄？

5. 人類能進化到的最高境界將是什麼？

第三章

人的一生追求些什麼？

　　全人心理學探討人類的身、心、靈。為真能瞭解人類的心理，人似乎不得不探討人的一生到底在追求些什麼？觀察地球上所有的生物，包括植物、昆蟲、禽獸、兩棲動物以及人類，無不追求生存。在山崖上、山谷裡，不論是小花小草或者是千年大樹，憑它本能竭盡可能在石縫間、在沙土中伸展它的根鬚，抓住孔隙吸收養份以求生存。至於昆蟲螞蟻一遇到驚險，立刻加速逃命。心理學家佛洛伊德（Sigmund Freud, 1856-1939）肯定人類有求生的衝勁（Life Drive）。一般生活在正常環境中的人們，無不重視生命、珍惜生命。本章中，我們要探討的是：人類在短暫的一生中究竟追求些什麼？求生之外，還有哪些因素是人類共同追求的目標？

壹、人有求生的衝勁

　　在遠古時代，猿猴演化到智人（Homo Sapiens）的階段，他們的壽命有多長，我們很難估計。按三千五百年前，猶太民族傳下的舊約聖經，人類的始祖亞當活了九百三十歲（註一）。亞當、夏娃首先生了兩個兒子，名叫加音和亞伯爾。加音殺了弟弟之後，亞當在一百三十歲那年又生了一個兒子，取名舍特。生了舍特之後，亞當又活了八百年。舍特活到一百零五歲時，生厄諾士，生後又活了八百零九年，在他九百十二歲那年去世。厄諾士所生的兒子刻南活到九百零五歲時逝世。刻南的兒子耶勒特活了九百六十二歲。他是聖經所記載的壽命最長的一位。他的兒子拉默客只活了七百七十七歲。當人類敗壞，上帝以洪水降災，諾厄從方舟出來他已六百零一歲。洪水以後他又活了三百五十年，共活了九百五十歲。到了亞巴郎時代，人類的壽命已大為短縮。亞巴郎的一生歲月共一百七十五年。他的兒子依撒格活了一百八十歲，到了孫子輩，若瑟祇活了一百一十歲，同現代壽命

較長的人相差無幾。

　　按臺灣歷史的記載。20世紀前半，臺灣人口的平均年齡爲五十五歲。20世紀末年，人們的平均年齡已增長到七十五歲以上。由於民衆教育程度的提升、衛生知識的增長、衣食住行的改善、醫療技術的進步，人們不但容易保健，就在患病時也容易治療。不論是營養的改善或醫療科技的革新，在在證明人類求生欲望的強烈。中國古代秦始皇帝希望長生不老，曾命朝臣御醫到處尋覓長生不老的良藥。當歷代皇帝明白知道人逃不了死亡，便想盡辦法爲自己建造豪華永固的皇陵。雖然他們不一定相信，人死之後還有一個不死不滅的靈魂。

　　動植物的求生衝勁，我們祇能觀察大自然的種種現象，無法由它們獲得口語或文字的表達。至於人類，雖然也有人因走投無路、苦不堪言而自尋短見；但由這十萬分之一的特例，我們仍無法否認人類追求的第一目標爲追求生存。

　　遠古時代，猿人的求生應與其他任何動物相仿；祇是在大自然中尋找可以果腹的東西，不論是水果蔬菜或其他小動物。就是現在，生活在地球不同的地區的人就地取材，吃不同地區的產物；有的以馬鈴薯爲主食，有的以玉米有的以大米，有的以小麥；農作物稀罕的地區，人民就靠牛肉、牛奶、羊肉、羊奶以及其他飛禽走獸或水中的魚類維生。到了文明時代，人會運用理智開始播種耕耘大量生產。漁民們則飼養魚蝦大批繁殖。在人口不斷增加的情況下，人類開始移民由貧乏的地區遷移到生產豐富的地區。爲了爭奪食物，民族與民族之間發生爭執；國家與國家相爭地盤。所謂奴隸制度、帝國主義、強吞弱肉，均因人類的求生而出現。不幸的是，現代人不僅求豐衣足食，更要占有屯積；地盤越大越好，財富越多越好，以致造成貧富不均，逼得有些人常在生命線上掙扎，淪爲奴僕乞丐，有些人則堆金如山享盡

榮華富貴，甚至奢侈浪費。爲了求生，有些人不但出賣勞力、出賣祖產，甚至出賣肉體、出賣人格。由人類種種求生的現象，我們可以肯定求生是人類追求的第一優先。

南越北越的內戰末期，震驚世界的難民潮，不畏驚濤駭浪搶搭破舊片舟逃離家園，更證明生命是人類的至寶。許多國家的領袖祇爲掌控政權鞏固勢力，貪贓枉法祇爲一己私利，逼得貧民求救無門，祇有自我了結。這樣看來，連那十萬分之一的自尋短見自殺身亡的人，也不是他們自殺而是另有殺手，剝奪了他們的生命。求生是人類本能性的衝勁，也是理性的渴求應該是無庸置疑的。

貳、愛是人類追求的第二目標

愛或愛情這個名詞好像相當抽象。愛是兩者之間的關係，好像是看不見摸不到的。比較具體地說，愛是施愛的一方分享他的全部或部分所有，給予被愛的一方。愛必須有被愛的對象，而且需要有行動才能眞正表現出來。一個情人暗地裡愛上另一個人，而對方根本不理會或不接受，那是單戀是痴情。

動物的兩性相吸那是本能性的，遵照大自然的定律陰陽相配傳種接代。森林中的獅子、老虎，看相貌非常兇猛，但牠們按本性的衝動陰陽交媾之外，也有一種相互照顧彼此關懷的溫情。當母性懷孕生產之後，牠們對新生代的照顧也是無微不至。長頸鹿身材高大，生產時牠依然站立，當幼鹿慢慢落到地上，牠立即回過頭來，以口舌洗涮照顧。母子之間的愛是眞正的純愛。

北極熊全身白色，生活在純白的冰天雪地裡，牠們也會長途跋涉找到愛的對象。動物之間的愛是本能性的，性的需求也有固定的季節

或時段。野狗需要過集體生活，為捕捉一隻體積龐大的野牛，單獨行動顯得無能為力；牠們必須靠著團隊合作。野狗沒有理性，但牠們也會採取集體行動以掠取牠們的食物。牠們的互助合作也應該是一種愛的表現。飼養家畜的人們不難觀察到，家犬與主人之間似乎也有很深的感情。主人遇到危險，家犬會奮不顧身冒自己生命的危險，攻擊敵人搶救自己的主人。家畜對主人的愛，雖說牠是本能性的，但有時卻真令人驚訝不已。臺灣曾有電視新聞報導：一位單親女子因家境貧困無人照料，分娩時身體疼痛難忍自己也不想再活，就讓嬰孩在馬桶中出世，自己則昏厥倒地。不料她的哈士奇愛犬卻把赤裸的嬰兒從馬桶中拖了出來，而且還以口舌為他洗涮。女士醒來，驚見狗兒救了她的孩子，因而大動慈心趕快把嬰兒抱起。新聞傳出後，很多善心人士爭相領養孩子又認養愛犬。孤居的女士因此解決了民生問題。

　　沒有愛，人類不可能傳種接代。沒有愛，初生嬰兒無法存活。沒有愛，夫妻會變成仇敵。沒有愛，家庭會變成苦海。沒有愛，民族與民族互相鬥爭，沒有愛，國家與國家之間不斷發動戰爭。沒有愛，地球將變成人間地獄。沒有愛，人生就是一齣悲劇。探討人類心理的專家們，不論你是用實驗法、觀察法或調查法，研究的結果絕對肯定愛是人生追求的首要目標之一。

　　倡導現實治療法的心理學家葛拉梭（William Glasser, 1925-）認為一個心理正常的人便會懂得愛與被愛。社會上有些人祇爭取別人的愛而不知道還愛，另一些人則祇會關愛別人而無法接受別人的愛。很明顯的，這便是心理上有所偏差。（註二）

　　人本心理學家馬斯洛（Abraham Maslow, 1908-1970）主張心理學的研究更要以「人」為對象，尤其注意人類異於禽獸的現象。他由人的需要來說明人性。他所列舉的需求層次是：生理需求其次是安全需

求。很明顯的這兩者結合在一起便是本文所指的人類的求生。（註三）

初生嬰兒一如其他動物，無法把自我和周圍的世界分開。他追求的飲食、父母親的照顧都是本能性的所謂生理的需要；但他慢慢長大，他的自我意識開始出現。以後他不但意識到自我之外還有「你」，還有個「他」。他更理解他所需要的是什麼。他所需要的不但是飲食，而是能給他能提供飲食的他人。這他人不祇是像販賣機一樣吐出食品或飲料，而是能關懷照顧富有感情的人，也就是他人的愛、關懷與尊重。人不僅有感情更有理性，在接受他人的關注照顧，很自然地感到受人接納尊重。這同時，他已理解愛與被愛是他生存的必要條件。因此他的需要已不再祇是本能性的需要，而更是他合理地追求的目標。

野生的飛禽走獸只能在自然的環境中自生自滅，人類卻能用理智改善他的生活方式，由樹棲、洞棲至住進豪華的高樓大廈。人類所以能如此進步，正因為他不僅接受愛，同時也推己及人而發揮大愛。

不過，人類的歷史證明，愛是非常複雜的心理因素。愛能是本能性的、理性的甚至超理性的。愛的對象能夠是神、人、物、權勢、地位、名望等等。愛的名字很美，很多人為愛著迷。愛的性質有的是為被愛對方的利，是施惠的愛（Benevolent love），有的卻是為一己之利的愛（Selfish love），有的是感情性的愛（Affectionate love），如性愛戀愛；有的是合乎理性的愛（Rational love），如父母對子女的關愛或兒女對父母的孝愛。愛也能是超乎人類本性的愛（Supernatural love），那便是人對看不見摸不到的上帝的敬愛。人除了對神、人的愛之外，還有對動物、對植物的愛。人類對寵物的愛祇是為滿足自己感情方面的需要。小狗、小貓也有一種感情性的反應，令人感到身心

的滿足。另一種愛那便是人對財帛、對金銀珠寶、名人書畫、貴重物飾等的喜愛。人類對這些沒有生命跡象的東西所付出的愛，事實上得不到什麼感情性的還愛。假如人們均以光明正大的方法爭取，同時又不是貪得無饜爲收藏它們而觸法，本來也無可厚非；因爲愛美也是人類的天性。不過，人若以不正當的手段去奪取、竊取，甚至不僅傷害到他人的權利，更危害他人的生命，那便是罪惡。除了有形可見、可以觸摸的東西之外，人類還有一種強烈的愛，那便是貪。爲了貪地位、貪權勢、貪名望、貪榮譽，貪金錢、貪色情、貪享樂，人們往往得到的後果是失控、失態、失寵、失勢、失名節、失尊嚴、失人格，甚至失生命、失靈魂。觀察現代社會的現象，很明顯地證明，尊爲萬物之靈的人並不瞭解自己的心理，迷茫地在這大社會中摸索，每天給電視記者們提供的是一連串的人間悲劇。

參、求知是人類的特殊目標

　　古希臘的哲學家在探討人生的目標時早已提出求知求愛。但是，沒有愛人類無法生存，也無法傳承。所以求知不該是人類的首要目標。不過，當人類豐衣足食不愁吃喝，相親相愛生活安定的時候；很自然地對他周圍的世界開始感到好奇。人類的求知幾乎在幼兒時期即已開始。兒童玩弄皮球，發現皮球打不破而且重重打它就會跳；他便會將皮球剖開，要知道裡面到底有什麼。稍長開始玩電動玩具，他也要知道爲什麼那小狗、小人會叫會跳，他便把玩具拆散，設法瞭解它的究竟。狗面對著大鏡子狂吠，牠不懂得鏡子裡的就是牠自己。猴子照鏡子，牠會把鏡子翻來覆去在鏡子背後尋找。動物也有好奇心，但沒有理智（不是沒有大腦），所以無法理解，也無法將所知道的傳承。因此，牠們不會進步。動物能在大自然中發現新的食物、新的生

活環境或新的威脅，但牠們不會發明新的玩具、新的謀生工具。

人類演化到了智人的階段便開始使用工具，開始鑽木取火，開始熟食，但進步的速度非常緩慢。等到人類不但用口語溝通而更能用文字表達，人類的知識便可以累積、可以傳承，物質文明便迅速改進。20世紀以來，靠著求知，人類改變了地球，縮短了距離，革新了衣、食、住、行的方式，加速了人與人之間的溝通。很明顯的，這一切都證明人類擁有強烈的求知欲。

在追求知識的過程中，古人早已體驗到宇宙的偉大奧妙而不得不承認自身的渺小。所以謙虛的古人便承認：吾生也有涯而知也無涯。確實，人單靠個人的努力實在微不足道。值得慶幸的是，人類在求知的過程中瞭解而且肯定了人類合作的重要。因此科學家不再自立門戶彼此排拒，而組織研究團隊進行科際合作。近年來，物理學已脫不了數學，生物學也會碰到物理學，化學又涉及生物學，醫學、營養學又脫不了化學。藉著科學家們的團結合作、精心研究，21世紀的進步將難於預測，尤其在電子工程、電腦科學更令人眼花撩亂高深莫測。

至於求知是不是全人類的普遍現象，這倒是一個值得探討的問題。觀察世界各國原住民地區，人們似乎樂天知命並不在乎追求更高深的學問、更深奧的知識。以農立國的中國尚有數億農民日出而作、日入而息，播種耕耘秋收冬藏，歷數千年而不變。求知，好像不是他們的當務之急。當然，這種現象並不證明農民不求上進，而更是由於環境的閉塞，一方面缺乏外來的誘因，一方面也沒有內在的能力，他們受天時地理的約束，祇能聽天有命苟安渡日。雖然如此，這還不能肯定原始民族並不追求知識。

另一種比較令人錯愕的現象是：生活在已開發國家，居住豪華大廈，駛名牌轎車，穿錦衣華服，吃山珍海味的現代青年；既不收看

電視新聞，又不閱讀報章雜誌，踏入了高等學府，最喜愛的不是書本而是社團活動及歌舞表演。上課時，他們也吃也喝或閉目沉睡，對學問知識幾乎毫無興趣，上課經常缺席考試作弊。這些人似乎可以證明一百多年前，佛洛依德所主張的享樂意志（The will to pleasure）。不過，與佛洛伊德同時代，原為佛氏的友好阿德勒（Alfred Adler, 1870-1937）卻不表贊同而提出權勢欲；他以為人類追求的目標更是權力（The will to power）。

由於人類生活環境的不同，外來的誘因不同，內在的需要各異，所以有人追求享樂，有人追求權勢。我們若注意佛氏一位精神科醫師的社會地位與生活方式，一定不難明瞭他為什麼祇追求享樂而沒有更高超的目標。同樣，我們若注意另一位精神科醫師佛郎閣（Viktor Frankl, 1905-1997）的境遇，尤其在奧沃茲維祁（Auschwitz）納粹集中營裡的煎熬，我們也就不難明瞭他如何找到了生命的意義及人生的價值，而主張人類最高的目標是追求意義（The will to meaning）。（註四）

整體來說，我們依然肯定人類追求的目標，除了求生、求愛以外，應該是求知。因著遺傳與生活環境的懸殊，在求知的動力、方向與目標，人與人之間確有很大的不同。孟子有云：窮則獨善其身，達則兼善天下。追求知識的人不但埋頭苦幹，希望對宇宙萬物有更多更深的瞭解，同時還願意將所得的知識傳授給他人；不論是親友恩人或並不相識的青年學生。凡身心健康的人，如有能力有機會必定把「求知」不僅看作自己的生活目標，更把求知看作人生的使命。

求知為發掘大自然的奧秘，增進人類對宇宙萬物的瞭解本該是人類的義務也是權利；但現代社會的知識份子中卻出現了一些特殊人物。有些人不斷侵犯他人的智慧財產權，另有些人尤其是部分媒體記

者所謂的狗仔隊。他們不擇手段時時侵犯他人的隱私權，竊取而且公布重要人物的私生活狀況，如婚外的男女關係、進酒家、上賭場等。當人們埋沒良知不知廉恥去挖掘人家的隱私，孟子就有非常嚴厲的指責：無是非之心非人也，無羞恥之心非人也。所以人類正當的求知應該是為了正當的目的，採取正當的手段，不侵犯他人的權利，不擾亂社會的治安，不違背自己的良知。

 肆、人生更遠的目標是追求卓越

探討人類生活的目標，前面肯定了求生、求愛、求知，但觀察實際生活中的表現，人類還有一個強烈地追求的目標，那便是卓越。第二次世界大戰的戰敗國日本，在短短的幾年內完全恢復了它的政治地位、國際地位，同時也恢復了自尊；因為它不斷高喊「日本第一」，激起民眾的努力奮鬥。觀察古今中外人類的行為，在運動場上，不論是跳高、跳遠，人人都希望打破以往的紀錄。音樂家、藝術家、文學家、科學家人人都在埋頭苦幹精心研究，希望有更深的瞭解、更美的表現，對人類有更大的貢獻。心理學家探討社會現象，統計社會大眾到底有百分之幾的人口，到了去世的時候，他們真正發揮了他們的天賦，用盡了他們的才智。答案是不到百分之十。其他百分之九十的人中，三分之二亦即百分之六十的人祇貢獻了大約三分之一的才華。其餘百分之三十的人根本是浪費了他們的人生，身體雖長得白白胖胖，但不該走的時候，他或她就躲進了棺木，離開了人間。

在求知的過程中，教育家們擬訂教育的目標為：在德、智、體、群、美各方面到達完美的境界。百分之百的完美在人世間幾乎不太可能，但看現代工商企業界創辦的事業越來越大、越來越多。單以食、衣、住、行來說，人們吃的喝的越來越精緻美味，穿的越來越舒適美

麗，住的越來越豪華高大，行的越來越快速便利。由此可見，人類在任何事上在追求更上層樓已經是不可否認的事實。

　　太空科學家成功地登上了月球，又要設法登上火星。人類成功地能在太空中遨遊，又巴不得能在其他星球上找到居處、找到財富。按馬斯洛的需要層次論，人類在得到了愛與尊重之後，更要追求自我實現。到了他的晚年有了高峰經驗，在自我實現之外加上了超越存在的需求（註五）。中國古人早肯定了人類在追求眞、善、美之外，還追

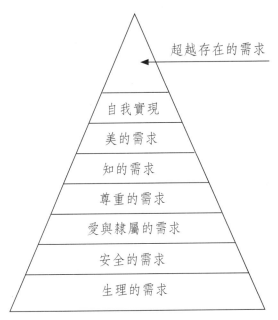

圖3-1　1970年馬斯洛Maslow所提人類需要的八個層次

求聖。聖者就是超脫凡俗。當人心存乎天理，全然合於上帝的旨意，與神同其所好同其所惡，超脫人的本性生活而進入上帝的神性生活，那便實現了天人合一的境界。孔子曾說：大學之道在明明德，在親民，在止於至善。至善二字按朱子的解釋爲「事理當然之極也」。

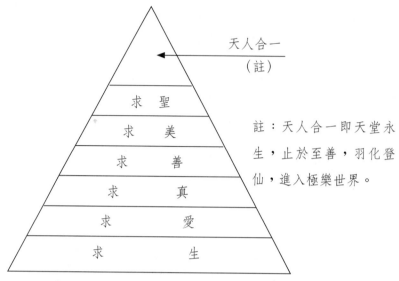

天人合一
（註）

求 聖

求 美

求 善

求 真

求 愛

求 生

註：天人合一即天堂永
生，止於至善，羽化登
仙，進入極樂世界。

圖3-2　基督信徒依宗教信仰的理念

事理當然之極也就是盡夫天理之極而無一毫人欲之私也。盡夫天理無
一毫之私便是至善的境界。至善絕不是在吃、喝、玩樂享受到極樂的
境界。由此可見，人類追求的目標並不停留在物質生活而更升到了精
神層面。當人心達到了這樣的境界，他便脫離人的本性生活，進入了
上帝的神性生活。換句話說，人生追求的最高目標就是實現了天人合
一。

　　一般受過良好教育的人士，不論他從事的是士、農、工、商，他
都會追求更高的境界。就如前面說過的，偉大的運動員知道如何在尖
峰狀態下表演出「超越」自我的佳績。

　　說來奇怪，約在五百年前，一位在戰場上受傷的西班牙士兵依
納爵羅耀拉在他養病康復後的苦修生涯中，發明了一個拉丁文的單字
格言（Magis）。譯成中文就是一個「更」字。依納爵用這「更」代
表的是一種無止無休的衝勁，追求上帝的更大光榮（Ad Majorem Dei

Gloriam）。這裡，我們可以看到，人在追求更高更大更善更美更聖的路線上，最後的目標是神，是至尊至善的上帝。人一旦找到了上帝且依上帝的旨意而生活，他便發現了生命的意義、生活的價值。不論在人生的旅途中遭遇到的是禍是福，他依然心安理得，明知自己生命的歸宿。就如聖奧斯定所說：我的心就是為尋找禰而造，直到找到了禰，我的心才會安寧。專務靈修生活的人找到了上帝，他會很肯定地說：上帝是我的一切。有了祂，我便心滿意足。由此看來，心理學似乎也不得不探討人類的信仰生活。

附註

註一：創世紀五，5。

註二：William Glasser, Reality Therapy, Harper & Row, New York, 1965, pp.7-13.

註三：張春興著，現代心理學，臺北，東華書局，頁465。

註四：弗蘭克著，趙可式、沈錦惠譯，活出意義來，臺北，光啟，1992。

註五：李安德著，若水譯，超個人心理學，臺北，桂冠，1992，頁192。

本 章 摘 要

1. 來到世界的人追求的第一件事該是生存。

2. 聖經記載人類始祖亞當活了九百三十歲。

3. 按有文字的記載，刻南的兒子耶勒特活了九百六十二歲。

4. 20世紀前半，臺灣人口的平均壽命為五十五歲。

5. 生活在地球上不同地區的人，吃不同地區的產物。

6. 富強的民族強吞弱肉，是人類的不幸。

7. 同一民族中貧富不均，顯示人民缺乏人性。

8. 愛與被愛是人類的天性，由上帝規定。

9. 所有的動物都陰陽相吸，傳種接代。

10. 愛也有隨之而來的責任。

11. 不正當的愛便是貪。貪財、貪色、貪名、貪利便是過。

12. 求愛之外人就求知，求知由童年開始。

13. 人與人之間，求知的慾望有相當大的差異。

14. 求知不僅出自好奇，而是追求意義。

15. 求知是為發掘大自然的奧秘，追求真理。

16. 挖掘名人隱私，竊取他人生活狀況為不道德行為。

17. 人類追求的更高目標是不斷超越。

18. 馬斯洛的最高需要是超自然的存在。

19. 中國古人追求真、善、美之外，還追求聖。

20. 依納爵的最高目標是追求至善的上帝，且依上帝的旨意而生活。

討 論 問 題

1. 人類最長的壽命大概能活到多久？

2. 為什麼人類社會出現貧富不均的現象？

3. 愛與被愛是人類的天性，為什麼人間不斷出現互相殘殺的現象？

4. 為什麼挖掘他人隱私是不道德的行為？

5. 你認為，什麼是你這一生值得追求的最高目標？

第四章

個體生命的開始

20世紀末期，世界各國的教育界都開始重視生命教育。觀察大自然的現象，我們發現有理智的人有生命，飛禽走獸有生命，昆蟲螞蟻有生命，花草樹木也有生命。生命到底是什麼？生命從哪裡來？生命有沒有等級？生命有沒有意義，有沒有價值？研究生命的科學家也沒有人能給我們滿意的答覆。觀察現象，我們肯定生命都有開始都有終結，有生必有死。宗教家、神學家憑藉上帝的啟示，告訴我們：生命是由上帝所賜，因為上帝描述自己說：我就是生命、道路、真理。一位虔誠的佛教徒，一天晚上在破蚊帳裡捉到了七隻蚊子。她小心翼翼地打開窗戶，把它們放了。鄰居向她說：妳這樣做豈不是害人嗎？假如這些蚊子帶有傳染性的登革熱，妳很可能救了蚊子危害了人。某些宗教主張放生，有些人愛動物超過愛人。《聖經・創世紀》卻記載上主的話說：「凡有生命的動物，都可作你們的食物，我將一切賜給你們，有如以前賜給你們蔬菜一樣。」（註一）地球上最高貴的生命應該是有理性的人。本章所探討的集中在人的生命，因為人除了肉體的生命之外，還有靈性的生命。

壹、生命的傳承

生命的基本單位是細胞，卵細胞在輸卵管受精，以後開始分裂。大約三天後會有八至十六個細胞的桑葚（Morula）進入子宮。到第九或第十天胚芽在子宮內著壁，而成為一個有生命的個體。它是一個簡單的生活的有機體。他的成長發展方向或計畫已完全決定。一個受精卵含有發育完整個體的全部信息。一個受精卵之所以能發育成為一個成熟的個體，都是由於對基因表達嚴格調節控制的結果。受精卵到第四個星期，心臟開始搏動，每分鐘六十次。體重比原來的卵子重約一萬倍。身長約四至八公厘。第五個星期，四肢開始萌芽發展迅速。此

時，大腦也很快發達。到第六週，手腳型態初具。第七週，手指腳趾也都出現，清晰的臉龐出現眼睛、耳朵等器官。到第二個月末，胚胎已具備了器官及大部分外形。神經系統和肌肉發展得可使手和腳略略移動。第三個月起，胎兒可開閉嘴巴、移動手臂。第四個月，胎兒占滿了子宮。第五個月，醫師可以聽診器探聽胎兒的心音；用日光燈照射，胎兒會作閉眼或怕懼的反應。第六個月，胎兒明顯地變得有活力。七個月的胎兒脫離母胎已有存活的可能。八個月的胎兒體重已超過兩公斤，身軀已接近出生時的大小。一般現象，孕婦懷孕九個足月，子官開始痙攣，胎兒不能適應縮小的空間，胎盤也不再供應胎兒的所需，這時新生命便將脫離母體而靠自己的呼吸而生存。從受孕到新生兒出生，新生命在母親子宮內的日期大約是九個月。在此期間，由卵細胞受精到兩個星期稱為胚芽期；從二至八週為胚胎期，從八週到脫離母胎為胎兒期。受精卵是新生命的開始。從受精到胎兒出生，表面看來胎兒的成長好像純粹是生理的問題，其實就在這階段，許多內外因素早已開始左右著新生命的心理。（註二）

　　荷蘭科學家推行觸覺學，他認為孕婦可以撫摸腹部與胎兒溝通。子宮裡的胎兒對撫摸非常敏感。缺乏撫愛，胎兒會受到傷害。孕婦的心理緊張、生氣、恐懼、憂慮或經常爭吵會影響胎兒的心理；孕婦如遭遇家暴，胎兒可能胎死腹中或出生的嬰兒吐血而死。很明顯的，生活在緊張氣氛中的孕婦容易生下身、心不健全的的孩子。也有心理學家認為成人的精神病患可能就從子宮裡開始。

貳、胚胎生長的環境

　　受精卵是精子與卵細胞的結合。細胞內有細胞質與細胞核。細胞核內有染色體，染色體內有基因。細胞質（Cytoplasm）被視為細

胞的內環境（Intracellular environment）。基因的組合是構成人類行為特徵的基本要素，它的組合方式受所在的環境影響。受精卵開始分裂，分裂後的細胞雖都有一個與受精卵同樣的遺傳因子，但因為細胞的數目增多，而它們之間又彼此相附，這樣圍繞在每一個細胞週圍的細胞便形成了一個新的環境。這是細胞間的環境（Intercellular environment）因為細胞彼此間的接觸也產生化學及物理作用，所以彼此都會發生影響。除了細胞間的環境之外，母親的子宮便是胚胎的外環境。胎兒在胞衣內經由臍帶與胎盤連接，再由胎盤與母體內血液的循環系統相連。藉此，胎兒由母體血液中獲取營養又排除廢物。孕婦子宮內的溫度、羊水中的化學成分、母體血液中的營養都是影響胎兒發展的外環境。既然子宮是胎兒的外環境，那麼孕婦的營養不足便會嚴重影響胎兒的發育。

　　心理學家早在貧困地區作實證研究，比較補充營養與不補充營養兩組孕婦所生下的嬰兒。結果發現前者所生的嬰兒大多比較健康，而後者所生的則不少患軟骨病、四肢痙攣、肺炎、貧血、肺結核、早產或胎死腹中（Ebbs et al.,1942）。孕婦長期缺乏維他命B，影響嬰兒早期的智能發展（Harrell, et al.,1955）。上一個世紀，生理學家早已肯定，孕婦如多次經 X光照射，能導致細胞內基因的突變，阻擾胎兒正常發育。孕婦經常服用安眠葯片，容易導致胎兒四肢發育不全（Taussing, 1962）。孕婦如情緒過度緊張，胎兒會出現兔唇現象（Norris, 1960）。孕婦如如有吸菸、酗酒等不良習慣，胎兒可能發生流產、早產或死胎的數字遠比沒有惡習的孕婦為高（Lincoln, 1986）。懷孕期間，孕婦的甲狀腺素分泌不足，能影響個體出生後的體形發展而出現矮呆症（Montagu, 1959）。又孕婦染患德國麻疹會導致嬰兒心臟功能缺陷及耳聾（Muller, et al., 1982）。患糖尿病、梅毒、皰疹及肺結核的孕婦能導致難產或或胎兒出生後視覺障礙（Sullivan,

Bolysi et al., 1983）。至於染患愛滋病的孕婦，胎兒免不了受到感染而同樣罹患絕症（Rogers, 1985）。罹患酒毒症候群（Fetal alcoholic syndrome）的幼兒是孕婦的酗酒習慣所造成（Nieberg et al., 1985）。患菸毒症候群的嬰兒是孕婦吸菸所導致（Wright et al., 1983）。以上兩者都能造成幼兒身、心發展遲滯、動作緩慢、心智薄弱等症狀。

　　現代孕婦有的遭家暴，有的是未婚先孕，有的在懷孕期間抽脂瘦身、按摩整容、濫用藥物、劇烈舞蹈，所以流產、早產、畸形怪胎、四肢殘缺、皮膚毛髮以及骨質內臟的怪病層出不窮。另外值得研究的是，中國社會中大多孕婦抱有重男輕女的態度。孕婦對性別的好惡，自然也左右母親對胎兒的照顧與愛護。據陳立夫先生在美國養雞的經驗，他注意每次用一百枚雞蛋孵出的小雞，有多少是公的多少是母的。結果他發現每次孵出的小雞，公母的比率往往只差百分之一、二。因此，他的結論是，按大自然的規律，男人只該擁有一個女人。同樣，女人也應該只嫁給一個男人。現今重男輕女的社會，無數的孕婦剝奪了女性胎兒的生命。孕婦對胎兒的歡迎或排拒如何影響胎兒的發育與健康，心理學家早已提出很多的研究與警告，可惜現代社會的婦女似乎對胎教都不夠注意。荷蘭科學家發現孕婦喜歡聆聽幽雅的音樂，對胎兒會有良好的效果，甚至可以培養幼兒對音樂的興趣。

參、遺傳如何影響胎兒

　　遺傳是大自然的得意傑作（註三）。社會大眾最容易觀察到的便是歐、亞、美、非各大洲民族的不同。人類的皮膚有白有黑，有黃有紅；白種人中有藍色、棕色或綠色的眼珠以及金黃色的毛髮，而黃種與黑人幾乎百分之百都只有黑色的毛髮與黑色的眼珠。至於皮膚的

顏色，非洲人特別顯得深黑。遺傳是指在個體生命之初，父母的身、心特徵傳遞給他子女的一種變化歷程。同一種類的禽獸在身體與行動上的特徵也會有明顯的差異，人類也不例外。除了身軀外表的差異之外，心理學家很早就發現，人類有上智下愚的分別。遺傳的基本生理因素是在染色體內。染色體是人體細胞中一種非常複雜的構造，它由去氧核糖核酸（Deoxyribonucleic acid）簡稱DNA及蛋白質所構成。DNA是所有遺傳物質的基礎，更好說是遺傳信息的負載者，它存在於細胞核內。蛋白質是生命功能的執行者（註四）。它是基因的產物而不是遺傳物質。遺傳的秘密在細胞內。大多數的兒女酷似父母，但父母並沒有塑造兒女；父母給子女的是遺傳的信息，儲存於DNA，父母給子女的便是DNA。（註五）

現代科學家發現DNA的基本信息（原料）在一切生物中只有極少的差異。所以人會感到自己與其他動植物有關，能相互感應，有相屬感且有共融感（註六）。人與人之間，即使沒有血緣關係，DNA也有99.9%的相同。某甲之所以有別於某乙，就是因為剩下的一丁點的差異。這差異決定黑白人種間膚髮顏色的不同，甚至罹患各種疾病的機率。

遺傳是父母的身、心特徵傳遞給子女的歷程，除了軀體、毛髮、膚色、面貌等外顯的特徵之外，人類還有哪些重要特徵能傳給後代？遺傳是由父母操控的呢？還是大自然或更好說造物主早已為人類作了決定？心理學家從事遺傳問題的研究，似乎從不研討如何傳遞而只注意傳些什麼。由人懷孕生產的當然是人，人可能因錯用藥物影響產生怪胎，但不可能生出其他動物。因此有宗教信仰的人絕對嚴禁墮胎。這裡，我們可以肯定的是：父母經遺傳給子女的主要特性便是人性。人是有理性的動物，所以經遺傳，父母也將理性傳達給了子女。根據

過去心理學家的研究結果，大多認為兒女智能的高下是受父母遺傳的影響。父母雙方都是智能很低的，似乎不大可能生下非常聰明的孩子。根據智力測驗的結果，比較美國黑白兩個不同種族智能的差異，心理學家肯定黑人的智商平均要比白人低十至十五個分點（Anastasi, 1985）。雖然智力很難以數字來表達，而且智能的表現也受文化背景與學習的影響；但無論如何，每一個人的智能與體質脫不了父母的影響。

心理學談到視覺、聽覺、嗅覺，立刻指點出眼睛、耳朵、鼻子，但提到知覺卻很少探討相對的官能理智（Intellect）或混統地指頭腦（The mind）。理智應該是藉遺傳所傳遞的。觀察人類行為的現象，我們發現頭腦還有其他的功能，如記憶（Memory）、想像力（Imagination）、意志（The will）與良知（Conscience）。這些內在的官能在解剖學上很難找到確切的位置與形狀；但由人類行為的表現，我們似乎應該肯定他們的存在。生理學研究的結果肯定人類的體形、血型、毛髮、面貌等都是由遺傳所決定。心理學家似乎在介紹神經系統、大腦結構以及五官的功能之外，更該探討人性所特有的道德觀念、慈悲心腸、宗教情操、博愛精神、冒險精神以及犯罪傾向、虐待動物、屠殺異族等惡行，是否也受遺傳因素所支配？（註七）

肆、萬物之靈的靈是什麼

禽獸有五官，人人都會肯定。人類有理性，一般正常的人都會相信。人類是萬有的中心與頂峰，幾乎是人人共有的主張；不論他有宗教信仰或沒有宗教信仰（註八）。但是，理性是什麼？它從哪裡來？為什麼只有人有理性？亞里斯多德（Aristotle, 384-322 B.C.）對

人類的心理學有很大的影響。他為人所下的定義是：人是有理性的動物。沒有理性的動物被稱為畜牲，有理性而不是動物被定命為精神體（Spirit）。哲學家與神學家很容易肯定上帝是精神體，天使善神與魔鬼惡神是精神體。人類的靈魂為精神體，精神體不會消滅，因此人們相信人死以後，他的靈魂繼續存在。

心理學最早的定義是：研究靈魂的科學。所以靈魂的存在被認為是理所當然。所謂科學心理學的興起，強調科學的研究方法，重實證、重量化、重系統化；凡看不見、摸不到、無法測量的精神體便被排除於研究的範圍之外。現代心理學有界定為：研究人類身、心、靈的科學，靈的問題似乎不得不納入探討。首先，靈魂到底是否存在？單由民間習俗，向亡者招魂的現象來說；靈魂的存在至少是絕大多數的民眾的信念。（註九）

唯物論者認為人完全是由物質所構成，人只是各種物質因素的集結而已。因此，人死便是物質結構的解體，人也就此消失。佛教徒相信輪迴，所以至少肯定人有靈魂，人死以後靈魂再次投胎。心理學家如用觀察法或問卷調查法，探測民間的信念；所得的結論常會發現，百分之七十至八十的民眾肯定人有靈魂。有人把生命和靈魂混為一談，他們相信人死以後便像其他動物一樣全部消失。這樣，人死和豬、狗、牛、馬的死便沒有兩樣。調查古今中外的不同民族，包括各地的原住民在內，都有敬拜神明的現象。賞善罰惡的觀念似乎都催迫人相信，人死以後，靈魂還在。確定了靈魂的存在，人為萬物之靈的觀念便更易令人信服。人因為有靈魂，所以他有理性，所以他由觀察宇宙萬物的奧妙，推測到賞善罰惡至高上帝的存在。藉著理性，他肯定人生有它的意義，有它的目標。

自從人類有史以來，敬祖祭天的事實肯定了人類靈魂的存在之

後，我們便要問：靈魂由何產生，又時產生？這是兩個很難解答的問題。二元論的哲學家主張：人是由靈魂、肉軀結合而成的。神學家要說，這精神體的靈魂是由上帝直接創造而賦予胎兒的。根據聖經的啓示，神學家們認爲靈魂是由上帝按祂自己的肖像所創造的。當然，神學家根據聖經啓示所作的結論，不是一般心理學家所能接納。但是崇尚科學的心理學家也無法以科學方法來證明靈魂並不存在。至於靈魂從何而來，古今中外的神、哲學家眾說紛紜。有人主張靈魂在與胎兒結合以前早已存在，這是所謂的先存說（Pre-exitentialism）。第二種學說主張靈魂是由上帝的本性中流溢出來，所謂流出說（Emanatianism）。第三種是生殖說（Generationism）主張靈魂與肉體一樣源於父母的生殖行爲。第四種是唯物論的進化說（Materialistic evolutionism）認爲靈魂和肉體同屬物質原素，只是在進化過程中出現了生命與意識。最後，第五種是造化說（Creationism）主張每一個胎兒的靈魂是出自上帝直接的創造行動。至於間接的造化說則認爲上帝賦予胎兒潛能，當人體的條件具備，靈魂方才出現。（註十）

　　今日科學技術的發展，出現了精子銀行、試管嬰兒、胚胎移植、借腹生子、人造子宮、複製嬰兒、人畜混種、遺傳因子DNA的操控，好像現代人能製造新的人種，人也能決定人的理性或人的心靈。這裡，根據幾千年來正統宗教神學家們的主張，我們還是肯定靈魂源自上帝的創造。至於每個胚胎的靈魂何時來到，自古以來，神學家們的主張並不一致；有的認爲是生命之始，即精卵結合成孕之始。有的主張於受精卵於子宮著壁之時，有的認爲於大腦皮質構造成形時。另有學者以孕婦胚胎的日期計算，有以爲四十天後靈魂到來。著名學者如亞里斯多德（Aristotle, 384-322 B.C.）與聖多瑪斯（Thomas Aquinas, 1225-1274 A.D.）主張靈魂該於胎兒發展到八十至九十天才來。今日主張墮胎可以合法化的人們認爲四個月左右的胚胎尚非眞正的人，另

有人以爲靈魂在胎兒出生時才有。17世紀的卡拉穆（J. Caramuel）就有這樣的主張。19世紀的羅斯迷尼（A. Rosmini）甚至主張出生後的胎兒在第一個理性行動時才有靈魂。心理學家對神、哲學家們的主張沒有充分可靠的證據予以肯定，也沒有足夠的理由予以否定。不過，肯定了靈魂的實有，心理學已可以解釋許多人類的理性行爲。至於靈魂何時來到，似無必要再作冗長的探討。（註十一）

附註

註一：創世紀9，3

註二：黎士鳴編譯，心理學概論，臺北，美商麥格龍希爾國際公司，2008，頁64。

註三：羅遼復著，物理學家看生命，臺北，牛頓，1999，頁35。

註四：同上，頁118。

註五：同上，頁35。

註六：谷寒松著，神學中的人學，臺北，光啓出版社，1996，頁298。

註七：金象逵著，生命倫理，臺北，見證月刊社，1955，頁75。

註八：中國主教團編譯，梵二大公會議文獻，臺北，教務協進會，1975，頁209。

註九：朱秉欣著，教育機構增進宗教認知之可行性研究，臺北，教育部，1993，頁64。

註十：袁廷棟著，哲學心理學，臺北，輔大出版社，1985，頁551。

註十一：谷寒松著，神學中的人學，臺北，光啓出版社，1996，頁130-134。

本 章 摘 要

1. 生命有分等級，生命必有終結。

2. 生命由上帝所賜，凡有生命的植物、動物都可用作人類的食物。

3. 生命的基本單位是細胞。人類卵細胞受精後開始分裂，三天後進入子宮。

4. 胚芽在子宮著壁，成為有生命的個體。兩個月後，胚胎已具人體外形。

5. 自第三個月至出生稱為胎兒期，孕婦撫摸腹部可與胎兒溝通。

6. 孕婦情緒緊張會影響胎兒健康，也可能出現兔唇現象。

7. 孕婦營養不足嚴重影響胎兒發育。吸煙酗酒能促成流產、早產或胎死腹中。

8. 孕婦愛好音樂對胎兒會有良好被果。遺傳是上帝的傑作。有人說是大自然。

9. 遺傳的基本因素是在染色體內，染色體是由DNA及蛋白質所構成。

10. DNA存在於細胞核內，它是遺傳訊息的負載者。

11. 大多數兒女與父母親相似，但父母並非塑造兒女。

12. 即使沒有血緣關係，人與人之間的DNA也有百分之九十九相同。

13. 父母遺傳給兒女的主要特性便是人性。兒女智能的高下受遺傳的影響。

討 論 問 題

1. 生命到底是怎麼來的？

2. 誰能允許人剝奪其他動、植物的生命？

3. 孕婦該怎樣謹慎愛護自己的胎兒？

4. 什麼是父母遺傳給子女的主要因素？

5. 為什麼人與人之間的DNA大致相同？

第五章

胎兒出生後的身心發展

胎兒一離開母體，第一個關鍵性的行為便是要自己呼吸。這時候嬰兒若沒有能力呼吸，母親對於他或她便無能為力。助產的醫護人員非常注意孕婦生產的過程。為避免難產的危險發生，致使嬰兒無法在適當的時刻吸收充分的氧氣，剖腹生子便成為今日孕婦偏愛的醫術。據國內婦產科醫院的統計，剖腹生子的年輕婦女大約已達到了所有產婦的70%。胎兒剛脫離母體，立刻獲得了廣大的空間，可以伸展他的四肢。這時候嬰兒吸收的食物雖只是水分很多的乳汁，但軀體的重量卻與日俱增。

 壹、初生嬰兒的營養與健康

初生嬰兒軀體成長的速度大概比生命過程中任何階段為快。嬰兒不會控制自己的動作，也無法接受任何人的指示。他完全被動地接受大人們的照顧、愛護。心理學家對嬰兒的研究，大多依賴他的觀察。注意他們的呼吸、脈搏、心跳、吸吮、注視、轉動等動作。嬰兒的軀幹與四肢的發展，只要沒有病毒感染或其他傷害，幾乎完全順著自然律而成長。在這階段，成人能左右他身、心發展的便是營養。嬰兒早期的營養，依古老的傳統完全是靠母乳。哺乳類的動物幾乎百分之百依賴母乳。大自然的規律決定以母親的乳汁飼養她的後代。現代人憑他的智能奪得牛、羊等大型動物的乳汁來替代母親的餵養。依據營養成分的分析，牛乳的營養價值該比母乳為高。為了嬰兒能吸收更高度的營養，產婦們找到了推卸責任的藉口，大家取用牛乳甚至不用鮮乳而採用更易購買、更易處理的奶粉。

現代的社會大眾把牛奶替代母乳已看成理所當然的事。從產婦的立場來說，以牛奶替代母乳為她們實在是一大福音；既可省時省事又

可避免在大眾場合露胸哺乳的不便。發展心理學家對以牛乳替代母乳來餵養嬰兒有什麼見解？除非產婦健康欠佳必須服用藥物，單從嬰兒心理發展的角度來看，學者們均以為母親自己餵養是最健康的方法。嬰兒在母親懷中是最易獲得安全感的地方。產婦每天多次有一定的時段餵奶，嬰兒便有一天多次的機會與母親情感上的交流。餵奶的時刻，母親在生理上也有一種快感，心理方面更有愛情的釋放。一般來說，母親餵奶的時候真是母子相依為命，嬰兒體驗母親大愛的時刻。母親對可愛的寶貝也發出一種熱烈的愛情。一般哺乳類的動物，母乳哺養都有固定的一段時間；人類的嬰兒漸漸長出牙齒，能吸收固體的食物，母乳便可逐漸停止。

自從20世紀的初葉，人們發現嬰兒的飲食可以牛乳替代母乳，一個世紀來大家都以為這是件好事。現代社會，人類的親子關係越來越差。心理學家開始研究，結果發現，母乳育嬰的效果遠勝於取用牛乳。理由是以母乳育嬰，孩兒身體比較健康；漸漸長大時，心理適應也比較容易（Taylor & Wadsworth, 1984）。另有心理學家發現，產婦自己哺養的嬰兒，生理與心理功能都比飲用牛乳的嬰兒較佳。理由是：胸餵的嬰兒心臟律動較穩，脈搏較低；另外對外界刺激的反應比較敏銳。（De Pietro, Larson & Rogers, 1987）。西方國家的產婦們大多傾向於選擇瓶餵（Bottle feeding）替代胸餵，而且有計畫地在規定的時段以奶瓶餵養，結果嬰兒整天安靜地睡眠很少哭鬧，這樣反而缺少了人際互動與社會刺激，嬰兒的心智發展反而顯得遲滯。

原則上說，為嬰兒身、心的健康發展，胸餵（Breast feeding）勝於瓶餵（bottle feeding）；但是產婦本身的健康狀況、生活習慣、飲食嗜好等不得不納入考慮。假如母親體弱多病，經常服用藥物或有菸癮及酗酒等習慣，這時嬰兒取用牛乳可能比母乳更加安全。另外餵養

的嬰兒假如不是自己所生的，或者這嬰兒不是產婦所歡迎的，那麼胸餵也不一定帶來正面的效果。

食物之外，嬰兒也需要衣著。目前上層社會的家庭大多為嬰兒選購質料適當的物飾，但是比較貧困的父母可能只顧到顏色的鮮明、式樣的新穎，而質料既不是棉毛而是人造纖維或尼龍。坊間銷售用化學纖維織成的布料既不吸汗又不透氣，用作嬰兒的內衣必定對健康不利。同樣，海綿的床墊、枕頭用在炎熱的夏天往往使人體背上冒汗而胸部受涼。這類質料為嬰兒使用均不適宜。

 貳、嬰兒的生理發展

一般嬰兒的正常發展，滿週歲的嬰兒，體重大約是出生時的三倍；身高則是出生時的一倍半。三歲以後，身高體重的增長漸趨緩慢；直到青春期，身高再出現加速成長的現象。軀體方面的發展，幾乎每一個人都從胚胎開始就出現下列的現象：一，下肢發展在後，頭部發展在先。二，四肢發展在後，軀幹發展在先。三，局部的小肌肉的活動發展在後，牽動全身大肌肉的活動發展在先。在所有哺乳類的動物中，人類的嬰兒需要最長的時間才能具備成人的行動和技能。從出生到兩歲，嬰兒從無助到自由行動是一段發展驚人的過程。五個月的嬰兒會在小床上自動翻滾，七個月大的嬰兒開始會用手抓取東西；八個月時，他已能不需要依靠而坐直起來。再過兩個月他已可扶著桌椅而自己站立起來。這時候，一般父母便開始教他學習走路。滿了足歲，發育正常的嬰兒幾乎都能走路。一歲半的幼兒已可以自由行動，到了兩歲，幼兒大多會爬樓梯。三歲時，小孩已會蹦蹦跳跳非常活躍。

　　初生嬰兒只能靠感官接觸世界，經由口嚐、眼看、耳聽、手抓認識周圍的世界。皮亞傑（Jean Piaget, 1896-1980）稱此階段爲嬰兒的感覺運動期（Sensorimotor Stage）。這時期嬰兒逐漸認識自己與他人，尤其是自己的母親。出生剛幾天的嬰兒，眼睛能追隨移動的物體。稍大，在不同的圖形面前，嬰兒更注視人的臉譜。出生兩個月後的嬰兒會更注意面貌上的眼睛、鼻子和嘴巴（Haith, et al.1977）。假如把扭曲的與正常的面貌同時呈現在嬰兒眼前，四個月大的嬰兒很清楚地選擇正常的面貌（Fantz, 1975）。心理學家也研究嬰兒的視覺是否有所偏好，結果發現，嬰兒更傾向注視動態的、有彩色、比較複雜的；而對靜止的、灰色的、以及單調的物體，注視不久即轉移視線（Fantz, 1961）。

　　初生嬰兒的嗅覺也很靈敏，他們普遍地喜好香甜的氣味，而排拒酸、苦、鹹的氣味。面對香甜的氣味，生理方面他們的心跳、呼吸減緩，反之聞到氨氣或腐臭的氣味，他們的心跳、呼吸會加速，顯示感到壓惡。更微妙的是，嬰兒能辨別自己母親的與非自己母親的乳汁的氣味（Russel, 1976）。凡喜好的他會轉頭，厭惡的他會掉頭逃避。

　　聽覺方面，剛出生三天的嬰兒已經能認出不同說話者的聲音。最明顯的，他們能認出自己母親的聲音。心理學家播放有聲的幻燈片，觀察嬰兒的反應，結果發現嬰兒也能同時吸收來自兩個不同感覺器官的訊息（註一）。對於一再重複出現的聲音及彩色的物體，嬰孩也不會持續注視。

　　嬰兒生理方面的成長發展，當然是靠肌肉組織與神經系統。嬰兒軀幹部分，肌肉的控制能力，以大、小便的控制能力發展最晚。排泄器官的肌肉組織必須等神經系統分化到一定的程度（註二）。一般來說，嬰兒必須在出生半年之後，才能學習控制大便。約十六個月之

後，方能開始學習控制小便。眞正能完全控制大小便的小孩，大約要到兩歲以後；小便也能完全控制，可能要等到四、五歲的年齡。

參、嬰兒的生活環境

初生嬰孩剛脫離母胎便有很大的活動空間。但是由於神經系統尚未成熟，嬰兒的行動完全由成人所操控。心理學家曾在孤兒院內作實地研究，首先他將孤兒分成甲乙兩組，以後讓甲組完全按照院內的護理方式，讓嬰兒躺臥在小床，另一組則每天被帶到遊戲室，扶他們坐起讓他們觸摸並玩弄玩具。一個月之後比較兩組嬰兒的活動量。結果發現，實驗組的嬰兒比留在小床的另一組，在活動方面有明顯的差異。嬰兒的動作本來取決於生理的成熟，但成人提供的活動仍有助於嬰兒的發展（Dennis, 1960）（註三）。

爲進一步瞭解生活環境對嬰兒發展的影響，心理學家也用老鼠來做實驗。兩組老鼠本屬同一種類，現在實驗者把一組按原來飼養的方式，把它們留在小籠子裡面，另一組則送往裝有各種活動設施的大籠子內。三十天之後，比較兩組老鼠的活動表現；結果，實驗組的老鼠腦的容量較多、活動的表現也較好。一般來說，生理的發育成長是不能勉強的，但嬰兒生活環境中的刺激，對嬰兒的學習與行爲發展應該有所助益。因此，醫護人員也建議嬰兒每天需要多次受人擁抱愛撫，同時讓他看、摸有顏色的、活動的東西。在嬰兒搖籃的周圍，經常換上彩色的裝飾品或玩具，能使嬰兒在三個月內發展視覺指引的行爲。所以，適當的外在刺激對嬰兒的身、心發展是有幫助的（White, 1971）（註四）。現代父母經濟富裕、生活環境舒適，往往以整天不哭不鬧的乖寶寶爲傲。心理學家卻懷疑，這對嬰兒的身、心發展是否

眞的有利。嬰兒的活動機會或外來的刺激遭嚴重地剝奪時，動作的發展會出現遲滯。不過早期剝奪刺激的後果不一定會永久存留。印地安人的小孩出生後一年內都留在小屋子內，而且沒有陽光。另有印地安人的幼兒，在父母出外工作時，會用很長的布條把幼兒綁在一塊長方的木板上。這些幼童到三、四歲時往往顯得呆板，但在進入幼稚園後與其他活潑的小孩終日相處，往日的呆板滯緩現象很快消失。所以心理學家的結論是：早期的活動經驗不一定留下長期的後果。不過，對兩、三歲的幼童，假如沒有人對他說話，剝奪了他學習說話的機會，入學後在語言的表達能力上將出現嚴重的困擾。

談到初生嬰兒的生活環境，心理學家注意的是大人們給他的刺激。其實環境中最重要的應該是母親對嬰兒的態度。母親在擁抱、撫愛、餵奶等行動上眞正表現慈母的心腸，爲嬰兒的發展絕對是最有利的因素。現代社會出現越來越多的單親家庭、隔代教養，更可怕的是家暴問題以及母親虐待嬰、幼兒的現象。這是人類的大不幸。不論野獸或家畜，都本能性地愛護幼雛，甚至爲保護幼小而不惜拼命。人類社會出現虐待甚至殘殺幼子的事件，絕對是母親的心理出了問題，或者夫妻之間存在著深仇大恨。恩愛的夫妻、美滿的家庭該是初生兒最理想的環境。除此之外，硬體的環境如清靜的家園、寬敞的空間、充足的陽光、新鮮的空氣、舒適的床褥等，都是初生嬰兒的理想環境。

肆、影響嬰兒心理發展的因素

嬰兒的生活與幸福全賴他父母的悉心照顧與愛護。現代科學發達、經濟繁榮，嬰兒在物質方面的需求大多容易滿足，而心理方面的需求往往不易獲得充分的供應。嬰兒時期，這新生的個體也有他或她必須達成的任務。出生後十個月左右，他應該用兩腳站立，且須學習

跨步走路。這時候，他需要成人的扶持，耐心地引領。現代年輕的夫妻大多是上班族。除了幾個月產假之外，母親即須外出上班。嬰兒的養育便交給托兒所或親友或外勞女傭。臺灣曾有某國立大學的女生，經她姊姊向心理輔導中心求助。因為她年已二十的妹妹，從來沒有開口呼喚一聲媽媽。無論母親對她怎樣特別照顧，她總是無法開口。她需要錢或告知母親自己需要外出，總是經由她姊姊代為轉達。主要的原因是她出生三天之後，就被送到舅媽家寄養，因為母親還需要照顧不到三歲的姊姊。心理學家發現小鴨、小鵝等動物都有認母的關鍵期。上述的女生在一歲半後才回到母親懷抱，可能她已錯過了認母的關鍵期。

除了寄養的問題之外，有的產婦所生的是女嬰，因而不受公婆的歡迎，有的夫妻之間感情並下融洽，嬰兒便得不到那種慈母的疼愛。有的嬰兒出生別不是老大也不是老么，排行在中間的孩子不知不覺地會出現羨慕與妒忌的心理。母親的偏愛更容易造成兄弟姊妹間的妒恨。社會安定、家庭美滿，嬰兒自然地獲得比較理想的照顧，但若遭遇天災地禍、家境清寒、父母心境憂鬱，嬰兒自然得不到那種歡笑喜樂的氣氛。嬰兒最需要的是母親的溫柔，慈愛的笑容、安全的胸懷。生長在單親家庭中的嬰兒，可能很難享受到溫馨的氣氛。新婚夫妻生下的頭胎嬰兒固然容易得到雙親的關愛，但年輕的父母可能自己還不夠成熟，而且毫無養育兒女的經驗。所以頭胎兒的成長幾乎是在父母的嘗試與錯誤的過程中，幸運地存活了下來。更可悲的是現代的臺灣社會，除了每年幾十萬胎兒被剝奪生命之外，尚有不少嬰兒為未婚媽媽所遺棄或被人蛇集團擄走販賣。這類嬰兒在生命的初期所得的體驗雖不一定在記憶儲存，但所受的痛苦必定留下一些傷痕。有的母親對嬰兒、幼兒的教養很有研究，經常發表精闢的論文，但就是不肯擁抱自己的孩子。英國女王依理撒伯就是不與自己的王子親近，小王子一

直到五歲都由女傭照顧。

在發育的初期，嬰兒必須完成的幾件大事，那便是學習發音與說話。農村的嬰兒生活比較單純，接觸的人地事物也少；父母的教導不一定很理想，但整天在母親身邊的嬰兒自然沒有恐懼不會害怕，這對嬰兒的心理健康發展一定有利。前面說過，胎兒時期孕婦的吸菸、酗酒都對胎兒不利。嬰兒時期，假如母親喜歡吸煙、賭博，父親又是酒鬼時常醉酒，嬰兒的前程可能早就種下禍根。

另一個值得注意的問題，那便是嬰兒對母親的依附行為。一般嬰兒自然而然地親近母親。在與母親一起時，他會感到安全放心。母親暫時離去時，他會感到不安；等母親再回來，他會又感到安全。其實，這就是嬰兒初期的人際關係。有些嬰兒在陌生人擁抱他時，他也接受表示他有安全感，他並不害怕。另有些嬰兒遇到陌生人或親戚擁抱他時，他立刻迴避表示害怕，他沒有膽量接受。嬰兒這種本能性的反應，主要的原因在於母親的育兒方式是否確當。母親本人與親友、鄰居或同事之間的關係良好，表示她有信心也受人歡迎。嬰兒雖然尚不能理解複雜的人際關係，但母親的大方自然以及開放的人際關係，也能影響嬰兒的安全感與歸屬感。美國威斯康辛麥迪森有一個名叫篤尼的男孩。他整天抓住母親的裙子或外套，寸步不離。他緊靠著母親，表示他害怕失去他的母親。他沒有安全感，原來篤尼的父親在三個月前已辦妥了離婚手續，再也沒有回家。小篤尼才兩歲半，他不懂得父母的分手，但只怕的是失去他的媽媽。心理學家認為嬰兒的依附現象與母親的育兒方式有關。關懷嬰兒的母親，隨時隨地按照嬰兒的需要予以照顧；嬰兒自然地享有很大的安全感。相反的，倘母親忙於自己的工作或休閒活動，嬰兒的依附行為會更加強烈。（Ainsworth, et al., 1978）（註五）

附註

註一：張春興、楊國樞著，心理學，臺北，三民書局，1969，頁91。

註二：同上，頁99。

註三：鄭伯壎等編譯，心理學，臺北，桂冠圖書公司，1990，頁92。

註四：同上，頁96。

註五：張春興著，現代心理學，臺北，東華書局，1999，頁368。

本 章 摘 要

1. 初生嬰兒成長的速度最快。

2. 對嬰兒心理的研究只能依賴觀察。

3. 按自然規律，嬰兒依賴母乳成長。

4. 牛奶替代母乳，營養價值更高。

5. 為嬰兒的心理健康，母親親自餵養更為理想。

6. 瓶餵的嬰兒心理發展顯得遲緩。

7. 如產婦體弱多病且使用藥物，胸餵不一定有利。

8. 胎兒的軀體發展，頭部在先，下肢在後。

9. 在所有的哺乳類動物中，人類的嬰兒期最長。

10. 發育正常的嬰兒，一歲時可以走路。

11. 嬰兒的視覺也有偏好。

12. 嬰兒喜好甜味而排拒酸、苦、辣、鹹的滋味。

13. 嬰兒能辨別親生母親的乳汁。

14. 嬰兒能同時吸收視覺與聽覺的訊息。

15. 幼兒控制大小便的能力發展較晚。

16. 為嬰兒提供活動的機會，有助於他們的身心發展。

17. 嬰兒缺少外來刺激與活動機會，能使身心發展緩慢。

18. 剝奪幼兒學習說話的機會，入學後會出現表達能力的困擾。

19. 現代社會的破碎家庭，嚴重地傷害著幼兒的心靈。

20. 小動物有認母的關鍵期，嬰兒與母親的也需要最親密的關係。

21. 單親家庭與隔代教養對嬰兒的發展均不理想。

22. 酗酒、吸煙的父母對兒女會造成更大的的傷害。

問 題 討 論

1. 心理學家採用什麼方法，研究嬰兒的心態？

2. 為什麼人類的嬰、幼兒時期比任何其他動物為長？

3. 為什麼缺少外來刺激，會使嬰兒的發展滯緩？

4. 現代社會的許多破碎家庭，怎樣影響著幼兒的發展心理？

5. 單親家庭與隔代教育對幼兒的心理，會有什麼不良影響？

第六章
童年期的教養與人性的發展

　　兩歲左右的幼兒已明顯地意識到自己是獨立的個體。他開始喜歡吃某些食物，選擇某些玩具。他聽得懂爸爸媽媽要他坐下或要他睡覺。這時，他的理智已開始運作。心理學家普遍地將三歲至六歲的兒童分為兒童前期，七歲至十二歲稱為兒童後期。三歲的幼童大多非常活潑，他好奇好問。這時，他已不知不覺地在學習母語。根據統計，兩歲的兒童已學會兩百七十個單字；三歲的小孩已會用九百多個單字。所以從兩歲開始，幼兒不僅是被動地接受養育，而是他已開始主動地在探索、在模仿、在學習、在接受教育。

 **壹、童年期的家庭教育**

　　幼童開始學習，家庭中的每一成員都是他的老師。他的第一位也是最能影響他的老師便是他的母親。第二位當然是他的父親。父母教育程度高、知識豐富，兒童所用的詞彙自然較多。他的語言表達能力也比較順暢。影響幼兒語言能力最重要的因素，應該是良好的母子關係。母親缺乏耐心或自己心境憂鬱，母子的關係冷漠，幼兒往往不善於表達，甚至不敢表達。心理學家認為兒童的口吃是由於母子關係的緊張。一般來說，獨生子的語言表達能力優於其他排行的兒童，口吃的可能性也少。家庭中如兄弟姊妹的人數較多，較小的幼童常有兄姐陪同玩耍，對語言的表達也有很大的幫助。父親的個性木訥、態度嚴肅對幼兒表達能力的發展害多益少。良好的表達能力也顯示孩童的智力與創造力。幼童喜歡講話，他也會用言語透露他的心聲。他高興、他喜歡、他失望、他悲傷都能用語言表達出來。所以語言能力較強的孩童不致產生強烈的挫折感。家人與兒童多多溝通，能幫助兒童增加解決問題的技巧。有兄姐的幼童也易找到吐露心聲的對象。經由語言的媒介，幼兒能減少很多心理上的壓抑。

　　教育家杜威（Deway, 1933）曾說：「教育就是生活，生活就是教育」。關於幼兒的教養，我們也可以說：教就是養，養就是教。藉著玩耍，幼兒接受外界的刺激產生知覺、增加知識、理解事物、積聚經驗。為兒童來說，玩就是學習。幼兒並不喜歡玩具，更喜歡和人在一起。幼兒喜歡人逗他玩，也喜歡呼喚他人，除非根本沒有人在他身邊，他不可能長久集中注意力去玩玩具。玩也是兒童的工作，藉著玩，他在鍛鍊身體，他在運用四肢五官。在玩耍中，他仿效成人，內化行為的社會規範。

　　既然玩，為兒童就是學習，父母便該有計畫地逗著孩子玩，而不把與孩子玩耍當作浪費時間；更不把愛子的教養工作讓給褓母或內心沉悶、性格怪異的女傭。為兒童提供玩具，凡以毛質或呢絨的小兔、小狗或洋娃娃之類的東西，大概有助於培養兒童的愛心，讓他在接受他人的愛護時，也主動地關心他自身以外的人物。現代父母為兒童購買寶劍、手槍、坦克車、大炮等武器玩具，大概都沒有考慮到武器玩具對兒童心理有什麼影響。年輕的父母自己也很好奇，愛看電影電視的打鬥片、偵探片尋找刺激，往往沒有注意這些電玩為兒童留下什麼影響。兒童們玩的遊戲機或電動玩具，大多是鬥狠仇殺的畫面，兒童們耳濡目染難免模仿學樣，尤其遭遇到挫折的時機，很自然地作出兇狠的反應。

　　許多粗暴的婦女訓教孩子的叫罵聲，夫妻爭吵的怒吼，不僅會把幼兒嚇哭嚇呆，連鄰居聽來也會感到氣憤心煩。臺灣屏東曾有一個四歲的女童被禁錮在一個由豬舍改造的小屋將近兩年。鄰居們時常聽到女孩的哭叫，因而向社會局報案。結果發現這小女孩是由祖母扶養。女孩的母親留下兩個女兒後早已離婚棄家，女孩的父親因吸毒坐監。祖母把較大的孫女當作心肝寶貝，而把四歲的女孩視若敝屣，理由是

她懷疑這小孩不是他兒子的骨肉。由於迷信，祖母把這小孩看作掃把星，因而多方虐待，致使小孩骨瘦如柴。社會局人員救出她時，這女孩渾身骯髒、目光呆滯、不言不語。在她祖母的住處有一大堆玩具，社工人員把她帶走前讓她選一個玩具，她只拿子破舊的布偶緊抱在胸前，因為只有這個是她的，其他都屬她姊姊所有。輔導初期，社工人員發現這小孩很怕黑又怕獨處，學習遲緩但有暴力傾向。給她新的玩偶，她會扯破洋娃娃的衣服，剪下玩偶的頭髮，挖它的眼睛，抓它的耳朵，好似發洩她壓抑的怨恨。經過二、三個月的呵護，她才逐漸開口說話，展現笑容能與人親近。（註一）

現代社會，年輕的產婦大多也是上班族。兒童由祖父母教養的案例越來越多。隔代教養很自然地出現不少問題。由於工作的壓力，不少年輕的夫婦難得有空閒的時間，作孩兒們的玩伴，陪伴兒女遊戲。其實陪同兒女遊戲聊天也是教養的一環。餐桌上父母與小孩慢慢吃、慢慢談，這是最輕鬆最愉快的經驗。吃得很高興的時候，孩兒們最容易吐露他們的心聲。這樣為人父母的更容易瞭解孩兒們的心態，兒女們也可以體驗到父母的慈愛。

任何動物有本能性的自保自愛，成長之後很快就脫離了父母。具有人性的幼兒在接受母親關愛的當兒，便有自發性的「還愛」或「他愛」的行為表現。因此幼兒的家庭教育中最重要的該是「教孝」。孝子的心細膩審慎，時刻不忘父母的恩情。孝子更能體會生命的短促，因而重感情、輕名利。父母活著的時候要承歡膝下，父母過世之後必追思不渝（註二）。為中華民族，孝是道德的根本。重孝道才有孝行，由孝行才能表現利他精神，才能強化同理心。所以幼兒的家庭教育最特別值得重視。為人父母的最大責任便是教導兒女成為孝子孝女。家庭培養出孝子孝女，國家才有為民父母的政府官員。

貳、學齡兒童的學校教育

　　原始民族日夜忙碌的就是尋找食物，工作就是為了生活，生活也就是工作。農村社會的兒童從六、七歲就跟著父母學習怎樣播種耕耘，儲存食物以維持生命。以農立國的民族，人民永久與土地為伴。一生中很少遠離家鄉。民眾的生活非常簡樸，他們的食、衣、住、行雖都簡陋，但他們生活安定人人享有很大的安全感。家人鄰居彼此相識互相信任。他們無須勾心鬥角。20世紀以來，世界各國工商業發達、科學技術進步神速。知識爆炸，學校教育的課程千變萬化，學齡兒童背負的書包愈來愈重，大多數的父母不再有能力充當兒女的教師、導師。兒童們在學校吸收更多的知識，接觸更廣的社會，積聚更多的經驗。父母在兒女的心目中失去了應有的權威，同儕同學的所作所為，反而成了他們仿效的榜樣。

　　自幼稚園開始至小學畢業，學齡兒童在家庭以外所受的影響遠超過父母所能想像。因此，學有專長本身德高望重的家長，也無法操控塑造兒女人格發展的方向。心理學家把兩歲至六歲的兒童分為兒童前期，自七歲至十二歲則稱為兒童後期。假如人格發展也如生理發育一樣有關鍵期，那麼七至十二歲的兒童應該是非常值得注意的時期。皮亞傑（Piajet, 1896-1980）認為認知發展也是階段性的。七歲至十一歲的兒童已能按具體事例從事推理思考（註三）。連在道德觀念的發展，八、九歲的兒童已不再盲目地服從權威，但兒童在學生團體中往往受到群眾的壓力，容易產生從眾行為，而不敢堅持自己的可能更正確的認知。

　　學齡兒童模仿性極強，他仿效一切他所見所聞的人與事。幼兒時期，他模仿父母，在學校他模仿師長更模仿友伴。這時期，他幾乎被模仿的衝動所操控。模仿本身也是一種學習，他吸收新的知識，學得

新的技能；可惜的是，同時他也學到追求不正當的目標，採取不合法的手段，養成不健康的行為模式。

在學校，老師是少數，學生是多數。學童們接受老師們的身教言教之外，更易受到同學們的牽引。所謂耳濡目染、見樣學樣，近朱者赤近墨者黑。現代的學校規模龐大，人數眾多；校長不一定認識校內的老師，同學也不一定記得教師的姓氏。教師傳授的是理論性的、抽象的知識，而少有時間兼顧到學童們思想的偏差或行為的不當。

學齡兒童的好奇心大、求知慾強。他們什麼都想知道，什麼都想嘗試。好奇能使他們充實知識，也能使他們的行為發生偏差。如撒謊、吸煙、偷竊、損壞公物等，吸毒更能使他們產生內疚感到心靈不安。學校的生活環境遠比家庭複雜，團體生活中免不了競爭比賽。聰明活潑的學童能言善道，很容易獲得師長的青睞、同學們的喜愛。那學習遲緩、身材矮小、家境清寒、個性木訥，自覺處處不如人的兒童卻越來越喪失自信。有的會私自逃學，有的結夥蹺課；他們不僅沒有吸收到書本中的知識，反而學到了許多不良的習慣。在這階段，學童們的理智尚未成熟，行為卻很容易出現偏差。心智尚屬幼稚的學童，往往身在福中不知福，他們並不瞭解父母的苦衷，更不明瞭未來社會生活中的挑戰。就在明星學校中，也免不了出現敗類。絕大多數的優秀同學，天天埋頭苦幹努力上進，部分不求上進的學童卻不斷地為社會製造問題。不學無術而且遊手好閒的學童，往往只知吃喝玩樂。他們體驗失敗的痛苦對自己不滿，內心可能充滿著妒忌怨恨。學問知識方面他們無法與人競爭，心狠手辣卻能超過一般成人。玉不琢不成器，人不學不知義。很明顯的，學齡兒童的成長成熟需要雙方的合作。師長與學童都必須負起責任。不過要提供良好的學習環境，傳授適當的教學內容，同時採取符合兒童心理的教學方法更該是教育行

政當局與成人社會的責任。按教育法令，學校教育的宗旨是培養學齡兒童在德、智、體、群、美五育方面到達更完美的境界。很明顯的，教育家們應該別重視的是德育，其次才是智育、體育、群育、美育。但環視世界各國的教育機構有多少真正重視倫理教育與道德教育？上一個世紀，許多心理學家愛好動物學習的研究。現代教育心理學家大多重視學生們學習的方法、學習的效果的研究，關於兒童們德育方面的學習，似乎還沒有引起學者們的研究興趣。一個可能的理由是：有關道德教育的研究不如自然科學的那樣可以實驗、量化或一再重複的驗證。在這科技知識爆炸的時代，國際貿易的技巧日新月移，倫理道德的課題在教育機構裡幾乎已無立足之地，心理學可能從對人類身、心、靈的瞭解，提醒教育家們，學校教育除了提供科學真理之外，更該重視道德教育，培養學齡兒童們在求「真」之外，還該求「善」。

參、宗教信仰的培養

1899年，斯塔伯克（E. D. Starbuck, 1866-1947）出版了世界第一本宗教心理學。作者發現，皈依是青少年期間的一種特殊現象。它以突變的、頓悟的形式出現。同時青少年在宗教意識方面的發展也可能是漸進的、自然的。根據問卷調查以及個案分析，斯氏所得的結論是：宗教皈依幾乎專屬於十歲至二十五歲的族群。超出這個年齡範圍的例子是零星罕見的。一般來說，皈依由七、八歲開始，在十歲、十一歲漸漸增長，以後至十五、六歲急遽增長。到二十歲起便急遽下降。到了三十歲的年齡，則下降得非常緩慢。不過，宗教意識的覺醒與年齡、性別也有所相關。男女相比，女孩的皈依事件出現得較早，最早是在十三歲至十六歲之間，而大多數的男孩是在十七歲前後快速出現。（註四）

斯塔伯克在19世紀所作的問卷調查，主要的取樣採自基督新教所設的學校。他的調查對象是學生，年齡正好是屬於青少年階段。至於其他教會學校的學生，情況大概也相差無幾。因為在這階段，學生的認知發展已到達了皮亞傑所指的正式運思期。道德觀念的發展已達到了柯柏格所劃分的道德循規期。在這時期，青少年的心態比較誠實天真，同時也已具有足夠的表達能力。不過從小生長在宗教家庭的小孩，可能從三、四歲開始便深信上帝的存在、上帝是全能、全知、全善。父母有病、家境清寒、學習困難，他會祈禱，父母慈愛、家庭幸福，他知道向上帝感恩。所以宗教意識的培養早從家庭開始，無需等到中學階段。不過，生活在無宗教信仰或民間信仰家庭的小孩，平時難得進入教堂、廟宇、祈禱、獻香，祇是按民間習俗每年參與幾次迎神廟會或宗教慶日，這種膚淺的、短暫的參與並不左右他日常的生活，也談不到心靈的皈依。

宗教信仰好比人們對於音樂的素養，兒童們從小有機會聆聽古典音樂，玩弄樂器練習歌唱，不論是單獨或與家人共同欣賞，自然而然地養成愛好音樂的習慣，甚至藉音樂陶冶他們的心情，表達自己內心的感受。假如童年時代根本沒有接觸音樂的機會，到了十五、六歲的時候才開始學習，大概說來，他在音樂方面不太可能有很深的造詣。

十五、六歲的青年已經很有能力辨別是非善惡，但由於輕浮草率、情緒激動，很容易反抗父母師長的命令而感到良心不安。隨著身體的發育，青少年的自慰行為往往給他們帶來煩惱。自己想做的事不做，該改的不良習慣不改。青少年常為了罪惡感而深深自責。佛洛依特並不重視宗教信仰，但他肯定天主教會的告解聖事，教徒向神父告罪求赦，對心理治療能發揮很大的功效。沒有信仰，不相信上帝存在的人，大多不肯承認自己是罪人；但完全否定自己的罪惡感幾乎不太

可能。宗教信仰，誰也不能勉強他人接受或放棄。某些背叛宗教信仰的人，有時攻擊宗教甚至迫害宗教，正因為他們童年時代被家人強迫進教堂、勉強祈禱。史達林便是個具體的例子。

　　宗教信仰對學齡兒童身、心、靈的成長，絕對能產生相當大的影響。心理學家調查每星期日進教堂的、參與禮拜的基督徒中，有多少人會吸毒、販毒，所得的結果是不到3%，而那些沒有信仰從來不進教堂的青少年中，濫用藥物的比率卻達20%（註五）。根據普通常識，我們肯定家庭塑造兒童，學校教導兒童，宗教能感化兒童。從小受過信仰薰陶的兒童，大概不容易變成重大刑案的罪犯。虔誠的宗教信徒雖有時也會失足犯罪，但他們的良知早晚會催促他們悔改。監獄中，被判死刑的罪犯，如有機會聆聽法師、牧師或神父、修女的輔導，有時也會深深懺悔承認自己的過犯而真心悔改。罪犯陳進興曾是強姦過數十位女士的累犯，在他受刑期間接受教會人士的靈修輔導而真心悔改。最後心甘情願獻出他所有的內臟，在他受刑之後救助好多位病患的生命。宗教教育為學童們的身心發展絕對有它不可否認的價值。自古以來，環視世界各國不論是文明社會或原始民族，都有祭天、敬神的宗教現象。宗教禮儀、宗教組織、宗教經典祇存在於人類社會。人類之外，任何大型的動物團體，不論犀牛、大象或兇猛的獅子、老虎都沒有敬天拜神的跡象。可見宗教信仰是人類獨有的心理現象。按心理學的定義，心理學是研究人類身、心、靈的科學，拋棄宗教信仰的課題，心理學是否喪失它的正義。學校教育培育青少年追求真理，宗教教育更引領人探索人生的意義以及人類的終極目標。

肆、人際關係與社會影響

　　歐美文化除家庭教育與學校教育外，更強調宗教教育。中國傳統很少提宗教教育而好談社會教育。沒有一個人是孤島，人必須在具體的現實社會中生存。初生嬰兒的社會環境便是他的父母，他的家庭。兩、三歲的幼童假如有了新生的弟妹，喜樂之外，他也可能有一種不很愉快的感受。母親專心照顧嬰兒，較大的兄姐便會有一種失寵的感受。很多家庭的長兄、大姐長大成人後身高比不上弟妹。

　　幼童的妒忌、傷心，做父母的可能根本沒有理會；但對幼兒的心靈可能已造成嚴重的傷害。臺灣嘉義曾有一個三歲的男孩活潑可愛，很聽話也不再尿床；但在母親生下妹妹之後，他卻趁媽媽不在家時，偷偷地把奶粉撒在地上。原因是：奶粉已不再是他的專利，而被新生的妹妹奪了過去。也許是為了爭取母親關注，他又出現了尿床的問題。

　　中國大陸實行一戶一胎制度。頭胎生下女嬰的母親總希望自己再生一個男孩。河北省某農村，一對年輕的夫妻幸運地在第二胎生下的是兒子。為了保留這男嬰，他們必須繳交三千人民幣的罰鍰。繳完罰款，獲准保留男嬰的父親興奮地到處誇耀，告訴親朋好友他如何為了保留這男嬰的小花生（意指陰莖），花了大筆鈔票。一天，父母都不在家的時候，四歲的小姊姊便用剪刀剪下了弟弟的陰莖，以致流血喪命。幼兒怕失寵的恐慌或對父母的憤恨，很容易轉移到新生的弟妹身上。為奪回父母的關懷撫愛，幼兒會用尿床、偏食、吸吮手指、破壞玩具等行動來引人注意。女性幼童不敢採取暴力行為，往往壓抑躲避私下哭泣；有的也會虐待小動物欺侮弱小，或開始撒謊偷竊。不多說話的孩子自然很多壓抑很少玩伴，眼淚往肚子裡嚥。智障或自閉症的兒童大多沉迷幻想。

　　父母對子女的偏心、忽視兒女的個別差異、時常把某人與兄弟姊妹相比、排拒鄰居的小孩、嫌棄兒女結交的玩伴，這樣的父母不知不覺地剝奪了兒女社交的機會，無形中造成了人格發展上難以彌補的傷害。鄰居或家庭中如有酒鬼，時常醉酒之後回到家中胡言亂語，甚至打罵妻兒；孩童們對成人社會所得的深刻印象沒齒難忘。兒童後期，孩子們幾乎人人進入學校。廣大的社會環境、形形色色的人地事物，便默默地左右著天真純潔的心靈。首先，學校裡同學們背的書包、用的文具觸動了他仿效的心理。接著同學們喝的飲料、買的糖果、用的餐點也會引發他的羨慕或妒忌心理。由不同宗教團體主辦的學校，學業課程之外大多注意學童的品德培育。某些以營利為目的的學校，往往只講究硬體的建築設施、升學率的提升而忽略了更重要的品德修養。同學間私相授受的電玩技巧、誨淫誨盜的圖片漫畫不知不覺中污染了學童的心靈。

　　學校附近的商店、休閒中心、遊樂場所等，不論是吃的喝的、穿的玩的都在吸引學童，對他們的身心發展產生污染的作用。近年來，學生們背的書包帶子越來越長，女生們穿的裙褲越來越短。露肚臍、裸股溝的衣褲是成人們設計的商業文化。打電動玩具、跳鋼管舞、打速賜康、吸強力膠是現代的娛樂文化。搭飛機、坐豪華郵輪、觀光旅遊、飲酒作樂是現代人的休閒文化。經過這種社會文化的薰陶，原本天真無邪的青少年中出現了太保、太妹、老大哥、大姐頭。隨著年齡的增長，商界出現了奸商、政界冒出了政客。民間出現了酒鬼、賭鬼、色狼、竊賊、強盜以及地痞流氓。精神醫院裡住滿了病患，牢獄裡關著成千成萬的囚犯。俗語說，種瓜得瓜，種豆得豆。心理學家分析人類的行為強調刺激反應。觀察現在的社會現象，可以肯定的結論是：人類的社會教育出現了嚴重的問題。嬰兒從母胎裡出來，那一個不是純潔可愛？為什麼長大成人，有的變成罪犯，有的成了精神病

患。最簡單的答案便是我們的社會文化出了問題，我們的社會教育沒有發揮它應有的功能。過去幾十年來，心理學為了提升為科學，而偏重於動物行為的實驗分析而忽略了對人性行為的研究。人是有理性的動物，物質生活之外他更有精神生活。人若僅僅注意吃、喝、玩、樂，不追求更高的目標，他的生活便與禽獸無異。

附註

註一：聯合報，2005年3月6日 A1版。

註二：孝經。

註三：張春興著，現代心理學，臺北，東華書局，1999，頁364。

註四：楊宜音譯，宗教心理學，臺北，桂冠圖書，1997，頁25。

註五：犯罪心理學講義。

本 章 摘 要

1. 兩歲左右的兒童已意識到自己是獨立的個體。

2. 三歲兒童已在探索、仿效且學習母語。

3. 父母是最早的老師。母子關係的緊張可能影響孩子口吃。

4. 獨生子的表達能力較強，不太可能產生口吃。

5. 個性木訥的父親會影響幼兒的表達能力。

6. 有兄姊的兒童能減少心理的壓抑。

7. 為兒童，玩耍也是工作，也是學習。

8. 兒女的教養工作最好不交給性格異常的女傭

9. 購買兒童玩具，最好避免手槍、刀劍等武器。

10. 電玩的畫面大多是鬥狠仇殺，對兒童不宜。

11. 隔代教養的孩子，對心理發展大多不利。

12. 幼兒的家庭教育，最重要的是教「孝」。

13. 孝子重感情輕名利。父母的慈愛培育兒女的孝愛。

14. 農業社會的民眾流動性少，生活更有安全感。

15. 學齡兒童受家庭以外的影響，削弱了父母的權威。

16. 兒童在同儕團體中容易產生群眾行為。

17. 兒童的模仿性強，也能產生不健康的行為。

18. 好奇心能使兒童發生偏差行為。

19. 個性木訥、身材矮小等因素能讓兒童喪失自信心。

20. 遭受挫折的學童，容易產生怨恨、妒忌。

21. 教育目標在於培養學童在德、智、體、群、美五方面上進。

22. 現代教育大多強調求知而忽視了道德教育。

23. 皈依宗教的現象幾乎專屬於十歲至二十五歲之間的族群。

24. 宗教意識的覺醒能與年齡、性別有關。

25. 女生的皈依年齡約在十三至十六歲之間。男生的皈依較晚。

26. 生長在宗教家庭的小孩，三、四歲便深信上帝的慈愛。

27. 按民間習俗參與宗教慶典或迎神廟會，談不到心靈的皈依。

28. 自慰行為常為給青年人常帶來困擾。

29. 宗教信仰不能勉強人接受，也不該勉強人放棄。

30. 宗教信仰絕對影響人的道德行為。

31. 宗教信仰同樣存在於文明社會與原始民族。

32. 人類以外的大型動物都沒有宗教信仰。

33. 宗教信仰能引領人發現人生的意義。

34. 幼童也會心生妒忌，也會與弟妹爭寵。

35. 失寵的幼兒能產生撒謊、偷竊等偏差行為。

36. 剝奪兒女的社交機會，能傷害他們的人格發展。

37. 醉酒、家暴的事件最容易傷害兒女的心靈。

38. 現代的學校教育也有許多危害青年身心的因素。

39. 當前的社會環境，到處都有陷阱。

40. 大眾傳播媒體是影響人行為的有效工具。

討 論 問 題

1. 為什麼獨生子不容易有口吃？

2. 為什麼電動玩具為兒童不宜？

3. 怎樣的父母才能培養出孝愛的兒女？

4. 宗教信仰能怎樣影響人的道德行為？

5. 當前的社會環境能有哪些陷阱？

第七章

人類的記憶與學習

　　記憶是人類從生到死不斷體驗到的心理現象。記憶的涵義便是人在大腦裡保留著所有經感官與知覺所吸收的訊息與知識。近代心理學家將記憶分別為感官記憶、短期記憶與長期記憶。感官記憶被視為極其短暫的記憶，以時鐘來計算還不到一秒甚至半秒。這樣的分析，對人類的日常生活沒有多大意義。其實視覺記憶還有「餘像」的事實，它可能存留在一秒鐘以上。至於聽覺的「餘音」現象，則可能存留更久。聽過交響樂隊的演奏，有人能夠體驗「餘音繞梁，三日不絕」。聖誕夜，信徒們在大教堂聽過聖誕歌曲，回家途中，不知不覺地還哼起聖樂。心理學家發現記憶的廣度是七加二或減二。意思是人們記憶文字時，最多一句話能有九個字，少的話就用五個字。七個字的一句話似乎最易朗誦或記憶。中國古代詩人喜歡寫七言詩或五言詩也許正好符合這個原理。人們撥電話號碼時，七個數字一下便可記住，九個數字的話往往把它分為五個、四個。連續記住九個數字似乎比較困難。記憶是一種相當奇特的現象。科學家研究果蠅腦內的嗅覺神經網路，發現果蠅的長期記憶與短期記憶分別儲存於不同的腦區（註一）。人類的記憶在大腦內一定有它特定的部位，但這部位是否就是記憶的官能？有關生理的構造，我們留給生物學家作更深入的探討。關於記憶的分類與各類的編碼、貯存、檢索，為攻讀普通心理學的同學，可能效用不大。現代人大家使用電腦，電腦能聽也能閱讀人們所寫的字；明顯地它也有感官記憶。輸入電腦的資料，除非人們把它刪掉，否則電腦都是永久記憶，再也不分短期記憶或長期記憶。

壹、增強記憶的方法

　　人類一生中所體驗的事項千變萬化，某些事我們不願意牢記，但卻一輩子忘不了。凡給我們帶來特殊驚喜或傷心的事件，我們往往容

易記住。另有些事，我們巴不得牢記在心，卻時常忘記。記憶與人類的學習密不可分。沒有記憶，便沒有學習。記憶的重要由此可見。

　　人類自出世到死亡需要不斷學習，現代人所謂的「活到老，學到老」。為增強記憶，心理學家能提供許多技巧。應聘在國內的歐美教師們，對中國青年的學習有這樣的評論：中國學生的學習大多太重視死背死記，而忽略了對課業內容的理解。西方人士的觀察可能有一些根據，但我們不能就此判斷：中國青年不會學習。古代中國的私塾學校，一開始便是強調背誦，死背死記三字經、弟子規、百家姓、千字文。當時的幼童大多不懂文字的深奧意義，待年齡稍長知識豐富；幼年時死肯死記的文字很快就瞭解它的意義而且應用自如。目前中國的中、小學同學甚至包括大多數的大學青年，仍然背誦課本的內容，而疏忽理解；但觀察成人社會的知識份子學者專家，不論在工商企業、政治或教育界人士，似乎並不落在歐美人士之後。所以童年時代著重記憶的學習，為學識的增長不一定受到傷害。

　　既然記憶對任何學習是那麼重要，心理學便該注意探討增進記憶的方法。一般而論，凡需要牢記的學習必須集中注意聚精會神。感官的記憶必須注意看、注意聽，方能留下深刻的印象。至於語言的學習、文字的學習，必須注意正確的發音（聲碼）、確切的涵義（意碼）以及書寫的清晰（形碼）。為背誦長篇大論的演講稿，主講人必須先以分段背誦，再加集中背誦，務必學到滾瓜爛熟。當然這必須下功夫。比較有利的方法，那該是充分瞭解講稿的內容。為探取增進記憶的方法，一般心理學的教材大多只集中於學校課業方面的題材。選取的方法如集中記憶與分段記憶法、關鍵字記憶法、口訣記憶法、軌跡記憶法、聯想記憶法、歸類記憶法、故事記憶法等（註二）。至於其他事務方面的記憶，如書寫、歌唱、舞蹈、駕駛、烹調、縫紉、服務、保健、養性、修身、愛人、敬天等的行為，學習者必須一再演練

復習，才能達到長期記憶，甚至終身不忘。為幫助我們瞭解記憶，也許可將舊日的錄音帶或現時代的電腦或光碟相比。不過光碟的錄製或電腦的輸入都是一成不變，輸出與輸入的內容完全一致。人類的記憶內容從早晨到晚上不斷在變、不斷吸收新的訊息、新的資料、新的知識、新的體驗等等，因此後進的內容能抑制先進的材料。例如某生先學英文後來再學德文，幾天後他要複習英文卻受德文的干擾，這所謂「倒攝抑制」。或者他要複習德文時卻也受到英文的干擾，這就是「順攝抑制」。這是最簡單的事例。至於有關人際關係的記憶，尤其現代青年在戀愛過程中的記憶，那是變化無窮。人類記憶的內容是那麼複雜，有的令人興奮喜樂，有的讓人悲哀哭泣。幸好記憶還有一個剋星，那便是遺忘。沒有記憶，人不能生存；沒有遺忘，人也可能活得很苦。人人都知道，人生在世不過百年；人若時時刻刻記住親愛的爸爸媽媽很快就要離去，或者自己一生積聚的財富很快落入別人手中；這樣的生活誰能感到幸福？很強的記憶也能給人帶來痛苦，讓人坐立不安甚至失眠。一個犯過重大罪惡的人心有內疚，很可能無法平安睡覺。一個受人欺壓損失慘重的人或遭人綁架幸運逃生的人，記憶中忘不了他的仇敵，時時懷恨在心圖謀報仇。這樣，恐怖的記憶反而奪取了他美好的人生。

　　筆者身為神職，經常有機會為垂死的病人誦經祈禱。一個明顯的事實是：良心不安的人在臨終的時刻，幾秒鐘內能記憶一生的罪過而驚慌失措。人來不及懺悔改過，那是一個非常恐怖的鏡頭。

貳、人為什麼會遺忘？

　　記憶的相對詞便是遺忘。遺忘是人人有的經驗，心理學不得不把它納入探討的範圍。遺忘的意義是個體曾經意識過的人、地、事、物

就在腦海中消失。遺忘有的是暫時性的，有的是永久性的。嬰兒來到人間，三年之內也接觸過許多人、地、事、物，但一般成年人幾乎都記不得三歲以前所發生的事。年老以後，人們又有一種特殊現象，那便是：新事難記，舊事難忘。兒童們從幼稚園開始學習語言文字，因為遺忘必須一再重複溫習。中、小學的學生為了學習數學、物理、化學，遺忘為他們帶來多少困擾、浪費多少時間。為了遺忘，成年人發生多少錯誤，造成多少事業上的失敗，損失多少財物。遺忘為人類製造無數的悲劇，甚至喪失了許多人的生命。為了遺忘，人們也增添了許多悔恨。所以，遺忘不是社會大眾所希望發生的現象。不過，假如沒有遺忘，人類的生活可能非常痛苦。

　　心理學探討的是人類的心理狀態。假設我們人擁有很強的記憶，一生中無論累積過多少知識、學習過什麼技術、遭遇過什麼天災地禍都能牢牢記住，我們的生活會很幸福、很愉快嗎？現代社會六分之一的家庭有家暴，幼兒受養父母的虐待，學生在課業方面的失敗，青年們在社交上的困難，成年人在就業、創業遭遇的挫折等，假如都牢記在心，人生恐將悲哀勝於喜樂，失望超越希望。不加分析，人們都會厭惡遺忘，仔細推敲，也許我們更該向遺忘道謝，因為它為我們排除了許多心靈上的創傷。

　　遺忘是一個無可否認的事實。面對這樣的一個現象，心理學家要問：遺忘到底有什麼原因？一般科學家的解釋是：一，記憶痕跡的衰退。二，貯存時編碼的不當。三，貯存資料間的相互干擾。四，檢索（提取）時的方法不對。五，個體機體性的傷害。心理學家更以為是：一，情緒的干擾。當一個人心煩意亂的時候，許多重要的資訊可能就記不起來。當一個人太興奮或太悲哀的時候，平時很熟悉的事可能便記不起來。當人忽然遇見數十年前的好友，忽然出現「舌尖

現象」當時就說不出他的姓氏。二，動機的影響。一個身負重債的人，因爲沒有能力償清債務很容易忘了他的債主。三，心理自衛機能的干預。曾因醉酒失態或因與人爭論而失控的人很容易遺忘過去的場境。我們若進一步分析遺忘的原因，便會發現遺忘更依遺忘的內容而有所不同。一個人忘記孝順自己的父母，可能童年時代他沒有得到他們的慈愛，也可能因爲小時候被父母寵壞。一個忘了知恩報愛的成年人，可能他是個賭徒或是酒鬼，他已失掉了自由意志。一個忘記祖國的人，可能是祖國的領袖是暴君或殺人的魔王，也可能他本人是自私自利自我中心的懶漢。一個人忘記上帝而不斷犯罪作惡的人，可能他沒有受到良好的家庭教育與宗教教育。總之，人類遺忘的內容千變萬化，遺忘的原因也多得不可勝數。

遺忘是每一個健康的人都有的經驗，但遺忘也可能是病態的現象。心理學家稱這病態的遺忘爲失憶症（Amnesia）以及迷遊症（Fugue）。失憶症有的是新事失憶，有的是舊事失憶。按失憶的成因來分，有的是器質性失憶，有的則是心因性失憶。心因性的失憶當然在生理方面找不出症狀。臺北新生南路一位八十歲的老翁，晚餐後提著垃圾袋下樓去丟垃圾。結果一去不返。他忘了自己的家也忘了自己的姓名。半小時後，家人開始尋找，結果哪裡也找不到他。這該是心因性的失憶。八十歲的老人晚間下樓去丟垃圾，可見家人對他有所疏失。迷遊症的患者往往發生於大海沉船等意外事件之後出現。失憶一段時間之後尚有恢復記憶的可能。不過，當患者恢復記憶時，那迷遊期間的經驗卻可能完全消失。

遺忘還可能是一種極高超的道德行爲。佛教的高僧專務養性修身，期望成聖成賢到達佛佗的境界。一生中儘量忘卻人間的榮華富貴、功名利祿，甚至忘卻自己，以達忘我、無我的境界。按靈修學家

的說法，一個人很關心吃什麼、喝什麼，擔心人家怎樣看我、怎樣評量我；這種仍然保持「自我執著」的人，還只是凡夫俗子，談不到成聖成佛。

參、探討人類的學習

前面說過，沒有記憶便沒有學習。可見記憶對學習的重要。關於學習，我們可以從許多方面來加以探討。首先，我們該明瞭學習的意義。學習是行為的改變。人們開始學習不一定立刻出現行為上持久的改變。孩童們學習服從、孝順、溝通、容忍、折衷讓步、慈悲愛人等都不是一蹴即就立刻見效的。

學習是潛能的發展。幼兒學習行走、言語、歌唱、舞蹈、打球、游泳等，凡外在行為的學習都是漸進的潛能發展，有的需要很長的時間一再演練。學習是知識的增長。人們吸收知識也不是立竿見影，而需要一再復習、牢記、領悟才能在思想上有所改變。學生們研究歷史、地理、物理、生理、心理或天文都不是一朝一夕的事。學習也是經驗的累積。醫生、護士為學習打針、抽血、針灸、急救、配藥等不但需要知識還需要技術，所以學習是一個長期的過程。除了少數外在的行為，如駕駛、游泳、騎車等不易遺忘之外，其他學習的知識或行為必須一再復習鍛鍊。例如人類品德的修養，沒有人能在一小時或一天之內完成。人類學習誠實、廉潔、公正、溫良、友愛、謙遜等美德，都必須終身的努力。

20世紀以來，社會的經濟發達，科學技術的進步神速。為求生存，人們必須相互競爭力求上進。人類學習的材料愈來愈多，學習的方法也層出不窮。巴夫洛夫（Ivan Pavlov, 1849-1936）的古典制約學習

與斯金納（B. F. Skinner, 1904-1990）的操作制約學習（註三），對現代人類的學習似乎不再有什麼實用的價值。

為了求生，人類需要學些什麼？古代的農村社會，人們祇須學習簡單的農耕技術，無需具有化學常識。現代的農夫若不瞭解化學肥料，便難以生存。購買食物，人們必須注意食物中是否含鉛、含毒。為爭取生存，人人必須學習謀生技能。為了求愛，人必須學習孝愛父母，學習察顏觀色，學習適應環境，學習折衷讓步，學習組織家庭，學習教養兒女。為了求知，人首先該認識自己瞭解他人，所謂知己知彼。為了就業創業，人必須吸收專業知識學習特殊技能。現代的成人社會，不少男女祇知吃喝玩樂觀光旅遊，消耗社會資源浪費人才。據統計，美國的成年人只有10%的人，一生中為社會國家貢獻出了他的學識才能；而70%以上的人都是帶著他或她的才學不到老年進入了墳墓。輔仁大學首任校長于斌樞機主教曾提倡三知論，主張知物、知人之外還要知天。實在，生為萬物之靈的人，怎能只迷於物質生活而忘了精神生活。

著名的心理學家馬斯洛（Abraham Maslow, 1908-1970）主張人類的需求除了自我實現之外，還有超自然的存在（註四）。這超自然的存在絕對不是指人類物質生活的享樂，而更該指精神生活的高峰。研究宇宙的來源，觀察大自然的現象，探討生命的意義，擁有理智的人不可能不追求來世的永生。

肆、影響人類學習的因素

人生活於現實的環境，每天一睜開眼，便接觸到周圍的人地事物。影響人學習的第一個因素便是他的生活環境。家人、鄰居、親

友、城市、鄉村、高山區、貧民窟不但影響人學習的方法，更影響他
學習的內容。三字經有言：「養不教，父之過，教不嚴，師之惰」。
又「教之道，貴以專；昔孟母，擇鄰處」。兒童們進到學校，校園環
境、師長同學、學習課程、教學方式、學習風氣都在影響學生的士
氣、讀書的興趣。現代社會的大學生，上課遲到的約達三分之一。校
園裡到處設便利商店，教室內學生可隨時吃喝。這樣的教學環境，怎
能不影響學習效果。其他如政治色彩、社會治安、傳播媒體、商業競
爭、休閒文化、娛樂場所、廣告渲染到處擾亂著青年學子的學習動
機與學習興趣。現代心理學對社會大環境如何影響著青年人的學習心
理，似乎不夠注意。教育家們不斷發明新的教學方法，如視聽教學、
電視教學、遠距教學、目標教學法、實驗教學法、提問教學法等，但
若學生們根本沒有學習的動機或學習的興趣，學習的成果必定大打折
扣。

　　古人主張「教之道，貴以專」。在這知識爆炸的時代，教育行政
當局不斷增加學生們書包的重量。往日的書包可以手提，接著改用背
包；現在的小學生們需用裝有車輪的書包。這種現象是否值得研究教
育心理的學者們多加注意。

　　教育的目標不僅教人吸收知識學習謀生技能。教育更該是教導
人瞭解本性，發揮人性。前面說過，學習是潛能的發展以及行為的改
變。人類的行為首先該分人性的行為（Human behavior）與獸性的行
為（Animal behavior）。人們行路、睡眠與吃、喝、玩、樂，甚至交
配傳生大致與家畜及其他動物相似。獸性的行為大多屬本能性的，也
可說是潛能的發展。至於人性的行為卻是憑理智、意志逐漸學習培養
的。人性行為還有內在行為與外顯行為。我們的思考、推理、判斷、
抉擇是內在行為。人類的行為又有幼稚的行為與成熟的行為，建設性

的行為與毀滅性的行為，自由的行為與強迫的行為，有意識的行為
與無意識的行為，正常的行為與病態的行為，道德的行為與不道德的
行為。人類一生中最需要學習的是哪一些行為呢？很明顯的，人類最
需要學習也是最不容易學習的，便是向善的道德性的行為，也就是品
德的修養。現代教育機構最特別注意的更是科學知識的傳授、謀生技
能的革新，至於人與人之間如何互相溝通、互助互愛，很明顯的未能
引起心理學家們的注意。中國儒家思想中的「敬天、恕人、約己、儉
物」等行為，似乎已超越現代科學心理學所探討的範圍。

　　現代各大學錄取新生都要通過聯合考試，一個很奇特的現象是：
很多青年學生或學生家長在大廟內的佛像腳前放下獻儀與祈禱文，祈
求神明保佑希望應試順利榜上有名。懷有宗教信仰的人，深信神明的
助佑也是影響學習成功的重要因素。主張無神主義的心理學家們，可
能更重視神明以外的因素。

附註

註一：江安世，江安世的果蠅研究心路，臺北，知識通訊評論63
　　　期，2008，頁28。
註二：葉重新著，心理學，臺北，心理出版社，2004，頁251-256。
註三：張利中著，心理學，臺北，普林斯頓公司，2004，頁41-49。
註四：李安德著，超個人心理學，臺北，桂冠圖書公司，1992，頁
　　　192。

本 章 摘 要

1. 記憶是人類保留經感官與知覺所吸收的資訊、技能與知識的心理現象。

2. 心理學將記憶分為感官記憶、短期記憶與長期記憶。

3. 餘像與餘音是記憶的特殊現象。

4. 記憶的廣度有七加二減二的現象。

5. 人類的長期記憶與短期記憶是否儲存在不同的的腦區，尚無定論。

6. 電腦也有感官記憶，但它都屬長期或永久記憶。

7. 為增強記憶，心理學提供許多技巧。

8. 瞭解學習的材料，對記憶比較有利。

9. 語言與文字的學習必須注意聲碼、形碼及意碼。

10. 有關行動的學習，必須一再練習。

11. 人腦的記憶能受抑制作用的干擾，與電腦不同。

12. 記憶的剋星便是遺忘，遺忘也有利於人生。

13. 遺忘是人們曾經意識過的人、地、事、物，在腦海中消失。

14. 絕大多數的人無法記憶三歲以前的經驗。

15. 老年人的記憶出現新事難記舊事難忘的現象。

16. 人們並不喜歡遺忘，但遺忘能減少人們的許多痛苦。

17. 遺忘的原因能來自情緒、動機以及過去的經驗及所受的教育。

18. 病態的遺忘有失憶症、迷遊症 。

19. 故意的遺忘如忘我、無我是道德行為的修練。

20. 學習是行為持久的改變，沒有記憶便沒有學習片

21. 學習是潛能的發展，也是經驗的累積。

22. 學習的對象不僅是知識，同時也包括技能。

23. 人類道德行為的學習需要終身的努力。

24. 人類需要學習的知識技能不斷增加,學習的方法也變化無窮。

25. 知識與科技之外,人類更需要學習捨己為人、奉獻犧牲。

26. 人類生命的意義是在成己成人,追求來世永生。

27. 影響人類學習的主因,便是他的生活環境。

28. 學習的成功需要學習者的動機與興趣。

29. 人類最需要學習的該是向善的道德行為。

30. 古人重視的「敬天、恕人、約己、儉物」的行為值得人人學習。

31. 向神明祈禱也能影響學習。

32. 學會向神明祈禱,一定有利於人類的心理。

問 題 討 論

1. 為增強記憶,心理學能提供哪些技巧?

2. 為什麼人類的記憶能受抑制干擾?

3. 有哪些主要原因,會讓人們出現遺忘?

4. 為什麼遺忘能是一種道德行為?

5. 人類最需要學習的是哪一類的行為?

第八章
探討人類的需要與動機

任何有生命的東西都有許多複雜的需要。人類的精卵結合以後，很快就需要營養。在所有的養分中首先該是由兩個氫分子與一個氧分子所合成的水。沒有水便沒有生命。月球上沒有水就沒有生命。火星上沒有水，也沒有生命。所以凡是有生命的植物、動物包括人類都需要水。科學家分析人類的身體內，就有百分之七十是水。胎兒從離開母胎，立刻需要自己呼吸。空氣該是人類生存需要的第二個要件。心理學家大多長篇大論分析人類的動機，而對人類的需要卻沒有特別的注意。

 壹、人類究竟有哪些需要

上面說過，為了生存胎兒的第一個需要是水。由此推測，人類的軀體便有生理方面的需要。水、空氣、陽光是任何有生命的東西都不能缺少。至於人類生理方面的需要有營養，那是指食物與飲料。接著便是睡眠、運動、娛樂、休息。心理方面，人類需要愛情包括親情、友情。此外，人需要有安全感、成就感以及獨立的地位。生理、心理之外，人類還有社會性的需要，那便是參與感、歸屬感、他人的支持、鼓勵與關懷。人有理性、靈性，所以人還有精神方面的需要。兒童們自幼年就有一種要求，那便是父母或師長對他們有公平的待遇。父母分配食物如出現偏愛，兒女之間便有妒忌；教師們評量成績如有偏心，同學們會感到憤怒。所以人類的需要中有正義感。另外，人竊取了他人的財物，雖沒有人發現，他還是有內疚，有罪惡感。可見，正義感之外，人自然地需要心地光明磊落。兒童漸漸長大，到了青少年階段，人會開始思索生命的意義、生活的價值。這時，他很需要精神的導師指點迷津。

現代各大城市的百貨化商店、大賣場，每天擠滿了人潮，爭先

恐後搶購新上市的產品；不論是吃的、穿的、喝的、玩的、保健的、化妝的，其中半數以上，不是生活的必須品。社會人眾每天忙碌追求的不一定是人類眞正的需要。不少人累積了無數的金銀財物、珍珠寶石；住高樓華廈、吃山珍海味，但生活並不幸福。

無數的達官貴人，一生中享盡了榮華富貴、聲色娛樂，但沒有找到生活的價值與生命的意義，更不知生自何來死往何去。

著名的心學家弗朗閣（Viktor Frankl, 1948）描述現代人患有「存在的精神官能症」（Existential Neurosis），意思是：這些人都感到存在的空虛（Existential Vacuum）（註一），因爲覺得生命沒有意義，也因此現代社會自殺的人數愈來愈多，包括許多受到英雄崇拜的歌星明星以及著名學府的資優高材生。

人類的需要有些是絕對的，有些是相對的。老人的需要與年輕人的需要不同，男性的需要又與女性不同。有些人貪得無厭永遠不會滿足，有些人不貪圖功名利祿卻是常常快樂。聖奧斯定（St. Augustine）有句名言：「一個人如什麼都沒有，但若他找到了上帝，他就擁有了一切；相反的，一個人擁有了一切但他沒有找到上帝，等於他什麼都沒有。」

美國卡耐基講習班的教材裡有這樣的一個故事。一位工人爲了沒有足夠的錢買一雙新的皮鞋而感到煩惱。一天清晨他走在馬路上，忽然聽到有人向他問好，而且說今天天氣很好。仔細一看，發現那個人完全沒有下肢。他只靠一塊裝有四個輪子的木板在人行道上滑行。忽然間，工人得到了一個教訓。看，那個人不但沒有鞋沒有腳，連大腿都沒有，他還如此快樂；我爲什麼沒有漂亮的鞋，就感到煩惱。於是他得到一個結論：我該享用我所有的，而不要爲沒有的感到煩惱。（註二）

貳、人類如何滿足身、心、靈的需要

觀察荒山野地的花草樹木，沒有人撒種、灌溉、施肥，它們長得非常美麗。汪洋大海裡的鯊魚鯨魚，他們的食量那麼大但卻不會餓死。六十多億的人口布滿了整個地球。不同的地區出產不同的食物。有的地區人類吃大米，有的吃玉米，有的吃小麥，有的吃蕃薯、馬鈴薯。遊牧民族吃牛、羊的肉和乳酪。住在高山上的人們吃野生動物和植物。漁民們靠水產生活。為滿足人類生理的需要，大自然，也許更好說上帝都有照顧，祇要人們去播種、去尋找、去繁殖、去利用。可惜，由於帝國主義的興起，強悍的國家憑著先進的武器，時常欺壓弱小；搶奪亞、非地區的天然資源而造成國家與國家、民族與民族之間的貧富不均。目前全世界最富有的國家是美國、加拿大、澳洲，其次是日本、西歐（註三）。按UNICEF的報告，目前在第三世界的國家中，每年約有三千萬人的生命因缺乏營養而喪生，每天更有四萬多小孩因饑餓而死。在全世界的人口中，百分之三十的人消耗掉世界物資的四分之三。所以在這地球上，許多人連生理的需要還沒有得到滿足。至於心理方面的需要，現代社會人與人之間的親情、友情明顯地越來越淡薄。先由家庭開始，夫妻之間的不忠、外遇、遺棄、家暴、離婚愈來愈多，墮胎、棄嬰、虐待兒童、忤逆不孝的事件層出不窮。臺灣的單親媽媽約有三十多萬，全臺每天離婚的有一百七十七對，占亞洲第一。1906年，臺灣的離婚夫妻有六萬。一百年之後的2006年，離婚人數已達六百萬。離婚影響全家人口沒有安全感，缺乏成就感。青少年沒有獨立的勇氣，沒有穩定的地位。所以，從心理方面的需要來說，很多人也沒有得到滿足。

人是社會性的動物，無法單獨生存。現代的工商企業大多屬於團隊工作。服務於幾百幾千甚至幾萬人的大公司、大工廠中，員工們應

該都有參與感、歸屬感，甚至得到同仁們的支持、鼓勵、關懷。可惜的是，現代社會的許多人來自不美滿的家庭彼此缺乏信任；所以雖然身處在非常發達興旺、薪資很高的企業團體，心理上還會感到孤單。現代人如何滿足社會性的需要，可能就在歌廳舞廳、酒家茶館等娛樂場所。當然，服務於教育機構或宗教團體便會有不同的感受。

關於精神方面的需要，可能很多人根本沒有想過或體會過這樣的需要。一般社會大眾都有正義感，要求任何人做事都是公平公正，但得到的往往是一番挫折。至於心地光明磊落，誠樸的農夫、漁民可能捫心無愧；但政界的高官、工商企業界的從業人員，尤其現在出入娛樂場所的青年男女可能難得心靈的平安。重視精神價值、關懷生命意義的人固然很多，但生活於五顏六色的花花世界，真能超脫塵俗享受平靜安寧的精神生活，除了獻身於宗教機構專注修身養性服務人群的聖職人員以外，可能也是少數。大自然的世界是那麼美麗，為什麼人類的生活並不是那麼美好？理由是人類多方面的需要，尤其是精神方面的需要沒有獲得充分的滿足。

◢◣ 參、動機與需要有什麼關係？

動機是什麼？心理學家描述動機是一種心理的原動力，它引發個體活動而且維持該活動並引導此活動向某一固定的目標進行。簡單地說，動機是令人採取行動的動力。人類動機的產生，一方面是由於人體內在的需要，另一方面可能是由於外來的刺激或引誘。內在的需要，最明顯的便是水分、空氣、食物。至於外來的刺激，也可以說是「誘因」，那便是指美衣、美食、美酒、美人、美景、美名、美金、財物珠寶、地位權勢等。由於動機的性質相當複雜，不同心理學家對它有不同的分類。有的採取二分法，將動機分為原始性的動機

（Primary motive）與衍生性的動機（Secondary motive）。前者包括生理方面的動機，如飢渴、睡眠以及一般性的動機（General motive）如好奇、活動等；後者首先指學習得來的動機（Acquired motive）如怕懼、友情，以及比較複雜的動機（Complex motive）如讚許、成就等。另外，動機的三分法則將動機分為：一，生存的動機如：口渴、飢餓、活動。二，社會性的動機：意指依賴、支配、順從、攻擊、親和、母性、戀愛、關懷。三，自我統整性的動機（Self integrative motive)：這更是指個體的成就動機。（註四）

動機與需要有什麼關係？很明顯的，上面所說的原始性的動機以及生存的動機便是人類生理方面的需要。衍生性的動機並非來自生理的需要，而是由後天學習得來的。三分法中的社會性動機，如依賴、親和、關懷、戀愛、母性等也可說是人類社會性的需要。由此可見，人類的動機有許多導源於人類的需要。至於衍生性的動機，則人與人之間的個別差異很大。動機的產生也受生活的環境的影響，生長在偏僻的山區農村，沒有人想購買行動電話、電動玩具或電腦。一般社會大眾並不希求豪華住宅或名牌轎車。大學教授有的喜歡教學，有的更喜歡從事學術研究。從政人員有的謊言欺騙謀一己之利，有的赤膽忠心奉獻犧牲，為國建功為民造福。俗語說：眼不見，心不貪。隨著工商業的發達、物資的豐富，人類感到的需要越來越多，人類追求的動機也愈來愈強。雖然商店裡的貨物絕大多數並不是生活所需，但人們占有的動機迫使他們採取行動，爭先恐後地大家搶購；有時，即便以不法的手段也要全力以赴。可惜社會大眾並不瞭解動機的來源；因此時常盲目地去占有不必要的東西，為了不該有的動機而傷害了自己。

人類絕大多數的動機並不由於內在的需要，而是導源於外來的刺激或誘惑。

迪士尼樂園能引發成千成萬大人小孩的好奇。美食美酒能激發許多人的食慾。美女美鈔又讓很多人感到誘惑。為了好奇，許多人會嘗試吸毒。為找刺激，青年人冒著生命的危險高速賽車。內在的需要，人類無法抗拒；外來的誘因所激發的動機全在人自我的掌握。

肆、動機如何影響人生

候鳥的遠行、蛇蛙的冬眠都是本能性的動機，與生俱來。目的是為維持生命。人類同樣有本能性的動機為保護自己。戰亂時期，人們會逃離危險的地區。行走在交通要道，人們會提高警覺。可惜人們在追求財富、名利、飲食、娛樂的時刻，卻常忘了運用冷靜的頭腦多加思考。某種強烈的動機迫使他追求的目標是否為自己有利，或正好傷害自己。

古代的人們享受著田園生活自得其樂，不會有旅遊觀光的動機。農民們播種耕耘就是運動、就能健身，無須付費至健身房在機器上作體操。沒有報章雜誌的廣告或電視電腦的宣傳，女士們不必為了美容化妝、瘦身減肥而花大筆鈔票。

衍生性的動機是由學習得來的。學習能是正面的也能是負面的，現代青年人人爭取跨入高等學府為能吸收更多更廣的知識，學習更現代化的科學技術；他們懷有強烈的動機力求上進，為能充實自我造福他人。他們接受良好的教育懷有純正的動機。他們的所言所行為自己培養高尚的品德，為旁人豎立良好的榜樣。可惜，無數的成年人似乎不假思索地聽信各式各樣的宣傳廣告，引發他們貪吃、貪喝、貪財、貪色、貪權勢、貪面子的動機。有的開始飲酒作樂迷於聲色，有的愛好賭博，有的飼養寵物，有的變為球迷，有的吸毒甚至販毒。

隨著時代的進步、交通工具的發達、傳播媒體的迅速，人們的知道的事情越來越多，企圖獲得的東西越來越越多。為能賺取錢財的方法也愈來巧妙高明。

地球上所有奇特美麗的地方，大家都想去看。各民族各國家所有美好的飲食大家都想品嚐。凡能給人刺激供人享樂的場所大家趨之若鶩。頭腦冷靜、意志堅強的人面對外界各種刺激或誘因，他會作審慎的選擇。可是思想迷糊、意志薄弱的人便會誤入歧途，不擇手段爭取那不必要或不該有的東西。物質文明繼續不斷進步，人類的行為並未因此改善。世界各國監獄裡的囚犯不斷增加，雖有嚴刑峻法並不能阻止人違法違紀犯罪作惡。

心理學本該研究人類的心態。為什麼許多有理智的人盲目地追求不需要且不該有的東西，表現出不合理不正當的行為？理由是：人們不研究心理、不明瞭自己行為的動機。正當的動機導向建設性的行為，不正當的動機引發破壞性的行為。

誰能分辨動機的來源，排除引人墮落的動機，他便可以輕易地享受幸福美滿的人生。

附註

註一：趙可式、沈錦惠譯，活出意義來，臺北，光啟出版社，1992，頁120。

註二：代爾卡耐基著，人生論，臺北，久久出版社，1981，頁40。

註三：時代雜誌，2005，3月14日，頁34。

註四：蘇邦婕等編著，心理學，臺北，永大出版社，2005，頁5章17。

本 章 摘 要

1. 凡是有生命的都需要水、空氣和光。

2. 人體內百分之七十是水。沒有水和空氣人不能生存。

3. 心理學研究人類的需要與動機，未曾特別注意水、空氣與陽光的來源。

4. 為了生存與發展，人有生理的、心理的、社會性的以及精神方面的需要。

5. 精神方面的需要是指自由、正義、仁愛以及心靈的平安。

6. 單由物質享受，人不會找到生命的意義。

7. 現代社會許多人自殺，因為他們感到存在的空虛。

8. 人類的需要有絕對的也有相對的，絕對的需要應該是上帝。

9. 荒山的花草、大海中的魚類自然生長不會餓死，應該有大能者照顧。

10. 人類社會因饑餓而死的卻不斷發生。

11. 人類的基本需要未能滿足，所以顧不到其他需要。

12. 人類的需要能激發人的動機，動機是心理的原動力。

13. 動機能導源於生理的需要，也能由於外在的誘因。

14. 動機也有社會性的動機與自我統整的動機。

15. 人與人之間，動機有很大的差異。

16. 絕大多數的動機導源於外來的刺激或引誘。

17. 與生俱來的動機純粹是為了維護自己的生存。

18. 衍生性的動機是由學習得來的。

19. 學得的動機有的是正面的，也有的是負面的。如吸煙、吸毒等。

20. 人若不分辨自己的動機，很容易違法亂紀傷害自己。

討 論 問 題

1. 為維持生命，人類最需要的是什麼？由誰供給？

2. 除了生理的需要，人還有哪些其他方面的需要？

3. 為什麼人類的需要能激發人的動機？

4. 為什麼人與人之間，動機有著很大的差異？

5. 為什麼人不注意自己的動機，便容易違法亂紀？

第九章
分辨人類的情緒與情慾

情緒是怎樣的一種心理狀態？心理學家所提供的答案是：情緒是人因為內在的需要或外來的刺激，所產生的一種含有感情性的心理反應。按照學者們的研究分析，情緒是先天性的不需要學習，它本身是有目的的，為的是保護自己；而且是相當主觀的。中國人說：情人眼裡出西施。意思是：只要你喜愛的人，你就會覺得她很美。情緒能點綴人生，否則人類的生活將非常單調。中國人有「七情」之說，指的是：喜、怒、哀、懼、愛、惡、欲。事實上，情緒的表現可能有更多不同的方式。

壹、情緒是怎麼回事

按照定義，情緒是個體因了本身的需要或外來的刺激所引起的，含有感情性的心理反應。所謂本身的需要便是指個體的饑餓、口渴、或受人尊重等因素。

倘若個體的需要得到滿足，他便獲得快感，因而興奮喜樂；如得不到滿足，他便感到挫折。由挫折便產生急躁、忿怒等情緒。動物是否也有情緒？觀察狗、貓等家畜，很明顯的，牠們也有喜怒哀懼的表現。心理學家把人類的情緒分為：一，攻擊性的，指的是忿怒、怨恨、敵意、妒忌。二，壓抑性的，包括恐懼、害怕、恐慌、焦慮、懊喪、後悔、傷心、窘困等。三，愉快性的，這就包括愛情、感情、興奮、喜樂、愉快。

幼兒的情緒比較單純、膚淺而且短暫。他們的情緒反應表現於興奮、喜樂、舒適，而無嫉妒、憂慮、羞恥。幼兒對單純的刺激如響聲、觸摸或找不到母親而害怕。他們的情緒反應不論是喜愛或厭惡，不因風俗、法律以及倫理原則而收斂。

　　青少年的情緒反應比較複雜、持久而且深刻。他們很容易有抱怨、氣憤、敵對、仇恨。青少年會怕黑暗、怕陌生、怕疾病也怕死亡。隨著社會意識的增長，青少年會自我約束；情緒的反應逐漸由理智指揮。為表達愛情，幼兒們只以親近、愛撫、接吻、擁抱；青少年則能藉視線、握手、交談、詩詞、情書、歌唱等方式。

　　一般來說，年輕人的情緒感受會比較強烈，隨著情緒而表現於外的行為也比較激動；但因年齡的增長也會逐漸調整。值得注意的是，男女兩性有關情緒的起伏有很大的不同。男性的情緒很快上升也很快平息，女性的情緒會慢慢上升也慢慢地消失。明瞭男女兩性情緒反應的不同，可能減少很多人與人之間的衝突。現代社會夫妻離婚的案件愈來愈多，家暴事件也層出不窮。人們不明瞭男女兩性情緒起伏的不同，可能是一個主要的原因。

　　情緒不但是心理問題，它也會是影響人類的生理問題。情緒激動時，內分泌腺中腎上腺的分泌便注入血液。胃腺、唾腺的消化液大減，汗腺則非常活躍。肝臟活動增強，肝臟澱粉分泌進入血管。心臟跳動與脈膊加速，血壓增高血液擴散到肌肉；腸胃活動減退或停頓。附在骨骼上的肌肉會開始緊縮。遇到這種情況，個體的呼吸會感到急促，瞳孔放大皮膚會出現疙瘩。消化系統的不良容易影響情緒的激動（註一）。氣候也會影響人類的情緒。陰雨綿綿，人們會感到情緒低落；陽光普照的日子，人們會心胸開朗。心理學家認為強烈的情緒，不論是喜、怒、哀、懼，所引起的生理反應是大致相同的。

　　情緒的正常反應常是隨著某種內在的需要或外來的刺激。凡有恐懼症、焦慮症、憂鬱症、心身症的病患，他們的情緒反應往往與內在的需要或外來的刺激不成比例。此外，醉酒、吸毒、性侵、行為不檢或有強迫行為的出現，表示這些人的情緒都出現了嚴重的問題。情緒

的變化本可以為人帶來生活的樂趣，但若情緒的反應「過與不及」也會製造人間的悲劇。

 貳、情緒該如何疏導

情緒能隨心所欲地控制嗎？很多勸導人們的長者常會這樣勸告青年：你要用你的頭腦控制你的情緒。其實，情緒並不受制於大腦而是由自律神經系統所操控。情緒激動時，人可能開口罵人或想拳打腳踢。中樞神經可以下命令：不要開口、不要動手，阻止人發洩情緒的不良行為，但不能控制情緒。情緒激動時，我們的心臟跳得很快，胃臟停止消化、汗腺增加、唾液減少，這一切大腦無法下令控制。

人類的理智隨著年齡逐漸成長成熟。人類的情緒似乎也有成熟的階段。

心理學家稱之謂情緒的成熟度（Emotional maturity），簡稱情商和E.Q.。大家肯定情商高的人常有適當的情緒反應。他們的心態比較樂觀，有健全的自我觀念，人際關係也比較良好。情商低的人往往行為急躁影響身體健康（註二）。喜怒哀懼是人之常情，情緒本身並非壞事；但若人們能瞭解情緒的來源、影響情緒的因素以及疏導情緒的方法，應該可以避免許多因情緒而發生的衝突，甚至失手行兇造成人間的許多悲劇。

情緒既然不能控制，我們便該尋找疏導情緒的方法。人是有理性的動物，所以首先該用理智來瞭解情緒的來源與性質；接著便用自由意志來選擇適當的反應模式。情緒的發洩的對象有的是他人，有的是自己；有的是對事有的對物，有的用行動有的用語言。當我們頭腦還清醒時，我們知道用語言比行動安全，對物比對人更加保險。對人的

話還有一個選擇，那便是對他人或是對自己。不少人在情緒激動的時刻會不知不覺地對內發洩，結果傷害了自己。有的人在氣憤時自尋短見，死得令人惋惜。

情緒不能由大腦控制，又不能任意發洩；安全的途徑便是尋找疏導的方法。重理性的人倘能培養自己凡事作正面思考，必能消除無數不良的情緒反應。當人遭遇強烈的刺激或誘因，立刻將注意力轉移到其他目標，情緒的反應很快就此消失。日常生活中，人們追求的目標各不相同；有人整天在為自己的名利操心，很自然地容易激起強烈的情緒反應。那些獻身社會從事服務工作的人們，時時處處為他人著想，除了興奮愉快之外不太可能有過度的、消極的情緒反應。懷有虔誠宗教信仰的人，他們有愛情有熱誠也不太可能有惡烈的情緒反應。青年學生怎樣疏導他們的情緒反應？大多數的答覆是：靠運動、打球、游泳、聊天、養寵物。心理學家也有建議大家聽音樂、唱歌、舞蹈、繪畫或種植花草。曾有女性的催眠師建議：日常生活中，人與人之間多多擁抱，對疏導情緒也很有效。許多飼養小狗為寵物的人們，也許他們更能體會到擁抱為疏導情緒會有怎樣的功效。

參、什麼叫做情慾

情慾這一個名詞在心理學的教材中似乎不常出現。情慾是什麼？它與情緒有什麼不同？情慾（Passion）與情緒（Emotion）的起因同樣是由於個體內在的需要或外來的刺激。兩者之間的差異，可能就是激烈的程度以及引發的後果可能大不相同。按笛卡兒哲學的用意是指人在某種動物的精靈影響下所引發的激情。所謂動物的精靈，也就是中國民間所謂的狐狸精、黃狼精等。如依亞里斯多德與士林哲學的用意，情慾就是激情或稱強烈的情緒衝動。情慾能是好的例如愛情的慾

望（Passion to love），也能是不好的如色情的慾望（Passion to lust）。

　　好的方面，人能爲了強烈的愛情捨己爲人、犧牲自己最寶貴的生命。一個最典型的例子便是猶太人耶穌基督，爲救贖人類而被釘死在十字架上。因此西文的Passion 一詞在基督宗教中用的最多。如：Passion of Christ, Passion Sunday, Passion week, Passion show, Passion flour, etc. 印度加爾各答的一位外籍修女德蕾沙，寧願放棄她在貴族中學教書的工作，而終身專務照顧流浪街頭垂死的病人。這是爲了愛的情慾。爲了救國救民的情慾，國父孫中山放棄醫師的專業而領導革命推翻腐敗的滿清政府。爲了情慾，不少歐美人士遠赴亞、非各國去挽救受虐待遭殘殺的黑熊、猩猩等野生動物。爲了情慾，現代無數的男女愛養寵物；不論是狗、貓、兔子、老鼠或各式各樣的蟲、魚、鳥類。上文說：養寵物也能疏解情緒。爲富裕的家庭飼養寵物，可能是爲了娛樂增加生活的樂趣；但爲家境清寒無法餵飽家人的情況下去養動物，情慾便開始令人質疑。曾有一位西方人士在亞洲娶了一位女士。本來是兩情相悅恩愛夫妻，但丈夫喜歡飼養狼犬，每天必須餵牠牛肉。夫人也喜歡吃牛肉，但丈夫卻不讓她碰。愛寵物愛畜牲勝於愛夫人，這是一種消極的不合理的情慾。

　　情慾也能是消極的，引人成爲怪僻或狂熱份子。世界各國常出現某些宗教的狂熱份子，爲了某些怪異的信條，吸引大批群眾組成團體，盲目地過集體生活；爲了堅持信仰不惜犯法亂紀與政府對抗，甚至於大眾運輸工具施放毒氣謀害大眾或者迷惑信眾集體自殺。日本的眞理教會與美國的達維、克萊歇（David Cresch）便是具體的例子。另外有些地區出現種族糾紛，狂熱份子採用各種強烈手段殺人放火、排斥異己，不達目的誓下罷休。德國納粹政府迫害猶太民族更是駭人聽聞的事實。

　　此外，情慾最容易出現也可能是出現最多的地方，那便與人的性慾有關。情慾能讓人變成吸血鬼以及殺人的魔王。美國曾有日僑青年不但情殺了美國小姐，還把她的玉體分成肉塊，冷藏在冰箱每天煮烤享用。臺灣曾有大學男生不甘女友的拒絕往來，而帶著汽油將情人焚燒至死。情慾常令人慾火中燒而喪失理智。作出許多不堪入目令人髮指的惡劣行為。現代社會人們已不以同性戀的行為為恥。獸淫的案件時有所聞，強姦、性侵層出不窮，施虐受虐甚至亂倫的事件亦時常出現。凡此種種都是情慾帶來的後果。可惜，心理學只討論情緒而不談情慾。因此，許多人常因情慾著迷、上癮、中毒而行為失控後悔無窮。很明顯的，凡是酒鬼、賭鬼、色狼都是情慾所惹的禍。不明瞭情慾的強烈，有人還以為是中了魔咒鬼魂附身；這是愚蠢。

肆、認清情慾的威力

　　情慾是激情是強烈的情緒。重視靈修的人稱之為私慾偏情。這是指消極方面的情慾。它不為社會大眾所接納。一個頭腦清醒的人都會明辨是非，在人格正常發展的情況下也能知道善惡。沒有理性的野生動物，為了生存本能性地強吞弱肉。原始民族生活的方式雖然簡陋，但人與人之間自然地互相愛護彼此照顧。有時為了爭取食物保衛地盤，可能引起爭端；但最後終能平息糾紛解決爭議。世界各地民族與民族、國家與國家之間經常發動戰爭，但總有一天戰爭平息，大家相安無事和平共存。時至今日，人類的知識廣博，物質文明的進步神速；但社會治安卻日益惡化，人類的生命越來越沒有保障。善良的百姓光天化日之下在街道上步行，可能就被剝奪了生命；原因是一位酒鬼的情慾。他一再貪喝一再醉酒，但無法自制。臺灣的洪其德雖因醉酒已被吊消駕照，但仍駕車撞死洗碗婦女便是一例。

年輕貌美的女士不論何處何時，在公車或公廁經常遭到男性的騷擾；這又是貪色者的情慾失控。有關性方面的情慾常令人神魂顛倒不知廉恥。各式各樣的惡行都會發生。犯罪心理學最常提到的便是通姦、童姦、雞姦、強姦、屍姦、暴露狂、窺視狂、拜物狂、亂倫與情殺。凡此種種無一不是由情慾所引發（註三）。性的欲望本來自生理的成長成熟，而且為人類傳承生命所必需。不過，古今中外凡有理性的人都會循正當的途徑，兩性相吸經自由戀愛而成婚成家。凡以強迫手段傷害他人身心便是邪淫的罪惡。情慾的激動往往始於性的幻想，接著便是性的衝動，人若放縱情慾繼續採取行動，不幸的事件就此發生。事後，當事人後悔莫及。

有關性的情慾之外，有的人會有暴食的情慾，另有些人則有貪玩、好賭的情慾。迷於賭博的人情慾是那麼強烈，即使傾家盪產仍然不肯罷休。病態的賭博（Pathological Gambling）甚至讓人出賣妻兒最後斷送生命。情慾的危害由此可見一斑。

人類歷史上曾有殺人的魔王希特勒，為屠殺猶太人的後裔，在奧殊維茲（Auschwitz）的集中營，把成千成萬的猶太人趕進煤氣室毒死。按心理學家弗蘭克（Viktor E. Frankl）的描述，凡被捕入獄的男女不僅被剝奪衣衫，連身上的毛髮也一絲不留。這種以虐待人類從中取樂的魔王，表面看來似乎導源於民族與民族之間的仇恨，其實更可能是情慾的集體放任。（註四）

個人的情慾能促使他自己行為失控而作出性侵、強姦、或傷人、殺人等罪行，同樣，個人的情慾也能激發他人的情慾。現代社會色情行業的如此泛濫，可見情慾蔓延的迅速以及它擴散的威力。一個暴君的情慾能影響一國的政府官員。一位宗教領袖的情慾能左右全球同一信仰的信徒。20世紀國際共產主義的蔓延豈不是導源於少數狂妄之徒

的情慾？目前，新興的小國時常出現族群的對立；宗教界不同派系之間的衝突，美其名說是理念的不同，其實更是對立雙方情慾的放縱。心理學倘能幫助人們瞭解情緒、明辨情慾，對人類社會才能有所貢獻。

附註

註一：黎士鳴編譯，心理學概論，臺北，美商麥格羅、希爾，2008，頁337。

註二：葉重新著，心理學，臺北，心理出版社，2004，頁337。

註三：楊士隆著，犯罪心理學，臺北，五南圖書，1996，頁186。

註四：趙可式、沈錦惠譯，活出意義來，臺北，1992，頁15。

本 章 摘 要

1. 情緒是一種含有感情性的心理反應。

2. 情緒是先天性的，目的是為保護自己。

3. 情緒反應是相當主觀的。

4. 情緒能因內在需要或外在刺激所引起。

5. 情緒能分攻擊性的、壓抑性的以及喜悅性的。

6. 幼兒的情緒單純而且短暫，青少年的情緒比較複雜而且持久。

7. 男女兩性情緒的起伏有著很大的差異。

8. 情緒能影響人類的生理，如垂腺、汗腺、胃腺以及心臟、肝臟。

9. 氣候也會影響人的情緒。

10. 情緒變化能帶來生活的樂趣，但也可能製造人間的悲劇。

11. 醉酒、吸毒、性侵等都是情緒失控的問題。

12. 情緒需要疏導，不是壓抑或控制。

13. 情商的高下是現代心理學重視的問題。

14. 人類的理智、意志都能影響情緒的反應。

15. 情緒發洩的對象能是人或物，自己或他人。

16. 運動、聊天、歌唱、養寵物、與人擁抱都有助於情緒疏導。

17. 情慾是激烈的情緒，它的對象能是人、地、事、物或權勢、名利。

18. 情慾能是消極的、破壞性的，情慾能使人成為信仰或政治的狂熱份子。

19. 情慾常令人喪失理性，作出性侵、強暴、縱火、屠殺等惡劣行為。

20. 人若放縱情慾，必然造成傷天害理的悲劇。

21. 殺人魔王希特勒屠殺猶太民族是貪權與洩恨的情慾。

22. 不同宗教間的衝突同隸導源於少數狂妄之徒的情慾。

問 題 討 論

1. 情緒能因哪些內在的需要所引起？

2. 情緒怎樣影響人類的生理與健康？

3. 疏導情緒有哪些實用的方法？

4. 為什麼情慾能使人喪失理性？

5. 不同宗教信徒之間的衝突為何導源於情慾？

第十章
探討人類的意識與意志

意識有什麼意義？自從公元1879年，德國人馮德（Wilhelm Wundt, 1832-1920）創辦第一個心理實驗室開始，人類便採用自然科學家的研究方法來探討意識。不過，意識並非物質，它是毫無形象的東西，憑經驗人們對它有所瞭解，但無法把它量化。按心理學家的解釋，意識是人藉著感覺、知覺對自己的身心狀況有所覺察或理會。簡單地說：意識是個體理會自己身心靈的狀況以及對外界人地事物所有的覺察。意識有不同的層次以及不同的內涵，因此它也有許多不同的名稱。按一般人的說法，意識有下意識、無意識、有意識之分。心理學家更有前意識、潛意識、焦點意識、邊緣意識、高層潛意識、中層潛意識、低層潛意識、集體潛意識之別。關於潛意識的意義，不同的心理學家還有不同的解析。

壹、瞭解意識的涵義

意識是個體理會自己身、心、靈的狀況以及對外界人、地、事、物所有的覺察。以心理綜合法來解析人格時，意大利心理學家阿薩喬里（Roberto Assagioli, 1971）用一個雞蛋形的圖表來說明意識的主體及它的內涵（見圖10-1）。意識的主體便是真我（The true self）它是一個存在的實體，是意識自我的主體。它超越個體的思想與行動。當意識自我在麻醉、昏厥失去感覺與知覺時，這真我仍然存在。臺灣臺中市長夫人邵曉鈴在嚴重的車禍後，呼吸停止、心臟不跳、意識喪失、生命指數極低的時候，它仍存在。按宗教家的觀念來說，這個存在的便是靈魂。

真我之外，有意識自我（The conscious self）又稱主體我「I」，它是純粹的自我知覺。意識自我與意識的內涵不同。思想、意像、感受是意識自我的活動。意識自我是真我的反射，是真我的活動狀態The

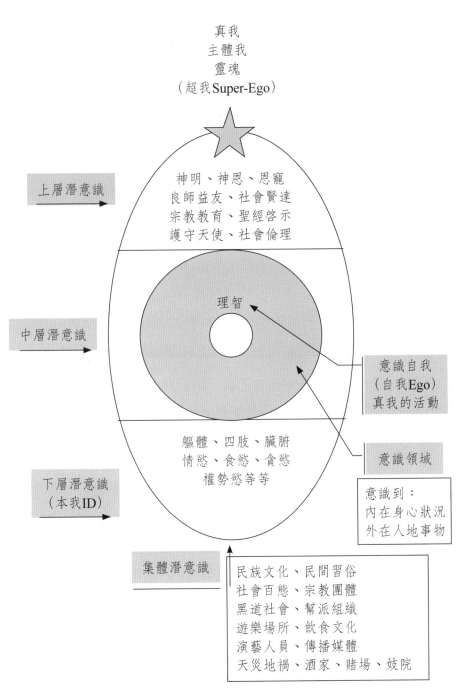

真我
主體我
靈魂
（超我Super-Ego）

上層潛意識

神明、神恩、恩寵
良師益友、社會賢達
宗教教育、聖經啟示
護守天使、社會倫理

中層潛意識

理智

意識自我
（自我Ego）
真我的活動

軀體、四肢、臟腑
情慾、食慾、貪慾
權勢慾等等

意識領域

下層潛意識
（本我ID）

意識到：
內在身心狀況
外在人地事物

集體潛意識

民族文化、民間習俗
社會百態、宗教團體
黑道社會、幫派組織
遊樂場所、飲食文化
演藝人員、傳播媒體
天災地禍、酒家、賭場、妓院

圖10-1　人類意識與潛意識的分析

true self in action。圖表中的意識領域是指直接感受到的感覺、意像、思想、感受、期望以及所有可以觀察分析的活動。當個體能理會到他意識的內涵，那時他便是在「有意識」的狀態。（見圖10-1）

有關「潛意識」的名稱，佛洛伊德、榮格、阿薩喬里各有不同的解釋。阿薩喬里把潛意識分為高層潛意識、中層潛意識以及低層潛意識。高層潛意識是這樣的一個領域，在此潛伏著直覺、靈感、頓悟、啟發、高峰經驗等奇異的心理因素。中層潛意識是另一個領域，我們日常生活中的思想、意願、感受等均由此孕育發展。雖然它不屬意識領域，但它很容易被個體所注意。低層潛意識的內容包括低級心理活動、生理的協調功能、原始性的驅力、本能性的情慾、低級的夢幻、狂妄的意念等。此外，另有一個集體潛意識（Collective Unconscious）。這是指個體本身及其外在的心理環境。個體與此領域經常產生交互作用，即所謂的心理滲透（Psychological Osmosis）。

潛意識一詞按佛洛伊德的主張，是指隱藏在意識層面之下的慾望、恐懼、怨恨等因素。它們是以前不愉快的經驗，經自衛機能的壓抑打入潛在的意識（註一）。按榮格的人格理論，潛意識一詞又分為自我潛意識及集體潛意識。自我潛意識的含意與佛洛依特的主張大致相同。集體潛意識則不屬於個體本人所有，而是指人類在進化過程中所留下的原始心像與觀念。這原始的心像與觀念代代相傳，成為人類累積的經驗。這經驗存在於同族人的潛意識中，也影響著每人的行為與生活。榮格也稱這種集體潛意識為原型，原型又有許多不同的方式。（註二）

貳、意識的不同狀態

　　心理學家為能瞭解意識，創造了許多不同的名詞來說明意識的不同狀態。當我們在工作、用餐、行路時，我們是在有意識狀態。在這有意識的當兒，我的前意識或潛意識可能也在影響著我。我喜歡室內工作而且單獨工作是由於以前愉快而且成功的經驗。這過去的經驗也就是我現在的潛意識。有些過去傷心的經驗，例如女性在幼年時受過性騷擾，由於年代久遠個體根本無法記憶，但她對異性常懷有莫名的恐懼而終生不敢成婚。這種現象，按佛洛伊德的解釋便是深層的潛意識。潛意識能有深淺，有意識也有程度上的不同。當人聚精會神注意聆聽名人的演講，一邊聽一邊作筆記；這時，他是在有意識的最佳狀態。當時，他的焦點意識是在聽講。過幾分鐘後，這人理會坐在他左右的聽眾都是女士。他並沒有分心走意，仍繼續著他的筆記。這兩位女士的存為他來說便是他的邊緣意識。

　　意識的不同狀態最明顯的一幕便是當人在睡眠的時刻。睡眠是與清醒時相對的意識狀態。但人在睡眠時並非完全沒有意識。有數學家在睡夢中解決數學的難題，清晨起床還能清楚地記錄下來。佛洛伊德認為夢是通往潛意識的康莊大道。由夢的情景，他能發掘潛意識的內涵；藉著解夢，他治療精神病患。中國人習慣說：日有所思，夜有所夢。表示夢可能是為了滿足人尚未達到的願望。青年男女彼此相愛，睡夢中互相親吻擁抱，抒解了白日壓抑的慾望，完成了社會規範所不容許的行為；醒來時又不受良知的指責。學生們夢見考試作弊被監試人員發現，這可能是他們失敗後的經驗，也可能是良知給他的警告。夢也代表人特別關心的事，所以藝術家、音樂家能在睡夢中獲得靈感。夢又可能是往日痛苦經驗的再顯，尤其有關恐懼、怨恨、失敗、災害。夢代表一個人心靈惦念的不安狀態，也可能是夢者所看的電

視、電影、小說所提供的資料。最後，夢也能是即將發生的大事的預感。按古代猶太人的歷史記載，上帝經常託夢給人指示或警告。這所謂「神諭」。所以，夢也是一種很玄妙的意識狀態。

另一個與人類意識狀態有關的主題便是催眠。催眠是個體經由催眠師的暗示、誘導而產生的意識恍忽狀態。催眠並非睡眠。睡眠時，旁人給他講話，他聽不進去；問他問題，他不會回答。催眠的情況正好相反，接受催眠的人完全聽從催眠師的每一句話。他並不說話，但他可用最簡單的手語作「是或否」的答覆。當人能夠聽又能夠作答，我們不能說他沒有意識。為解釋這種現象，心理學家認為在催眠狀態下，個體的意識自我暫時隱退；而催眠師的暗示、誘導扮演著潛意識的角色。人在催眠狀態之下，他的主動性很低，注意面很窄，知覺被扭曲，意志力薄弱（註三）。所以在催眠狀態之下，不是個體的意識自我在當家作主，而是催眠師替代了他的自我。因此，我們可以瞭解為什麼，在催眠的過程結束後，當事人卻什麼也記不得。

按佛洛伊德的理論，我們潛意識的內涵，雖然早已遺忘且不在目前的意識領域之內，但它仍然會影響現在的日常生活。一個明顯的事實很可以支持佛氏的論點，那便是我們有關「罪的意識」。凡有宗教信仰的人都會肯定：惡有惡報，善有善報的原則。犯過重大罪惡的人即使沒有任何人發現，他自然地有很深的內疚。這種良心的指責便是我們罪的意識。這種意識人人巴不得讓它消失，但很奇怪的，它卻偏偏一再跳出我們的潛意識，而催促人悔改與補償。不斷壓抑而不肯面對問題而予以解決的人，往往會產生心理的不平衡。因此佛洛伊德認為某些精神病的成因正是潛意識在作祟。

與「罪的意識」相對的應該也有善的、美的或「愛的潛意識」。倘某人生長於非常美滿的家庭，從小體驗到慈愛、孝愛、敬愛，長大

後他的潛意識自然也左右他愛護他人的行為。人類日常生活中的行為，不知不覺受許多外來因素的影響。這些影響也就是阿薩喬里所謂的高層潛意識、中層潛意識、低層潛意識以及集體潛意識。現代社會影響人向善的高層潛意識明顯地非常薄弱，而吸引人向下、向貪、向惡的低層潛意識及集體潛意識卻相當強烈。因此，心理學家呼籲人們要注意「此時此地」的意識，免得在迷茫中受潛意識的牽制，而表現不當的言行。我們若喪失了個人獨特性的意識，我們就是盲目的群眾，走其他的人都走的同一條路。現代部分大學生在上課時又吃又喝，明顯地受潛意識的牽引而忘了自己在上課時應有的表現。當我們失掉了自我意識，我們將不知廉恥，無所不為。

另外，佛教的僧侶為超脫塵俗鍛鍊靜坐冥想。靜坐是收斂心神專注於一的意識狀態。冥想更是純然空無一物的意識狀態。20世紀中葉，有印度人倡導的超覺默想（Transcendental meditation），讓人閉目盤坐、全身放鬆、排除雜念、專注呼吸的意識狀態（註四）。其名稱雖說默想，其實是不思不想。心理學家研究的結果，發現這樣的默想在生理方面確實有降低血壓、消除緊張的效果。這種現象也許可稱之為靜止的意識狀態。

參、人類是否有自由意志

自由意志（Free will）這名詞人人都懂。也許正因為人人都懂，心理學的教科書中卻很少提到。人類到底有沒有自由意志？哲學家們也有不同的主張。強調科學心理學的專家們認為意志是無形無像、無法量化、無法實驗的東西，所以不在心理學的研究範圍之內。按佛洛伊德的主張，人類的自制行為是受社會壓力或超我使然；所以人並沒有所謂的自由意志。不過，中國古人卻早有「頭可殺，志不可奪」、

「士可殺，不可辱」的說法；表示人即使剝奪他的生命，他還有選擇的餘地。曾在納粹政府集中營裡受過煎熬的心理學家弗郎閣（Victor E. Frankl）卻說：我們人受環境的制約，也受天賦的限制，但是我們並非被命運所注定。可見，人在極殘酷的環境中還保留著他不可剝奪的意志。脫離集中營之後，他出版《活出意義來》 "Man's Search for Meaning" 一書，揭示人類生命的動力在於找出意義；人只要明瞭為何而活，便能忍受任何痛苦；無論遭遇任何處境，他仍有自由抉擇的意志。（註五）

為證明意志的實有，哲學家憑理論的推敲或引用名人的言論；心理學家更該憑人類日常生活中具體的經驗與事實真相。現代的大學入學聯招，考生們是否憑他的意志來選擇他希望就讀的大學。即使聯招會並未按照考生所填的志願分發，但他事後還有轉學的可能。意志本身不受外力的強制，能受外力強制的是意志所要採取的行動。從意志的對象中可以看出，意志是一種精神能力，它所追求的能是精神方面的美德，如榮譽、仁愛、正義、誠實、節制等。一般來說，人們的意志所追求的應該是美善、是幸福，但理智的認知並不那樣確定。例如，有人以為美酒、美食、美女、美鈔便會給人幸福，事實上卻並不保證如此。有人把自由、平等、自我肯定、自我實現為最美好的人生，結果卻大失所望。所以意志堅決追求的，有時也不一定為他本人是最有利的。人類的認知有時發生偏差，人類的情慾更能牽制人的意志。因此現代社會許多人似乎失掉了意志抉擇的能力，盲目地追求許多不必要的東西，而找不到生命的意義。甚至有不少人在失望之餘，妄用意志的抉擇而捨棄了自己的生命。

人類的行為能受許多內外因素的影響，內在的有生理的需要、情緒情慾的激動、各層次潛意識的牽制，外在的有生活環境的引誘、大眾傳播媒體的宣傳，因此人的自由意志要真正把握方向作有效的抉

擇，必須亟早培養堅強的意志力。研究人類心理的學者，倘若連自由意志存在與否尚不能肯定，很自然地談不到意志力的培育。諺語說：有志者，事竟成。關於人類自由意志的存在與否，心理學家理應更加深入探討而不是棄置不提。

肆、人類自由意志的培育

　　人類的行為除了有人性行為（Human behavior）與獸性行為（Animal behavior）之分，尚有自由行為（Free behavior）與強迫行為（Obliged behavior）之別。動物的行為雖屬本能性的，但若加以訓練也能培養出許多令人稱奇的行為。例如家犬除了看家之外，也能導盲也能從直升機跳入大海救人。最明顯的，家畜的如廁訓練能養成牠良好的習慣。人類的行為倘若自幼年沒有父母師長的教養，可能也會做出許多不近人情的行為。有人調查人們如廁後的洗手行為，發現人前人後有很大的差別。當許多人排隊如廁之後，大家也會依次排隊洗手；但若單獨如廁，許多人就不去洗手。清晨駕車上路，發現四周無人便闖紅燈。中國古人有「慎獨」的教訓，意思是人在單獨的時候所有的行為，在人前可能便不敢去做。政府的官員為什麼容易貪污失節？因為在他們的高位上竊取的是公家的財富，平民百姓少有人會發現他們的行徑。

　　動物行為的訓練是強制性的，人類的獸性行為也可以接受強制性的訓練。現代青年普遍地缺乏生活的紀律，深夜不睡，早晨不醒。在教室聽課，邊吃邊喝，有的因體力不支便呼呼大睡。人性行為的表現應該是合乎理性的。合乎理性的行為應該是向善的、為自己為他人該是有利的、且合乎道德標準的。可惜，環視現代世界各國的社會現象，人們似乎都很容易失控，作出不正當的甚至罪惡的行為。有

時，明知自己的行為並不正當，但仍然一錯再錯繼續再犯。懷有虔誠宗教信仰的人深信上帝無所不在、無所不知，因而容易收斂自己的行為。中國人有「舉頭三尺有神明」或「天知、地知、爾知、我知」的說法來提醒自己免犯錯誤，雖是用理智來約束行為，但仍需要意志的配合。有關人類貪財、貪色、貪吃、貪喝的行為，人類的意志尤其薄弱。因此，心理學家不僅應該根據人類生活的具體現象，明確肯定自由意志的存在；更該依據教育心理的原則加強自由意志的實力。

人禽之間的差別只在於理智與意志。消極方面，人若犯了錯誤該記住古人的教訓：一之為甚，豈可再乎。俗語說：前事不忘，後事之師。也是教訓人記取失敗的教訓，不再重蹈覆轍。積極方面，愚公移山的故事便是叫人要用堅強的意志來實現自己的理想。少壯不努力，老大徒傷悲。這是鼓勵青年學生埋頭苦幹力求上進。《易經》有：君子終日乾乾，夕惕若厲。這話更是叫讀書人奮發圖強以求立德、立功、立言。人有理想，但也有惰性。人類的意志力並非生來就很堅強，因此家庭的教養、學校教育的培訓、社會賢達的表率、宗教人士的教化都該發揮一份力量，期許社會大眾都能有堅強的意志成己達人，完成每一個人神聖的使命。

附註

註一：張春興著，現代心理學，臺北，東華書局，1999，頁174。

註二：同上，頁460。

註三：楊幹雄口述，催眠知多少，臺北，杏林文化，1997，頁35。

註四：葉重新著，心理學，臺北，心理出版社，2004，頁192。

註五：趙可式、沈錦惠譯，活出意義來，臺北，光啟出版社，頁125。

本 章 摘 要

1. 意識是指個體對自己以及外界人地事物的理會或覺察。

2. 意識本身並非物質，它理會的對象能是物質。

3. 意識有不同的內涵與不同的層次。

4. 意識的主體是真實的自我，它超越思想與行動。

5. 個體喪失意識時，主體自我依然存在。

6. 意識自我是真我的活動狀態。

7. 意識有前意識、有意識、潛意識之分。

8. 潛意識又可分為上層、中層、下層以及集體潛意識。

9. 佛洛伊德所指的潛意識是指隱藏在意識層面之下的內涵。

10. 榮格所指的集體潛意識是指人類在進化過程中所留下的原始心像與觀念。

11. 人在睡眠時，並非完全沒有意識。

12. 佛洛伊德認為夢是通往潛意識的管道。

13. 催眠是人經催眠師的誘導所產生的意識恍惚狀態。

14. 人在催眠狀態下，知覺被扭曲、注意面窄、主動性低、意志力弱。

15. 良心的指責壓抑到了潛在的意識，便是罪過的潛意識。

16. 精神病患的成因很可能便是潛意識的作祟。

17. 現代社會令人向善的高層潛意識非常薄弱，下層潛意識卻很強烈。

18. 心理學家要人注意「此時此地」的意識，免得不知廉恥無所不為。

19. 超覺默想是一種靜止的意識狀態。

20. 心理學教材很少探討人類的自由意志，因為人無法實證它的存

在。

21. 但按社會現象與每人的親身體驗，沒有人能否認它的實有。

22. 人若沒有自由意志，便談不到道德行為。

討 論 問 題

1. 意識怎樣影響我們的人生？

2. 關於潛意識你有怎樣的體驗？

3. 人們究竟是否真的享有自由意志？

4. 自由意志會受哪些力量的牽制？

5. 哪些人最常妄用自己的自由意志？

第十一章
探討人類的理智與良知

人類與其他高等動物的差異就在於人類有理智。理智的實有讓人被尊稱為萬物之靈。哲學家自古以來肯定人是有理性的動物。心理學研究人類的身、心、靈，但心理學家很多討論人類的感覺、知覺、語言、文字、概念、思考、推理、判斷，而很少討論理智的存在問題。19世紀的心理學家有官能心理學（Faculty Psychology）的名稱。按人類的感覺就有感官。眼睛是為看，耳朵是為聽，鼻子是為聞。眼睛的視力有強弱，耳朵的聽力也有高下。所以感官能力的高下是可以測量的。有的人有眼睛但是看不見，也有人有耳朵但是聽不到。所以五官的存在與五官的能力是兩個不同的觀念。談到知覺，人類的經驗告訴我們凡是人都有理智、良知、意志、記憶以及想像力。人類有思考的能力按理應該也有思考的主體。也許因為這思考的主體不是物質而是精神體，主張心理學是科學的專家們便只好避而不談。的確，以自然科學的研究方法來尋找理智，我們只能肯定它在大腦。但它在大腦的哪一部分，我們便無法找到。

壹、理智的實有與特性

理智（Intellect）使人類異於動物。單憑常識憑經驗，沒有人敢說人沒有理智。有理智才有智力（Intelligence）。英語的Intelligence來自拉丁文的Intelligere，它本身是由拉丁文的Intus與Legere兩個字所合成，意思是深入的理解。現代心理學家使用的智力測驗便稱為Intelligence test。關於理智能否被稱為官能，我們不必堅持，但至少它是一個人們賴以理解事物的主體。一般人喜歡含糊地用大腦來答覆一切。但很多動物都有大腦，為什麼牠們不會思考。凡事有其果必有其因，有其子必有其父，有蘋果就有生產蘋果的樹；所以由因果律來推論，我們不得不肯定人是有理智的。換句語說，理智是實有的。

　　肯定了理智的存在，我們便希望瞭解它有什麼特性。理智能認識有形的物質世界，凡大自然中所有出現的無生物、有生物、植物、動物，它都可逐漸地瞭解。理智不但可以瞭解它自身以外的東西，它更可以瞭解它自身：瞭解自己的肉體也探討本身的心靈。它不但可以瞭解過去或現在已經存在的東西，它也可以推測尚未存在但有可能出現的東西。例如尚未開花結果的水果，尚未來到世界的下一代人口。它能瞭解有形可見的東西，也能瞭解無形無像、看不見摸不到的東西。它能瞭解今世也能瞭解來生。它能瞭解抽象的事理，它更能理解無限的意義及永恆的觀念。它瞭解什麼是思想、什麼是願望、什麼是價值、什麼是美德、什麼是善、什麼是惡、什麼是全能全知全善的上帝、什麼是狡猾可憎的鬼神。總而言之，理智認識的對象是一切存有，不論是物質的或非物質的、現實的或可能有的。理智尚有開放的能力、超越的能力，它不僅能超越時空的限制，且能超越任何本質的限定，衝向無限存有。這種能力應該是非物質的。人類的理智具有反省的能力，它能完全返回到自己、認識到自己。它的認知遠超過任何其他高等動物。所以理智的特性應該是精神體，是非物質的。

　　人類用語言、用文字或訊號來表達自己的思想。思想是看不見摸不到的東西。心理學家可以測量人類的思想的多寡與表達思想的速度，但無法衡量它的輕重、描述它的形狀。人類有思想，沒有人願意否定。我們也肯定思想是精神體。自然科學研究的對象是物質世界。心理學研究的對象既然是人。有關人的理性部分不能因為它不能實驗、不能量化而避諱不談。否定了人類特有的理智，我們便無法理解人類生命中的許多現象。

 貳、理智的功能與限度

任何動物靠著本能牠會求生、求愛，這樣牠們才能傳種接代。人類除了求生、求愛以外更要求知、求善。他什麼都想知道。按聖經創世紀的記載，人類的始祖亞當、厄娃（Eva）一開始便願意知道更多，而違背了上帝的禁令而偷吃了「知善惡」樹上的果子。結果他倆真的眼睛明亮了，更發現自己赤身裸體而感到羞愧，趕快摘無花果樹的葉子把身體遮蔽起來（註一）。這段記載說明了人類強烈的求知欲望。

嬰兒發育到一定程度，他便開始摸索。凡他能接觸到的東西，他要看要摸，甚至要品嚐。藉著五官，人開始接觸物質世界。等腦神經系統發展到一定程度，幼兒便能經由理智，將所有物質的東西變成了他的知覺、知識或思想。當幼兒開始發問，表示他不但有了認知而且有了思考、推理的能力。當生理的機能發展成熟，理智能探究宇宙萬物的存有與特性。所以理智的第一種功能便是認知。它把外界有形世界的人地事物都變成它無形的概念。它的第二種功能便是把不同的概念連結起來。這便是思考。接著，它的第三種功能便是推理。推理便是追究事物的來源、它們之間的前因後果。理智的第四種功能該是判斷。經由認知、思考、推理、判斷，理智便可解決人類的生存問題。生命得到了保障，人類隨著本能性的需要追求異性對象，負起創造新生命的任務。完成了傳種接代的神聖使命之後，理智繼續探索宇宙萬物的奧密。首先它要知道宇宙什麼時候開始，它在什麼狀況下開始？這個問題太大，它也知道它不是萬能。放棄宇宙的大問題，它開始研究地球、月球。地球上最尊貴的是人，理智便探討人從哪裡來？當它發現人也是由進化而來，它便追問它自己：人的理智是什麼時候開始。這裡它又碰到難題。由於人類演化的歷史太久，它無法找到可

靠可信的答案。抱著謙虛的態度，理智承認自己是有限的，它不是萬能；但它並不就此罷休。它繼續追問人來到這個世界有什麼目的？人活著有沒有意義？人是否負有什麼神聖的使命？關於這些問題，有些人根本想都沒有想到或想到而不去追究，因為他忙著追求的只是吃喝玩樂等物質方面的享受。但是受過教育知識程度較高的人卻會繼續追問：除了有形的物質世界以外，是否還有精神體與精神世界的存在，於是藉著理智人們發現理智本身是精神體，理智追求的真理是精神體。這樣，人們開始理解原來物質生活是為了更高的精神生活。物質世界是短暫的，精神生活才是永久的。

談到精神生活，理智不斷追求知識；知識豐富之後它又追求美善，探討生命的價值、人生的意義。憑它精神體的特性，它探索其他精神體的存在。當它肯定了其他精神體的存在，它一面研究其他精神體的特性，一面追問它本身與其他精神體的關係。結果，它發現自己的限度，原來它是極有限的精神體。它的來源不是由他自己，而是由更高、更偉大的精神體，而他自己完全隸屬於祂而歸祂所有。因此，它心甘情願伏地叩拜尊為至高無上的的主宰，有人稱祂為上帝，有人給祂題一個名字叫天主，因為祂是唯一的大主宰。

人類自原祖父母開始，就有一種驕傲的傾向。古老的聖經記載，猶太民族發現自己的理智能不斷地增進知識創新革新，便異想天開決定造一座通天高塔。當時的人還以為地球是平的，有了高塔，人可以直達天庭。上帝並不贊同他們的狂妄計畫，便讓建築工人之間語言混亂，結果一事無成（註二）。中華民族同樣有自誇自大的傾向，老早就有人喊出「人定勝天」。青藏鐵路的完工便可證明人的野心。但就在舉國上下的慶功後不久，上蒼漂下粉末狀的雪片。所有鐵軌上的火車就動彈不得。20世紀以來，人類在資訊工程方面的發展的確驚人，

但理智不得不承認它是有限的，它不可能全知，它的思考、推理、判斷、抉擇也不可能完全準確。因為全人類的經驗告訴我們，人本身是有限的。

參、良知的實有與形成

人類有沒有良知？蘇格拉底（Socrates）曾說：我寧死不從事違背良知而讓真理屈服。西塞羅（Cicero）也說：良知是人內在的心聲，內心對道德原則的領悟。良知褒貶善與惡，它讓人自我監督（註三）。看來幾千年以前的哲人老早肯定良知是實有的。幼稚園的小孩說了謊話或拿了別人的玩具，他會知道不對而且感到不安。小孩子不懂什麼是良知，但他經驗到良知在告訴他，什麼是好什麼是壞。中國哲學家王陽明曾說：無善無惡，心之體；有善有惡，心之動；知善知惡，是良知；為善去惡是格物。實證心理學沒有辦法找到看不見的良知，但不能因此而否定它的存在。憑社會大眾的親身經驗，人們肯定良知是天賦的，是與生俱來的。它的功能是幫助人判斷什麼是善什麼是惡。行善避惡是屬於人類內在的法律，不是由父母師長所傳授的倫理規範。良知源自人的深處，超越本我、自我、超我。佛洛伊德所指的超我是人在兒童時期，理智尚未成熟的階段，內化了長者的訓教。佛洛姆（Eric Fromm, 1933）曾說：良知Con-scientia是我們自己內在的理解，理解我們在生活藝術上的各種成敗。良知叫人遠離邪惡竭力行善，人若做過卑鄙的事，他不易忘記，良知使他感到羞恥而且後悔，但也可能因外來的引誘而重蹈覆轍。（註四）

我憑良知做事是人們冠冕堂皇的宣言。良知叫人維護正義、仁愛、真理，但是良知的判斷也會因理智受了外在的壓力而作出不正確的判斷。希特勒領導德國人民仇恨猶太民族，屠殺無辜。許多青年軍

人或因年輕無知，或因怕懼失寵而盲目順從，這時他們的良知已被扭曲。主張無神唯物的國際共產主義，幾乎長達一個世紀不斷煽惑勞工階級反對資本主義，屠殺富翁鬥爭大地主；當時的農夫漁民大多以為這是打倒剝削階級的正當行動而竭力支持。目前許多地區的不同民族彼此排斥互相攻擊，純樸的民眾盲目地誤以為這是義舉而不知少數政客在抹黑對方而爭權奪利。所以良知的判斷能因知識的不足、真理的扭曲而發生錯誤。很明顯的事實是，兒童的道德判斷往往不如成人那樣準確。所以良知雖說是與生俱來，但良知的形成卻受許多其他因素的影響。

佛洛姆雖說，良知是人的自我呼聲；但由上面的事例可知，良知不是一成不變。因此，他把良知分為人本的良知與極權的良知。極權良知，他以希特勒的信徒為實例。當他們做著違反人性的暴力行動時，卻自認為是本著良心做事。等權威的代表人物消失，信徒們的極權良知便因此衰退。懷有虔誠宗教信仰的人，上帝就是他的最高權威。上帝是愛，祂的權威不可能有誤。所以一切尊重上帝的旨意而行事的人，他的良知能享受最大的平安。不過，人的知能有限，對無形無像至尊無對的上帝，人的認知非常有限，所以人類良知的形成也需要培育的過程。陳奇尼（Amedeo Cencini, 1986）認為我們的良知以及它分辨善惡的能力，都有它先天以及後天的背景，它是在我們內經年累月雕琢而成的奧妙成品。我們對它分辨是非善惡的體驗遠比它的形成過程清楚得多。

從事心理諮商或靈修輔導的服務人員不難發現，人與人之間良知的判斷存在著很大的差別。因此良知也被分為不同的等級，最嚴重的被稱為敗壞的良知。懷有敗壞良知的人什麼也不怕，既不怕天也不怕人，他無惡不作，不知廉恥也無悔意。這種人更好說是，他悖逆

良知埋沒了良知。第二等是曖昧的良知，有些人粗心大意，或由於知識的不足或意志的薄弱，分不清是非善惡；不正當的行為一再出現，他既不糾正也不悔改。用比喻來說，這人的良知好似一面鏡子蒙上了一片灰塵。第三等是自欺的良知，現代的社會大眾受娛樂文化、飲食文化、休閒文化、商業文化、政治文化等的影響，在許多不正當的行為上再也看不出自己的不是。理由是：人家都這樣做，我為什麼不可以。國家的錢是公家的錢，既然某些大官可以把公款轉為私產，我為什麼不可以。我有權勢又有金錢，吃喝嫖賭享受人生，有什麼不對。強烈的嗜好、情慾蒙蔽了良知，再也沒有一點罪的意識。

　　第四等良知是理想的細膩的良知。它堅持躲避罪惡，連輕微的過失它也竭力排除。它所設法追求的就是正義、真理、仁愛，它判斷善與惡的標準就是內在的心聲上帝的旨意（註五）。良知的實有，大家都不難肯定；良知如何形成，心理學家似乎更該深入研究。良知的敗壞該是人類的悲哀。

 肆、良知的扭曲

　　良知是人類賴以判斷善惡的標準，它怎麼會出現偏差？就如人類的理智，理智是人類判斷事物是非真偽的主體，但它也有它的限度。有關物質世界的認知，理智需要健全的感官。當它推究抽象的事理，它也需要健全的神經系統。精神分裂症與老人失智症明顯指出人類的理性有時失去正常思考及推理的能力。關於良知的病態，除了老人失智症及精神分裂症以外，只有宗教界的心理輔導師及靈修指導才容易發覺。

　　病態心理學的名稱中，有一種病名為疑慮症。患者常堅信自己得

了什麼嚴重的病症，如心臟病、梅毒、愛滋病、癌症等。經醫師一再檢查證明他並沒有病，但他無法信任醫師而一再更換醫院、醫師，甚至出國就醫希望證明他自己的認知無誤。這是理智方面的問題。良知方面出現的相對問題便是疑心病或稱心窄病（Scrupulosity）。患者在輕微的過失之後他看作嚴重的罪，爲了往日曾有過的犯罪行爲，他一再告解請求神父爲他赦罪。在多次爲他赦罪之後，神父勸導他罪過已蒙赦免，不必再爲此擔心；他會轉往其他神父重複同樣的訴求。有人指出心窄與良知的誤斷不同，良知的誤斷是在行爲之前，心窄卻是指在患者自己不當的行爲之後。這所謂的良知誤斷也許更該說是理智的誤斷，因爲理智判斷是非，良知分辨善惡。

心窄與病態心理學上的固定觀念不同，前者常與道德的行爲有關，後者則不一定與倫理道德有關。心窄又與良知的細膩不同，細膩的良知令人小心謹愼躲避違反極小的過失，對曾經犯過的缺失，它會深感悔意，但心靈非常平靜；心窄病者往往坐立不安深感恐懼。在日常生活中，並不眞正注意戒惡行善，努力修德立功。

良知扭曲的另一種狀況，可能是現代社會最普遍的現象。按中華民族古老的道德觀念，孝是人們最重視的美德。人們把不孝不忠不仁不義的行爲都看作嚴重的罪惡。儒家的道德觀念強調敬天、恕人、約己、儉物。在人倫之外，加上了人與神、人與物的關係。

猶太民族直接領受上帝的啓示。上帝要求祂特選的民族是聖的，因爲祂自己是聖的。成聖的條件，除了敬拜上帝之外，便是孝敬父母、照顧窮人與外方人、善待工人，其餘都是禁令：不可崇拜偶像、不可違背正義、不可欺詐、不可哄騙、不可欺壓外方人、不可毀謗本族人、不可懷恨弟兄、不可危害他人生命、不可心懷怨恨、不可報仇、不可咒罵聾子、不可在瞎子面前放置障礙物、不可占卜、不可探

詢亡魂（註六）。總之，上帝要人彼此相愛。

　　現代社會許多宗教的事業非常發達。信徒的人數多達百萬千萬，甚至數億數十億，但敬天恕人與孝忠的道德觀念怎樣左右了兒童、青少年以及社會大眾的良知？家暴、外遇、離婚、遺棄的事件層出不窮的社會怎樣孕育出又孝、又忠的良知？從事工商業的人們貪財謀利偷工減料，施詐施騙知法犯法；天真無邪、剛出校門的青年怎能潔身自好不受感染？政府高官有權有勢，假公濟私為所欲為；平民百姓飢寒交迫無人搭救，社會正義消失。達官貴人、士豪劣紳暴飲暴食嫖妓作樂，在罪大惡極的行為上，再也感覺不到罪的意識。每天的電視電影以及平面的媒體廣告到處散播著色情的訊息，污染了廣大群眾的心靈。這就是現代社會道德淪喪的主因。前面說過，良知的形成有它先天與後天的背景，它是經年累月雕塑出來的奧妙成品。近年來，不同地區的教育家們呼籲各級學校重整道德教育，可見良知的形成，研究人類身、心、靈的心理學家也有他不可逃避的責任。一顆正確的良知勝過一百個警察。良知不被社會環境所扭曲，該是全人類之福。

附註

註一：創世紀三，1-12。

註二：同上，十一，1-8。

註三：孫石譯，自我的追尋，臺北，志文出版社，1988，頁131。

註四：同上，頁146。

註五：陳義著，神修論壇，河北，信德社，1999，頁343。

註六：出谷紀，二十，2-17。申命紀，五，6-21。

本 章 摘 要

1. 理智使人類高於其他動物，成為萬物之靈

2. 人類的耳目為聽為看，人類賴以思考的便是理智。

3. 有理智才有智力，觀察現象，人肯定理智的存在。

4. 理智能認識有形的物質世界。理智也可以瞭解自己，包括肉體與心靈。

5. 理智可以推測尚未存在的事物。它也可以瞭解看不見摸不到的東西。

6. 理智認識的對象是一切存有，不僅是物質。

7. 理智能超越時空的限制，衝向無限的存有。

8. 理智有反省的能力。它的特性應該屬於精神體。

9. 人類用語言文字表達思想，但思想並無重量。

10. 理智把有形世界的事物變為無形的概念。

11. 理智的功能是認知、思考、推理、判斷。

12. 理智傾向於探討宇宙的開始與人類的來源。

13. 理智也研究人生的目的與人生的意義。

14. 理智追求的真理是精神體，它也探索其他精神體的存在。

15. 理智瞭解它的來源不是他自己，而是更偉大的精神體。

16. 理智不可能是全知，也不可能是萬能。

17. 良知是人內在的心聲。實證心理學找不到良知。

18. 社會大眾傾向於肯定良知是與生俱來的。

19. 良知叫人遠離邪惡、努力行善。

20. 良知的判斷能因知識不足、或真理扭曲而發生錯誤。

21. 良知的形成能受許多因素的影響。

22. 良知可分人本的良知與極權的良知。

23. 人與人之間良知的判斷存在著很大的差異。

24. 良知的扭曲與敗壞是人類的悲哀。

25. 精神官能症中的疑慮症是理智方面的問題。

26. 心窄病是良知方面的誤斷。

27. 心窄病與固定觀念不同，前者常與道德行為有關。

28. 良知的形成有它先天與後天的背景。一個正確的良知勝過一百個警察。

問 題 討 論

1. 你怎樣能肯定人人都有理智？

2. 為什麼大家說理智是精神體？

3. 人類的理知能不能全知？

4. 良知的存在是否與生俱來？

5. 什麼叫做人本良知與極權良知？

第十二章

探討人格的發展與偏差

　　有關人類心理學的研究，智力與人格該是兩個比較重要的主題。智力的意義與測量均比人格的意義與測量更加簡單明瞭。人與人之間，智力的不同按智商的分類來表達，只有上下或高低之別，而人格的差異卻是非常複雜，因為人格的變素千變萬化。智力與人格是兩個影響人生極重要的因素。一個人智力高人格發展又很正常，大概說來他的生活正常。一個人在人格發展的過程中發生了嚴重的偏差，即使他有很高的智力，也不可能享有美好的人生。

　　人格（Personality）一詞與品格（Character）、個性（Individuality）有很多相似的地方。人格一詞又含有多種不同的意義。當我們說某人人格高尚或卑鄙，那是倫理學上的用詞與道德有關。當我們說：這孩子正在發展一個完美的人格，這是心理學上的用詞，指的是personality，但若說：一個兩星期大的嬰兒沒有多少Personality，我們不能說他沒有多少人格，而只能說他沒有多少個性。一個人可能有不好的品格（Character），但人格（Personality）卻很健全而且他很有個性（Individuality）。大多心理學的教材，使用「人格」一詞只是指某人在不同場合所表現出的一致性的行為特徵，但不包括含有道德性的行為。因此，中文的心理學作者也有人主張將Personality人格改譯為性格。本文仍沿用人格，因為人類道德性的行為不應該拋棄於人格特質的內涵之外。去掉了道德性的行為，人類將與動物無異。

壹、瞭解人格的意義

　　人格是什麼？比較完整的說法，人格（Personality）一詞界定為：人格是個體在對人對己及一切環境中事物適應時所顯示的異於別

人的性格（註一）。比較簡單的說法，人格便是指個體在不同場合表現出的一致性的行爲特質。既然，人格是個體在行爲上表現出來的特質，那麼一個人特有的個性（Individuality）與他的品性（Character）也應包括在人格之內。某人慷慨大方扶弱濟貧，這是他的人格特質。某人溫文儒雅和藹可親也是他的人格特質。英文的Personality（人格）來自拉丁文的Persona，也就是英文的Person，指的是人。人有自然人（Natural Person）與法人（Moral Person）之分。人格是指每個自然人的行爲特質。所以人格的主體就是每一個自然人。佛洛伊德把這自然人稱之爲本我、自我、超我。由本我的基本需求所產生的行爲依循快樂原則。所以嬰兒的哭鬧可稱有個性，但不含有道德成分。自我所表現的行爲假定他在現實環境中已有相當的知識，所以是依循現實原則。這時個體的行爲多少遵循社會習俗或禮儀規範。超我所表現的行爲一部分遵照良知的指示，一部分是內化了父母師長的教誨以及社會道德的規範，其中也包括宗教信仰的影響。由超我所發出的行爲遵循完美原則。當個體的行爲違反了自己的良知或內化的道德規範，他會感到良知不安；倘若事態嚴重他會體驗到很深的愧疚。由此可見，心理學將人格一詞剝掉道德因素，那是不客觀的。既然人格的定義主要的是指個體行爲的特質，那麼個體的行爲理應包括所有的人性行爲與獸性行爲、道德行爲與不道德的行爲。

榮格（C. Jung, 1875-1961）的分析心理學主張人格包含自我、個人潛意識、集體潛意識（註二）。其實這三者代表的是行爲的主體而不是行爲的特質。不同的人有不同的自我、不同的個人潛意識，但也可能有同樣的或類似的集體潛意識。阿德勒（A. Adler, 1870-1937）倡導的個人心理學主張個人的行爲是由家庭與社會所塑造，這更是指影響人格形成的兩大因素。至於他所指出的自卑感、生活方式、社會關懷、追求卓越等那只是舉例指出人們在這些行爲上能表現出不同的人

格特質。主張人本論的羅傑斯（C. Rogers, 1902-1987）同樣舉例指出
人們能在自我觀念、對人關注與自我的一致性等方面顯示出人格的不
同特質。主張行為主義的心理學家斯金納（B. F. Skinner）認為人格祇
是行為的組型。因各人的行為組型彼此並不相同，這也肯定了人格是
指各人在不同情況下有他一致性的特質。米契爾（W. Michel）指出人
格並非一成不變，那是非常正確的。正因為人格特質可以轉變，心理
輔導、心理諮商、心理治療才有意義。艾森克（Eysenck, 1973）的人
格特質論顯示出人類的行為非常複雜，他以兩相對立的方式列出樂觀
的、悲觀的與主動的、被動的等人格特質，但在他所列的數十種人格
特質，卻沒有看到驕傲的與謙虛的、吝嗇的與慷慨的、懶惰的與勤奮
的，好似在他的人格特質論裡又排斥了所有與道德行為相關的特質。

　　佛洛姆（Erich Fromm, 1933）認為人格是指一個人的先天和後天
的全部精神特質，這些特質是個人的特徵，也是使個人與眾不同的地
方。人格的特質不可能與倫理脫離關係（註三）。中國的成語有：人
生無格難成局，意思是沒有格的人成不了局面。這句話同樣肯定人格
是含有道德意義的。

貳、影響人格發展的因素

　　任何一個個體來到人間首先脫不了承受父母的遺傳。遺傳對個
體人格特質的發展具有相當大的影響。除此之外，個體生長的社會環
境對行為特質的形成一定有它的作用，也許有更大的作用。所謂社
會環境，包括父母家人、家庭環境、親戚朋友、學校教育、同學師
長、社會體制、文化氣氛、經濟發展、政治理念、國際戰爭、空氣
污染、天災地禍等等。我們若把人類的行為再分為獸性行為（Animal
Behavior）與人性行為（Human Behavior），大概便不難發現人性行

為的多樣性。獸性行為出自本能，其表現於外的行為人與人之間大致相同。人性行為發自內心，它能受情緒、動機、與不同認知的影響。同一種表現於外的行為特質可能來自不同的意向或動機。人類生理性的動機如：口渴、饑餓、性欲等，人與人之間大概只有強與弱之別；而心理性的動機單就成就動機、權力動機、享樂動機就有很大的差別。

　　人格的發展到底受哪些因素的影響？遺傳之外，我們更該從個體的生活環境尋找答案。孩童時期，父母與家人的影響最大。一個在破碎家庭中成長的孩子，在學校裡他的行為表現，可能與來自美滿家庭的同學有相當大的出入。為人父母的慷慨大方樂善好施，兒女人格的發展一定也受到影響。自幼稚園至大學，學校裡的師長同學很自然地也在塑造同學們的性格。自小從宗教團體主辦的學校長大的學生與在公立學校接受教育的同學，在氣質上就有相當明顯的差異。踏入社會開始就業，從政者的人格表現與從商的也有明顯的差異。所以社會環境與社會教育對青年男女的人格發展也有決定性的影響。

　　拋開道德因素，單就中性的行為而言，一個人的行為特色能夠是內向的、外向的，被動的、主動的，悲觀的、樂觀的，封閉的、開放的，沉默的、健談的，嚴肅的、隨和的，膽小的、勇敢的，愚笨的、聰明的，文靜的、活潑的等等。其中除了愚笨或聰明可能受遺傳的影響較大外，其餘的人格特質大多是受生活環境中人地事物的影響。心理學家談人格大多避談道德行為而更傾向於偏差行為，所謂偏差行為也就是病態行為。人類的病態行為名目繁多。心理學家同樣肯定病態行為的產生，一部分是受遺傳因素的影響，一部分是由生活環境所促成。至於人類的自由行為、犯罪行為，我們不能輕易肯定這些行為特質也都是來自遺傳與社會環境。政客們利用各種不正當的手段來

奪取權勢，這是出自他們的自由意志、他們的貪心。我們不能輕易判斷這種行爲特質也來自遺傳。人們能叛變、能不忠不孝，能迷於聲色只貪圖吃喝玩樂。他們看不到生命的意義，更不懂得人生的使命。究竟什麼因素影響了我們的人格發展？除了個體的生活環境以外，我們更該注意的是心理因素。這裡，首先該提的是自由意志。人類的行爲不完全受環境的制約，相反的它能操縱環境、改變環境。意志之外，人的天賦、權勢慾、野心、幻想、貪慾、情慾都能影響人格的形成。另外，在精神方面，一個人的價值觀、人生哲學、宗教信仰、神明啓示、上帝恩寵甚至迷信、鬼魂附身都能左右人格的轉變。一般來說，人格有它的特性那便是獨特性、多樣性、持久性，意思是：一個人的人格（或稱性格、品格）是不容易改變的。但接受宗教信仰的人卻往往奇蹟似地使一個人的人格，變得前後似出兩人。臺灣曾有一位惡名昭彰的強姦犯陳進興，在他皈依之後卻心甘情願地將他的內臟全部捐出，爲挽救好幾位垂死病患的生命。聞名全球的印度德蕾莎修女，在她脫離原來的修會而另創專務救助垂死病患的修會之後，她的一生所表現的人格，同樣前後似出兩人。所以，一般來說，人格是有持久性的，但並不是說人格永遠不變。人格是指人的品格，人的品格應該也隱含著道德因素。

參、人格偏差的不同現象

　　心理學家談論人格偏差，大多是指某人在心理方面有了問題，意思是或多或少脫離了常態現象或患有精神官能症或精神病。一般知識份子描述一個人格成熟的人，大概會列出以下的特徵：這人該有自制的能力，他不輕易動怒失控，不對鏡自憐。他不走極端，能折衷讓步。他鎮靜地處理意外事件，不推卸責任。他不狂妄自大、不吹毛

求疵。他眞誠地歡迎他人的批判，以便自我改進。他對自己的行爲負責，絕不歸咎他人。在思言行爲上，他不再像小孩一樣。他深信自己是人類的一份子，對他所屬的團體也能貢獻一份心力。他深信自己不是最有權勢或最偉大的人物。他思想開放，能認眞聆聽他人的意見。他不自大自誇來炫耀自己。他能因旁人的成功與榮耀而感到喜樂。面對失敗挫折，他不責怪他人。他承認自己不是宇宙的操控者，他能適應環境、遷就他人。他認清自己的職責，對自己的行爲負責。他不期望他人對他有特殊的待遇，本著感恩的心情他接受旁人的批評，而且誠意地把它看作自我革新的機會。最後，他不輕易感到憂喪，凡事他抱著樂觀的心態作正面思考。綜合上列的多項人格特質，我們清楚看到人格有很多美好的特質。坊間「普通心理學」的教材往往讓「偏差的人格」占了很大的篇幅，而對人類美好的、具有道德性的人格卻沒有受到應有的重視。其實，心理學詳細分析具有道德性的人格特質，才有塑造優良人格的教育意義。

　　人格的偏差是現代人類相當嚴重的問題。人格偏差（Personality disorder）或稱人格異常指的是一個人心理方面的失常。按孔繁鐘編譯的診斷準則手冊，對心理失常所作的分類，本章就列舉它的主要類別如下：一，焦慮症，包括恐懼症、固定觀念、強迫行爲等。二，體化症，包括疑慮症、轉化型的歇斯底里症。三，解離症，包括健忘症、迷遊症及多重人格。四，精神分裂症，包括單純的精神分裂症、僵硬的精神分裂症、妄想精神分裂症。五，妄想狂症，包括誇大妄想、迫害妄想、色情妄想、嫉妒妄想、支配妄想。六，感情性異常，包括憂鬱症、躁鬱症。七，其他型的人格異常，包括反社會型人格、戲劇型人格、自戀型人格、邊緣型人格等。以上所列，明顯地指的是人類心理方面的問題。（註四）

另一種有關人格的偏差是專指與「性」有關的問題，所謂性心理異常（Psychosexual disorder）。其中最普遍的該是窺視狂，意思是男性偷看女性的玉體。此外有暴露狂、拜物狂、觸摸狂、施虐狂、受虐狂、強姦、童姦、屍姦、雞姦、獸淫、嫖妓、亂倫、性謀殺等。很明顯的，以上這些偏差行為不僅是心理上的偏差，更是倫理上的偏差。現代社會從性觀念的開放至性行為的泛濫。連青少年也不再因婚外的性行為而感到內疚，更不把男女之間的雜交看作羞恥。心理學家把人格的形成祇歸功於遺傳與後天的生活環境，而忽略了人類的自由意志及其貪吃、貪喝、貪財、貪色、貪名利、貪權勢的私慾，在衡量行為的性質又祇注意正常或異常而忽視了正當或是罪惡。現代社會經濟繁榮、科技發達，人類的罪惡也與日俱增。研究人類身、心、靈的心理學家是否也該負起他們的責任。

肆、測量人格的工具與方法

談到人格的測量，心理學家可以列出二、三十種人格測驗。本文祇介紹聞名全球的幾種。明尼蘇塔多相人格測驗（Minnesota Multiphasic Personality Inventory）是20世紀使用很廣的一種。1967年，臺灣有了中文譯本。這套測驗的內容包括五百六十六個問題，測驗的主要對象是心理方面有所偏差的病患，如憂鬱症、歇斯底里症、妄想狂症、精神分裂症、性心理偏差等。很明顯的，這測驗的主要目的是在診斷病患害有什麼心理疾病，而不在分析他的道德行為。不過，為考驗受測者在答覆是非題的時候是否誠實作答，它也有一個指標。

人格測驗有的是用文字的所謂自陳式的人格測驗，有的則用非文字的圖片。自陳式的人格測驗有卡氏十六種人格因素測驗，原文稱為

16- Personality factors.

這十六種人格因素包括和氣隨和、理解力強、情緒成熟、思想獨立、興奮愉快、個性剛強、善於交往、想像活躍、自我中心、熱情奔放、善於分析、變化莫測、愛好思考、善於決斷、自尊心強、缺乏耐心。不過每種人格特質的強弱，要看受測者各人得分的高低而定。很明顯的，這份人格測的目的不在分析受測者患有什麼心理疾病，而是幫助他更瞭解自己的性格。與此類似的有艾德華個人偏好量表。

原名：Edwards Personal Preference Schedule。它的內容包括成就欲望、隨和順從、重視秩序、喜歡表現、獨立自主、感情親切、反省分析、求助依賴、主導統治、謙讓自卑、勤於助人、喜新多變、恆心堅毅、異性傾向、攻擊性強、前後一致。

這份量表所列舉的人格特質雖然提到隨和順從、謙讓自卑、勤於助人等帶有道德性的人格因素，但大體來說，仍然是中性的並不突顯人格的好壞。

自陳式的人格測驗之外，另有所謂的投射測驗。同樣是世界聞名的有羅什克墨漬測驗（Rorschach Inkblot Test）與主題統覺測驗（Thematic Apperception Test）。前者只有十張看來什麼都不像的圖片，後者包括二十九張有頭有臉有人物的圖片，第三十張則是空白。測驗的方法非常簡單，墨漬測驗只要接受測驗的人在圖片上看到什麼就說什麼。主題統覺測驗則按受測者的性別、年齡，選取六張圖片，讓他看了每張圖片後答覆三個問題：一，這裡發生了什麼？二，這事件將會怎樣發展？三，最後會有什麼結局？就這三個問題的答案編寫三個故事。測驗本身看來並不複雜，但事後的計分、分析、詮釋卻相當繁複，而且主測者需要有很豐富的經驗。國內心理學界所自行編製的人格測驗大多有同樣的趨勢，就是在內容上列舉各種名稱的人格特

質，但很少涉及與道德行為有關的人格特質。

　　什麼是與道德行為有關的特質？試想，一個人忤逆不孝、口出狂言、自私自利、仗勢欺人是不是他的人格特質？另一個人和藹可親、樂善好施、扶弱濟貧、成己達人是不是他的人格特質？人格該是指一個人的性格、品格、規格。凡是貪官污吏、貪贓枉法、挑撥是非、假仁假義、暴飲暴食、貪財貪色，我們稱這種人人格卑鄙。中國人從古以來重視忠、孝、仁、愛、信、義、平。凡是不忠、不孝、不仁、不義的人，不會受人尊敬。心理學研究分析人類的身、心、靈，談到人的人格，應該特別重視人性行為的善與惡、美德與醜行。因為，這才真正表達出人的格。至於心理偏差的病患雖是值得我們特別關懷的族群，用心理測驗來診斷病情值得大家繼續努力，但若忽視了人類道德行為的診斷，罪惡的行為將更如野草一樣的滋長蔓延。人類將不再進化而更惡化。

註一：張春興著，現代心理學，臺北，東華書局，1996，頁449。

註二：同上，頁460。

註三：孫石譯，自我的追尋，臺北，志文出版社，1988，頁46。

註四：孔繁鐘編譯，DSM-IV-R診斷準則手冊，臺北，合記圖書，1992。

本 章 摘 要

1. 智力與人格是兩個影響人生的重要因素。

2. 人格發展出現了嚴重的偏差，難能享受美好的人生。

3. 人格是指個體在不同場合所表現出的一致性的行為特徵。

4. 人格的主體是每一個自然人。

5. 按佛洛伊德的理論，人格由本我、自我、超我所構成。

6. 由超我發出的行為遵循完美原則。

7. 個體行為理應包括人性行為與道德行為。

8. 因為人格可以改變，心理諮商、心理治療才有意義。

9. 人格並非一成不變，人格與倫理應有關聯。

10. 遺傳對人格特質應有影響。

11. 社會環境也會影響人格發展。

12. 獸性行為，人與人之間大致相同。

13. 人性行為如：忠孝仁愛、求善求聖，則有很大的差異。

14. 人類的行為並不完全受環境的制約，相反的，它也能改造環境。

15. 人格也指人的品格，所以包含著道德因素。

16. 心理學談人格偏差，大多指的是心理病態或心理異常。

17. 正常的人格、成熟的人格也應該包括道德性的人格。

18. 人類性心理的偏差明顯地涉及倫理的偏差。

19. 病態的人格可以心理測驗評斷其診狀及其嚴重性。

20. 自陳式的人格測驗，有的只是分析人的性格而非診斷人的心理病情。如：愛氏個人偏好量表、十六個人格因素的分析。

問 題 討 論

1. 你怎樣解釋人格的意義？

2. 人性行為與獸性行為有何差異？

3. 人格是否也牽涉到道德行為？

4. 人格偏差有什麼特殊意義？

5. 人格測驗可以測到的是什麼？

第十三章
認知與道德觀念的發展

凡有生命的東西都是由幼小、幼稚而經由成長而到達成熟。人類是有理性的動物，除了身體的成長成熟之外，更重要的是認知與道德觀念的發展與成熟。很可惜，人類在傳承生命的過程中，有不少微弱的小生命在發展的過程中，半途夭折，連最基本的軀體的發展也沒有成長的機會，更談不到成熟。雖然這是大自然中普遍發生的現象，但半途夭折的生命總是令人惋惜。

人類嬰兒的夭折已經讓許多為人父母的傷心欲絕。現代社會更令人不解，也更令人傷心的那便是在成長過程中的青少年或已成年的男女自尋短見、自我毀滅。觀察大自然的現象，凡有生命的東西，不論是動物、植物，最基本的衝勁便是求生。野生動物中，強吞弱肉的事實非常明顯，但各類的動物藉著本能性的衝勁繁殖迅速，而且大批繁殖以保持它的種類不致滅絕。

人類的體力與行動的速率根本比不上野生的獅子、老虎，但幸運地靠著理智能以工具自衛而得以生存繁殖，所以人類認知的發展是生存或滅絕的關鍵。

 壹、人類智能發展的奧妙

觀察與人類最接近的家畜，牠們脫離母體幾小時後，就會站立走動。小雞、小鴨從蛋殼裡掙扎出來，不久就會自己啄食。人類的幼小卻需三百天左右才能單獨站立，經過四百天左右才能獨立行走。這時，他還不會自己進食。其他動物不論飛禽走獸，脫離母體一年以後早已遠走高飛、自食其力。曾有心理學家將自己的女嬰與小猩猩一起飼養，小猩猩體力強壯行動自如，小女孩根本不是牠的對手。直到兩歲以後，小女孩能拿起棍棒與小猩猩抗爭，女孩便占了優勢。這裡，一個奇妙的現象便是：人類的幼兒在體能尚未發展成熟之前，出現

另一種超越禽獸的能力，那便是智力，知的能力。一般動物的體能發展，大約一年之後已經成熟，人類卻須等待十七、八年，才接近成熟。

本節探討的是求知的能力。感覺的發生，不論是人或動物都該屬本能性的。只要生理的官能沒有損傷，人與禽獸一樣自然地會看、會聽、會聞、會嗜、會觸摸，至於尋覓食物、逃避危險以及藉著呼叫傳遞訊息，甚至尋找配偶、生育繁殖都依一定的規律仿效母體，藉著本能性的記憶代代相傳，少有變化。唯有人在軀體逐漸成長的過程中出現了認知的能力。

認知能力與想像力、記憶力、意志力並不相同，雖然它們對於知識的累積都有幫助。認知能力是指人類的理智將身外的、有形可見的物質世界轉變爲無形無像的觀念，再由不同的觀念累積爲思想。人類的幼兒在學習語言、文字的過程中，雖有聲碼、形碼及意碼之分，但意碼成了思想，絕對不再需要聲碼或形碼。研究認知心理學的學者也可能主張人類有「有像思考」，不論這種理論是否正確，但可以肯定的是：認知能力發展到成熟的階段絕對只有無像思考，換句話說，思考不需要有形像。而且這種思考、推理、判斷的速度非常驚人。談到這裡，我們又會發現人與人之間，認知的能力有很大的差異。拋開智力遲鈍的人不談，單就智力正常發展的人而言，知能的發展到底到達什麼程度才算成熟？

中國古人說：吾生爲有涯，而知爲無涯。現代人又有知識爆炸的說法。可見知識是無限的。一生研究心理學的學者，他對人類的心理確實知道的不少；但他不知道的卻更多。偉大的思想家談到知物、知人、知天的「三知論」。由此，我們立刻發現許多人只知物，既不知人也不知天。另有些人雖知物也知人，但並不知天。那些不知天的

人是否他們的認知能力已到達了成熟的階段？這非常值得令人懷疑。中國古人另有一個說法，那就是：不知生，焉知死。臺灣每天每三小時就有一位輕生自盡的人，當然可以說，他們的認知能力沒有發展到成熟的地步，但對那些只知吃喝玩樂、偷生怕死的人，我們又該怎麼判斷？以上所提，也許更是指知識的多寡而不是認知能力成熟度的高下。不過，在日常生活中我們又發現，不少年齡已達三、四十歲的成年人，依理而論他們的認知能力應該已發展到了頂點，但他們的思想卻又顯得非常幼稚。不僅知識淺薄，連最簡單的推理思考也經常發生錯誤。因此，我們不禁要問，人類的知能到底發展到什麼程度才算成熟？另外，世界各國許多學者一生從事科學研究，也可能是聞名全球的諾貝爾獎得主，對物理或化學的領域作出了很大的貢獻，但到老年卻仍不知自己生自何來死往何去，一生中沒有探討過生命的意義，更不瞭解個人的使命。他們的常識不夠豐富，知識缺乏宏觀，既沒有膽識也沒有見識，更不能賞識自然科學以外的學識。請問，像這樣的著名學者，他們的認知能力是否已經發展到了成熟的頂點？

 貳、認知發展的階段論

　　人類軀體的成長發展是連續性的，雖然為了研究的方便，人們也把它分為嬰兒期、幼兒期、童年期、少年期、青年期、壯年期、成人期、老年期等等。關於認知能力的發展，19世紀的瑞士心理學家皮亞傑（Jean Piajet, 1896-1980）採用觀察法，實地觀察幼兒的動作、知覺、思考、使用工具、解決問題等活動來瞭解兒童認知能力發展的開始以及以後繼續發展的歷程。經過幾十年的研究，他所得的結論是：從出生到兩歲，嬰兒只能靠感覺與動作來接觸外在的世界。初生的嬰兒應該只有感覺而談不到知覺。這時，神經系統可能還沒有發展

到有知覺的可能。約到兩歲左右，嬰兒才能意識到他與母親不是一體而是分開的。皮亞傑稱這段時間爲嬰兒的感覺運動期（Sensorimotor stage）。在這段期間，凡看不見的人物，爲嬰兒是不存在的。（註一）

由兩歲至七歲，兒童已經開始能用語言符號來吸收知識。當然七歲與兩歲相差五年，其間認知的能力一定有很大的差距。兩歲的幼兒不可能自己購買糖果，七歲的兒童已經進入小學，幼稚園的幾年他已經學到了許多文字也學會一點算術。他自己會購買玩具或食品。皮亞傑混統地稱此階段爲運思前期（Preoperational stage）。近乎半個世紀以來，談到人類認知能力的發展，心理學界的作者幾乎都引用他的研究報告。不過，單就日常生活中各人自己的觀察，我們不得不懷疑皮亞傑是否低估了六、七歲兒童的認知能力。自七歲至十一歲的兒童，皮亞傑認爲他們已能夠從事推理思考。他稱這階段的爲具體運思期（Concrete operational stage）。在這年齡階段，是否所有的兒童不論是男的女的，城市的鄉村的都有同樣的推理思考、同樣的認知發展？皮氏沒有任何說明。至於十一歲以上的孩子，皮亞傑肯定他們已能運用抽象的、合乎邏輯的思考，包括演繹法、歸納法來解決問題。這一時期正好是兒童期即將結束，青春期即將開始，生理方面已接近成熟。所以皮氏認爲兒童認知能力的發展也該接近尾聲。這個最後發展的階段，皮氏稱之爲形式運思期（Formal operational stage）（註二）。這裡，很值得疑問的是：一，一個十二、三歲的孩子甚至十七、八歲的青少年，生理方面是否眞正已經成熟？二，人類認知能力的發展是否必定跟著生理的成熟而終止？

觀察日常生活中，我們每天接觸的人們，不論是中年人甚至老年人多少是知能發展很成熟的人。人類知能的發展與生理的成熟有關應該是不爭的事實，但並不與年齡的增長成正比。什麼因素或什麼內

在動力促進人類知能的發展？最簡單的答案該是隨著人性而來的求知欲。低等動物爲了求生，牠們會到處探索尋找食物。人類也是爲了求生才需求知。知能的發展該是隨著人性而來的自然傾向，並不如皮亞傑所謂的內在動力的失衡，或對外在因素的調適。人類有天賦的理性，除了求知、求眞以外，還有求善、求美、求聖的傾向。馬斯洛認爲人類最高的需要是希求達到超自然的存在。可見單依自然科學的頭腦來研究人類的心理，將無法瞭解人生的價值與意義。一個嬰兒在不知不覺中脫離母胎來到人間，他沒有自我意識，他分不清你、我、他；但到三歲他便會問：這個爲什麼，那個爲什麼？這時，他已有認知與思考的能力。人類知能的發展也許更是從兩歲左右開始。初生嬰兒既然只有感覺與動作，用手摸或用口嚐，那只是感覺而非認知。小貓捉到老鼠也玩牠、吃牠，人們不會說牠有認知能力。皮亞傑由觀察研究肯定嬰兒在六個月以前對看不見的東西爲他是不存在的。依一般人的常識，六個月以前的嬰兒根本無語言能力，皮氏憑什麼來斷定：凡看不到的東西爲嬰兒是不存在的。難道每次嬰兒看不到母親，母親爲他就不存在了？皮氏五、六十年以前的研究報告，幾乎所有普通心理學的教材一再介紹。不知這套認知發展的理論爲現代大學生能有多大貢獻。

參、 探討道德觀念的發展

關於道德觀念的發展，皮亞傑也在五十年前作過長時期的研究。他所採用的研究方法同樣是設計許多不同的情景，觀察受試兒童的反應，而非狹義的科學實驗法。關於認知發展，他分四個階段；在道德觀念的發展上，他只分兩個階段。第一個階段，他稱之爲他律期（Heteronomous stage）；年齡約在五歲至八歲之間。在這階段，兒

童們判斷人類行為的好壞，只看這行為是否遵守規則或服從父母的命令。第二個階段是指八歲以後的兒童。按他的觀察，皮氏肯定在這階段的兒童對於人們行為的好壞，不再只看它是否服從長上的命令或遵守規則，而同時也顧到行為當事人的動機。意思是，這人為什麼做了這事。皮亞傑將八歲或九歲以後的兒童、青少年與成人都歸納在這一階段，稱之為自律期（Autonomous stage）。

按皮氏觀察研究的結論，當個體道德觀念的發展達到了自律期，似乎已到達了發展的終點。皮氏傾向於把認知能力的發展與道德觀念的發展相提並論。凡十一歲以上的兒童，認知發展到達了形式運思期（Formal operational stage）；九歲以上的兒童也相對地到達了道德自律期（Autonomous morality）（註三）。觀察現代社會大眾，我們在日常生活中所接觸的人們，大家不難發現有些人即使年已三十、四十，甚至到了老年，不僅是認知發展未達成熟，尤其是道德觀念幾乎與五、六歲的兒童無異。皮亞傑的兩種階段理論，很明顯地需要21世紀的心理學家作更深入的研究。下面要介紹的是美國哈佛大學教授，柯柏格（Lawrence Kohlberg, 1927-1987）所發表的「道德觀念發展的六階段論」。

柯柏格在十年內，不斷測量七十二個十至十六歲的男孩，分析他們道德判斷的能力。接著，他又到世界各國不同語言、不同民族中作進一步的比較研究。直到1969年，他才公開發表了他的道德觀念發展的六階段論。他的第一階段為：避罰與服從趨向（Punishment & obedience orientation）。第二階段為：相對的功利趨向（Instrumental relativist orientation）。第三階段為希求認可趨向（Goodboy-nice girl orientation)。第四階段為：法律與命令趨向（Law and order orientation）。第五階段為：社會契約與規範趨向（Social contract legalistic orientation）。第六階段為：普遍倫理原則的趨向（Universal

ethical principle orientation）（註四）。柯柏格並不依兒童年齡的增長來劃分道德觀念發展的階段。因爲在研究過程中，他早已發現有些人雖已成年，但在道德觀念的發展上還停留在第二或第三階段。

爲讓青年學生易於瞭解並易於記憶，本文把柯氏六階段再劃分爲三時期的作法予以簡化。但對每一階段的意義略加闡釋。第一階段所謂的避罰服從趨向，意思是兒童不敢撒謊、不敢抗命、不敢偷東西等，祇是因爲害怕父母或師長的懲罰。很明顯的，這是最低的道德觀念，也就是一般兒童所有的表現。第二階段的所謂功利趨向，意思是我做好事是爲得到某些好處。例如小孩幫媽媽掃地或整理房間，爲的是母親會給他巧克力或允許他看電視。第三階段的認可趨向是孩童們做好事，例如用功讀書或幫助同學或照顧弟妹，不是希望得到什麼獎勵，但想做一個好孩子、好學生討爸爸媽媽或老師的喜歡。第四階段的法令趨向是指一個人做好事或不做壞事完全遵照法律規定。例如駕駛員看到紅燈立即停車。即使清早上路，馬路上空無一人，看到紅燈同樣守法停車。柯柏格認爲絕大多數的人都只到達了第三、第四階段。第五階段的社會契約與規範趨向已不再是指「法」的問題而更是指「理」的問題。法是指國法，理是指天理。法律是人爲的，天理是自然律，更正確地說是神律。法律隨時代社會的變遷而改變，天理或神律永久不變。所以更高的道德觀念是循天理而不是死守法律。柯柏格的第六階段是人類所能達到的道德觀念的最高點。所謂普遍倫理原則更好譯爲普世倫理原則。在這階段，一，人不再因怕懲罰而不犯錯誤。二，也不爲得到獎勵而行善事。三，他不在乎得到別人的喜愛或討好別人。四，他絕對遵守合理的國家的法律。五，他尊重天理重理性，在特殊的情況下他會變通絕不死守法規。六，他的所作所爲更是爲大衆謀求福利而忘卻了自己，達到了佛教法師所追求的忘我、無我的境界。

肆、柯柏格六階段理論的評述

人類道德觀念的發展，皮亞傑比照他認知發展的理論，以為隨年齡的增長而逐漸提升。柯柏格發現道德觀念的發展並不緊隨著年齡。他發現不少成年人的道德觀念與兒童無異。許多竊盜累犯年齡雖大，但他們所怕的只是懲罰。不少政府官員的道德觀念也常停留在第一、第二階段。柯氏發現道德觀念的發展必須逐步上進不能跳級，又絕大多數的成年人只發展到了第三、第四階段。他的論點完全與社會現象相符合。柯氏的研究又廣泛地接觸到不同語言、不同文化的其他民族，所得的結論是任何民族中，道德觀念發展到第五、第六階段總是屬於極少數。這又與民眾的普通常識相符。所以，柯柏格的研究結果對人類的道德修養有著極大的貢獻。他很瞭解，任何大城市中的職業性罪犯，可能從生到死他們的道德觀念沒有發展到第三、第四階段。國內心理學的教材大多介紹皮亞傑與柯柏格關於道德觀念發展的理論，但很少加以比較與評論。這樣對青年學生的道德教育很少有所貢獻。柯柏格肯定社會大眾大多發展到第三、第四階段，意思是很少人在奉公守法之外有更高的道德理念。請問第五階段的人有些什麼特徵？

中國文字中常有「情理法」、「法理情」、「理法情」三種不同的說法。有人主張法律至上，那是獨裁政權的思想。聖經上耶穌曾說：法律是為人訂的，人不是為法律而生的。政府訂定的法律大多是合理的，但也有不合理的。即使是合理的法律，有時人也可以不守。例如某位旅客在飛機場上失竊。他的手提箱被人偷了。現在他沒有機票、沒有護照也沒錢另買機票，依法他不能登機、不能回國。很明顯的，在這情況下人們是憑理來解決問題而不是死守法律。有人注意到女性重情，男性重理；但在重大的事件上，人們常該追求公理而不

是順從私情。所以「理法情」比「法理情」或「情理法」在解決問題時，更該遵循的原則。柯氏所指第五階段的道德觀念更是「理性階段」而不再屬於「法治階段」。

第六階段，柯氏稱之為普遍或普世倫理原則，那便是仁義道德。仁指的是仁愛博愛，義指的是正義公正。哪些人真正到達了這樣高超的境界？也許從古人的言行中，我們可以舉幾個例子，幫助我們更掌握柯氏所指的道德發展的最高境界。

「先天下之憂而憂，後天下之樂而樂」是范仲淹的名言。范文正公一生將他的俸祿購買義田為救濟貧民，自己卻過著貧苦的生活。「天下為公，四海之內皆兄弟也」是國父孫中山的主張。「置個人生死於度外，以國家興亡為己任」是先總統蔣公的思想。加爾各答德蕾莎修女終其一生為救助印度垂死的病人。臺灣的證嚴法師不斷勸人為善救助貧困。基督宗教的外籍教士遠涉重洋為中國痲瘋病人服務犧牲，這些人為了敬神愛人達到了忘我無我的境界。他們才是屬於第六階段的人。

附註

註一：張春興著，現代心理學，臺北，東華書局，1996，頁363。

註二：葉重新著，心理學，臺北，心理出版社，2004，頁349-352。

註三：張春興著，現代心理學，臺北，東華書局，1996，頁370。

註四：Duska, R. & Whelan, M, A Guide to Piaget and Kohlberg, New York, Missionary Society of St. Paul, 1994, pp. 45-47.

本 章 摘 要

1. 人類的認知發展是生存的必要條件。

2. 人類的智力發展約須到青春期才接近成熟。

3. 認知能力與記憶力、想像力、意志力、各不相同。

4. 認知能力是指人的理智將身外的事物變為無形的概念的特殊能力。

5. 感覺的發生，人與動物均屬本能性的。

6. 思考、推理、判斷、抉擇不需要有形象而且速度驚人。

7. 知識沒有界限。

8. 為知物、知人、知天，人與人之間有很大的差異。

9. 成年人的認知能力不一定完全達到成熟的程度。

10. 學者專家的認知能力也可能只限於某些方面。

11. 關於認知能力發展的分期，皮亞傑的理論可供參考但非定論。

12. 認知能力的發展是否因生理發展的成熟而終止，值得探討。

13. 認知能力的發展不一定與年齡的增長成正比。

14. 知能發展的原動力該是人類的求知欲。

15. 人類有天賦的理性，求知以外更有求善、求美、求聖的傾向。

16. 馬斯洛主張人類最高的需要是超自然的存在。

17. 這超自然存在的需要應該不是來自內在動力的失衡。

18. 皮亞傑將人類道德觀念的發展分為他律期與自律期。

19. 他律期是指五至八歲之間，自律期則指九歲以後。

20. 柯柏格將道德發展分為六個階段。

21. 六階段的簡稱如下：避罰期、功利期、討好期、法治期、理性期、忘我期。

22. 柯氏的研究發現，絕大多數的人只達到了第三、第四階段。

23. 不論那一個民族文化，達到第五、第六階段的人很少。

24. 職業性的罪犯一生到死，道德觀念沒有發展到第三、第四階段。

25. 法律至上的觀念並不準確。政府訂定的法律有時也不合理。

26. 道德觀念發展到第六階段的人，才真正重視仁義道德捨己為人。他們可尊稱為聖人。

問 題 討 論

1. 認知能力指的是什麼？

2. 關於皮亞傑認知發展的理論，你有什麼意見？

3. 有關柯柏格道德觀念發展的六階段，你覺得是否合理？

4. 你想，馬斯洛所謂超自然的存在應該是指什麼？

5. 職業性的罪犯，道德觀念大概發展到什麼階段？

第十四章
探討現代青年的心理

青年常是國家民族的希望。想起青年，老年人會感到興奮。青年人身體健壯、眉目清秀、思想靈敏、行動活潑。青年人有朝氣、有熱忱、心靈純潔、感情豐富。為人父母的看到自己的兒女逐漸長大成人，內心的喜樂難以言表。大學教授們踏進教室面對幾十位青年男女，不知不覺地好像自己也變得年輕。五十年前的教室氣氛大概比較嚴肅，同學們也比較安靜。遲到曠課的情況少見，在教室內又吃又喝的現象不可能發生。同學們對師長比較尊敬，師生的關係比較冷漠。時代變了，現在大部分老師的年齡與大學生相差無幾，師生關係便好似兄弟姊妹。大學校園似乎已成了大型的遊樂場所。現代社會經濟發達，科技的進步神速，各行各業的競爭激烈，教育家們培育現代青年面對未來的世界，對青年的心態是否需要有相當的瞭解。下面試將依日常生活中的觀察，作一番扼要的描述。

 壹、青年男女有哪些優點

先從外貌來說，青年男女頭髮黝黑、皮膚嬌嫩、眼珠明亮、耳朵靈敏、牙齒皎潔、嘴唇紅潤、手腳靈活。所以單從外表看來就令人喜愛。家教適當的青年普遍地行動自然、態度大方、舉止端莊、言談得體。在家孝敬父母友愛兄弟姊妹，飲食起居有定時、生活有規律；瞭解父母辛勞、勤於分擔家務、順從父母教誨，絕不抗命違背。來到學校，勤守校規；不曠課、不遲到。教室內，敬師長重禮貌；不瞌睡、不吃喝。聽課時全神灌注又勤作筆記，下課後靠近老師再提出問題。大體來說，青年人有學習興趣、也有求知動機。有關歌唱、音樂、舞蹈、藝術，他們的學習能力特強；對於電玩、電訊、電子計算、電腦文書，青年人都是高手。

　　農村社會的青年從事勞力耕種，城市的青年大多勞心學習吸收知識。只要政治清明、社會安定，青年人都將勤奮上進成為社會棟樑、國家的有用人才。

　　青年人除了身體健壯，工作學習能力高強以外，還有什麼其他優點？很值得注意的該是青年的品德修養。青年人心靈純潔、心地善良。在美滿的家庭中成長的青年，不僅認知能力隨著年齡的增長而發展，同時更重要的該是道德觀念的發展。根據前章柯柏格的理論，道德觀念的發展可分六個階段；青年男女生理發展已經相當成熟，但道德觀念的發展可能尚未到達成熟的階段。不過青年男女的服務精神卻表現得相當出色。不論是訪問孤兒院、老人院、少年監獄、麻瘋病院、山地服務等活動，青年學生都踴躍參與。這表示青年人已能跳出自我關懷他人。另外現代青年也懂得愛護動物、珍惜生命，飼養小魚、小鳥、小狗、小貓，都幫助他們培養犧牲精神。青年人不像政治家們，為了保障自己的權勢排斥異己。青年人很少懷有種族歧視製造分裂，這又表示他們具有博愛精神，有同理心。青年男女不論何處何時，愛好公平正義，這是很高超的道德標準。假如社會大眾都講求正義，現代世界各國將不會如此混亂。

　　一般而論，青年人比較少有偏見成見與刻板思想。他們容易接受新的觀念與新的作法。所以青年人是促進社會革新的動力。中國以農立國，往日農村社會的青年沒有經費、沒有機會接受學校教育，尤其高等教育；很自然地思想守舊、知識淺薄。臺灣近五十年來教育發達，科技進步神速；正好證明自古以來青年的寶庫曾被埋沒，青年的智力未能發揮應有的功能。

　　最後，值得注意的是：青年人思想開放、求知欲強。面對任何哲學理念、宗教信仰，青年人不是盲目地立即予以排拒，而更以好奇的

心態來加以研究或請教學者專家。近幾十年來佛教、基督宗教的迅速發展是一個明顯的事實。宗教信仰催促人反省思考：宇宙何時開始？如何產生？大自然一切的規律由誰制定？人類的始祖如何在地球上出現？人生自何來、死往何去？人生在世是否真如一片浮雲，輕輕地在空中漂過，在地上不留下一點痕跡，也不移動一粒塵沙。

 貳、現代青年能有哪些困擾

　　先從青年的本身來說，青年人生理的發育快速、心理的成熟緩慢，身心的劇烈變化使青年人又驚又喜，多少失去平衡。隨著生殖器官的成長成熟，自慰的習慣逐漸養成。性幻想、性衝動會使青年緊張。結交異性、親密過度又易產生內疚。在這年齡階段，青年人一方面爭取獨立，一方面又無法自立。愛情的需要依然存在，但愛的對象有所轉移。父母的所言所行已不再是他們模仿的唯一對象。這時期，青年的情緒容易激動、言行草率，理智尚未成熟、判斷不一定正確。對長者的要求、平輩的競爭，有時因為力不從心而感到自卑。在大眾場合，由於膽怯害羞，不敢自然反應，情緒常受壓抑。青年的正義感強，對貪官污吏奸商詐欺，容易氣憤又易怨恨。青年人自尊心高，難能接受旁人的指責勸告，所以既不認錯又不服從。他們冒險心重，好找刺激，易多挫折，易遭指責。

　　至於外在因素的影響，首先是大眾傳播媒體提供的聲色娛樂。青年人好玩樂、愛熱鬧、找刺激，在廣告的宣傳、暗示、引誘、勸導下，青年人很難抗拒美衣、美食、美酒、美女、美色、美景、美鈔等一切美好的招攬，而專注於學校課業。學校方面，師資陣容、教學設施、圖書資料、師長心態可能並不專注於學生的學業成績，而更重視硬體建設或經濟效益，致使青年學生內心氣憤。

現代的世界潮流，從政的幾乎免不了貪污，從商的又大多詐欺、惡性競爭。社會的惡勢力，包括黑道份子、色情行業、地下錢莊、地下賭場、吸毒販毒、人口販賣。凡此種種對青年人都是誘因，也都是陷阱。

一個多世紀以來，世界各地興起了政治理念的矛盾，有人主張資本主義，另有人主張共產主義。有人堅持專制，有人追求民主。有人重視國家，有人更關注人民；有人強調團體，更有人關懷個體。矛盾的理念會使青年人迷惑，不知何去何從。

另有一個觀念，不僅使青年人感到困惑，連許多成年人也不知去從。那便是「情況倫理」（Situational Ethics）的思想。情況倫理的意義是：有關道德觀念的是與非、善與惡，一切都是相對的。意思是某種行為在以往被視為不道德，現在卻可以被判斷是好的。例如同性戀的行為從古以來人們都認為是罪惡，現在卻可以被判斷為正當行為。另外，婚姻以外的男女性交，大家肯定為邪淫的罪；現代人卻說為兩人相愛並非罪行。情況倫理導源於真理的相對論。持有這種觀念的人不相信宇宙間有絕對真理，因此也就沒有絕對善與惡的倫理。下面試舉幾個事例，供青年們作一參考。首先，關於絕對真理。兒女是由父母生的。請問，換一個時代或換一個民族，父母能否是由兒女生的。現時代地球繞著太陽轉，過一段歲月太陽會繞地球轉嗎？所以，科學有絕對的真理，大自然有絕對的定律，那就是神律。關於「情況倫理」，也就是倫理的相對論。請問，強姦少女是不是絕對不可以，或者換一個時代、換一個地區就可以？另外，殺無辜是不是現在不可以，將來有一天就可以？青年人需要準確而又足夠的知識，可作正確的有關倫理道德的判斷，現代的成人社會，不斷出現顛倒是非扭曲真理的言論；這為青年的認知與道德觀念的發展帶來極大的困擾。

 參、青年們能有的缺陷

人生在世，孰能無辜？青年男女當然也免不了有所缺陷。人類的普遍傾向是容易發覺他人的缺陷而不易理會別人的優點。依據四十多年在大學授課的經驗，下面扼要地列出青年男女可能有的共同缺陷。

青年人大多希望充實自己，但缺乏埋頭苦幹的動機。由電視、電腦吸收了很多新的知識，但沒有綜合能力。他們有很多意見、很多主張，但往往思考不夠周詳。他們理想高、野心大，但都偏於幻想而缺乏實際行動。求知慾高、好奇心大是一般青年的優點，但他們缺乏勇氣發問，又沒有毅力追究。一般而論，青年人傾向於追求完美，但也容易半途而廢。至於蹺課曠課、考試作弊，那是少數青年的行為表現，但對其他同學卻有很大的影響力。學校生活以外，青年的其他缺陷可能是自我中心、不懂禮貌。有的是嬌生慣養、好逸惡勞。有的是奇裝異服、崇尚時髦。中國青年傾向於崇洋媚外，哈韓哈日出現偶像崇拜。青年人叛逆性強、溝通不良，容易情緒激動、目無尊長。更不好的，應該是取用他人的東西而不歸還。七十多年前，日人統治臺灣的時期；如有小偷被捕立刻剪掉一根手指以示懲戒（註一）。中國政府對自己的同胞絕不能如此殘忍，以毒辣的手段毀了青年人的一生。

整體來說，現代青年的道德觀念相當薄弱，加以意志力不夠堅強很容易陷入誘惑。現代社會引人犯罪作惡的誘因比比皆是。茶室酒家、賭博山莊、吸毒販毒、瘋狂飆車，引誘無數青年誤入歧途。成人社會的不良風氣，如從政者知法犯法、貪財貪色，為人父母的自私自利、互爭互鬥；大家拋棄了倫理道德，忘卻了忠孝仁愛，只重視物質享受、注意吃喝玩樂。社會的價值觀念遭到扭曲，青年人不知不覺地隨從。上樑不正，下樑歪。青年人的許多缺陷，成人社會不該推卸責任。

在一個科技發達、經濟掛帥的社會，人人迷於物質生活：金錢越多越好，住宅愈大、愈豪華、愈有面子；權勢地位愈高，經濟的來源愈多。錢財愈多，愈可以吃喝玩樂、周遊列國。有錢有勢的人就愈奢侈浪費，愈有面子。青年人跳不出這樣的社會，耳濡目染怎能不動心、不羨慕。至於廉潔、正直、公義、仁愛一切都置之腦後。臺灣青年所有的問題如自私、貪玩、亂性、墮胎、叛逆、吸毒、飆車、暴飲、暴食、縱火、械鬥、自殺、殉情等，無一不是追隨前人的後塵。青年人的缺陷既然都是成人與老年人留下的遺毒，為糾正青年人的缺陷，成人們自然先該反省覺悟，避免惡表。

人類最易犯的罪過便是驕傲，為了面子處處企圖勝過他人。驕傲的人總不認錯，即使犯下了重大罪案也毫不知恥、不肯認罪。一個埋沒良知沒有罪過意識的人，一百個警察也阻止不了他。所以要挽救罪犯必須喚醒良知。孟子指責那些為非作歹不知悔改的人曾說：無是非之心非人也，無惻隱之心非人也（註二）。由此可見，心的培養、良知的教育多麼重要？良知的教育必須由家教開始，為人父母的該負起最大的責任，其次便是教育界為人師表的同仁。

肆、一般青年人的願景

青年人不但自己抱著很大的願望，連成人們尤其他們的父母，對他們抱著更大的希望。所謂望子成龍望女成鳳。青年人雖然有很多願望，但自己卻並不知道怎樣表達。例如青年人很自然地希望有人關懷，但不喜歡別人干涉。可惜成人們包括青年人自己的父母，往往只會用嚕囌的訓教而不懂得用無聲的行動來表達。父母的訓教愈多，青年人愈不願意開口。青年很希望成人們的瞭解而最討厭成人們的誤解。大人們都以為自己經驗豐富、知識廣博，自己的主張比較有理，

自己的判斷比較正確，而很少有耐心先聆聽青年人的想法。觀察大學生們，在教室以外卻有講不完的話，回到家中，與爸爸、媽媽或兄弟、姊妹幾乎沒有話說。當然這種現象絕不是一朝一夕所養成的。青年人與父母之間需要有情感的交流，雙方互信互愛。青年人渴望成人們愛他們，但不喜歡人們談他們。

除了家庭以外，青年人渴望有歸屬感，能打入團體而且受人歡迎，否則他或她會害怕恐慌而且容易感到迷失。現代社會很多人罹患焦慮症、憂鬱症，青年們也常渴求安全感，可惜除了校園以外，似乎很少公共場能讓人感到安全；有的地區連自己的家也並不安全。青年人另一個願望是至少在某些方面有所成就。身體健壯相貌美好也能讓人感到有所成就，至於學有專長或學業成績優異容易令人有成就感，否則容易喪失自信。隨著年齡的增長，青年們自然地爭取獨立，因此也很容易感到孤立，他們很需要可靠知心的好友；可惜這又是不易達到的願望。

青年人很渴望有人從旁輔導協助他們處理某些問題，但他們很不願意被人看成問題。一般說來，青年人不喜歡傳統的訓教，但他們卻很很重視長者們的行為規範。

面對未來，青年人都憧憬著美好的遠景，首先能踏人高等學府或出國留學考取博士學位，擁有專業知識及謀生技能。以後便是結婚成家，有恩愛的夫妻、美滿的家庭、活潑可愛的兒女，同時購備名牌轎車、住進高樓大廈、擠身於達官貴人之中；有地位、有名望、有高薪、有權勢又有面子。為現代青年來說，也許這就是他們所想望的美好人生。

現代青年是否還有更高尚的理想、更美好的願景？例如學成之後，返回自己的家鄉帶領父老鄉親建設農村社會、改變耕種技術提高

生產效益，造福貧困的農民大眾。隨著知識的廣博，近年來臺灣社會確有不少成就的個案。古今中外，歷史上有許多偉大人物，如江蘇蘇州的范仲淹將自己的薪金購買義田分發貧困的鄉民，讓他們有正當的收穫安定生活。臺灣的證嚴法師不僅自己一生獻身於救災濟貧，更帶領善男信女從事志工、義工，救助正在生命線上掙扎的人們。臺灣青年很多人爭取踏入醫學院的大門，爲能在各大醫院就業賺取很高的薪金。他們中是否有人懷著雄心壯志專爲救治癌症或愛滋病的患者，既不爲名也不爲利，但爲搶救人命減少人類的痛苦。臺灣前衛生署署長詹啓賢放棄高官大位，回歸醫界爲病患服務。這爲青年學子可以帶來很大的啓示。孟加拉的銀行家穆罕默德、尤納斯曾是諾貝爾和平獎的得主，他創辦格拉明銀行，專門貸款給貧窮的人。這種以「助人爲快樂之本」的願景，現代青年中似乎並不多見。另外，現代的人類社會到處色情泛濫、惡霸橫行，青年人是否意識到罪惡的醜陋，而有意獻身於教育事業；不圖高薪但爲挽回狂瀾引人棄邪歸正。一般來說，大學階段的現代青年很少有如此高尚的理念。年齡雖已二十上下，大學青年似乎很少有明確的生涯規劃，至於懷有「成己達人、我爲人人」願景的青年絕對是鳳毛麟角。因此世界各國甘願獻身於宗教事業的青年男女也就寥若晨星。

附註

註一：犯罪心理學講義。

註二：孟子，盡心章。

本 章 摘 要

1. 在安定的社會，青年人大多身心健康，自然地奮發上進。

2. 在美滿家庭中成長的青年，普遍地心靈純潔、心地善良。

3. 青年男女富正義感，有服務精神少種族歧視。

4. 青年人少偏見成見與刻板思想。

5. 青年人思想開放求知慾強。

6. 由於生理的快速成長，青年容易失去身心平衡。

7. 青年人喜歡爭取獨立，但不易自治自立。

8. 青年人意志不堅，易受傳播媒體的引誘。

9. 面對矛盾對立的政治理念，青年人會感到迷惑。

10. 情況倫理與道德觀念的相對論能使青年困惑

11. 現代青年們的弱點能是缺乏埋頭苦幹的動機。

12. 青年們意見很多，但思考不周。

13. 青年人可能追求完美，但容易半途而廢

14. 現代青年意志不堅，道德觀念薄弱。

15. 青年人易受社會大環境的污染，而迷於物質生活的享受。

16. 培養青年的良知該是家庭與學校的責任。

17. 青年人需要成人們的瞭解、諒解，而非誤解。

18. 青年人不歡迎成人的訓教，但需要他們的關懷。

19. 青年人需要安全感、成就感，否則容易喪失自信心。

20. 青年們厭惡訓教，但重視長者們的行為規範。

21. 現代青年需要有救國救民的雄心壯志。

22. 成己成人服務人群，該是青年人的高尚理想。

問 題 討 論

1. 青年男女能有哪些特殊的優點？

2. 為什麼青年人最易受社會環境的影響？

3. 誰有責任培養青年人的良知良能？

4. 青年人會有哪些崇高的理想？

5. 什麼是情況倫理與道德觀念的相對論？

第十五章
成年期的重要任務

　　哈佛大學的心理學教授艾立克森（Erikson Erik, 1902-1983）曾把一個人的生命從生到死分為八個階段。從出生到一歲，嬰兒順利的自然發展就是信賴父母因此而有安全感。從兩歲到三歲，幼兒開始活潑主動建立自信。三歲至六歲，兒童已能自動自發爭取獨立。六歲至青春期，個體已能勤勉向上進取奮發。青年期，個體已有明確的自我觀念，能自我統整。到成年期，個體懂得親密友愛順利滿足感情生活。中年期，人們大多精力充沛、熱愛家庭、同時服務社會造福人群。老年期，則人們已完成使命無怨無悔，心滿意足安享天年（註一）。艾氏的這段描述，為人類中的一部分人來說，的確相當準確。一般來說，為人父母的很高興地歡迎新生命的來到，新生的嬰兒才能完全依賴母親，在母懷中真正獲得應有的安全感。但觀察現代社會的現象，許多嬰兒的來到根本得不到父母的歡迎。他們能夠存活已經是不幸中之大幸。目前由正夫正妻婚生兒女的數字遠不如胎兒被殺的數字。臺灣家暴的數字達所有家庭的六分之一。生長在家暴家庭的孩子如何能有真正的安全感。臺灣人口中離婚的數字與日俱增，由兩歲至三歲以及由三歲至六歲的兒童或者沒有爸爸或失去媽媽，如何能有愉快的心情自動自發勤勉上進。

　　艾立克森認為青年期的男女已有明確的自我觀念，能自我統整。也許美國大城市的青年生理以及心理的成熟較早，真能自我統整且有正確的自我觀念；臺灣絕大多數大專學生可能還沒有達到這樣成熟的階段。本章所要探討的更是受過完整的高等教育，踏出了校門年齡已達二十三、四歲的成年人。大自然的規律不是人們隨心所欲而定的，人到達了這樣的年齡便不得不面對下列幾項重要的任務。

◁◁ 壹、成己達人的首要任務

本書前面探討過人類動機的問題。動機是激發人採取某種行動的原動力。動機的產生能夠導因於內在的需要，也可能是因為外來的刺激或誘因。人類隨著身、心的成長成熟，不論你是否願意，都會體驗到一股力量、一種衝勁，催促你傾慕異性，對不同性別的同類感到特別的興趣。人類的性欲不是人故意造成的，而是到達了一定的年齡，它自然地出現的。女性的月經、男性的遺精不是人故意追求的。它們來到時，人們也無法拒絕。在這裡，我們明白地可以看到每一個人來到這人世間有他（她）應盡的義務或應完成的任務。俗語說：沒有一個人是孤島。《聖經‧創世紀》記載：上帝按照自己的肖像創造了人，造了一男一女。上帝又祝福他們說：「你們要生育繁殖，充滿大地，治理大地，管理海中的魚、天空的飛鳥、各種在地上爬行的生物」（註二）。不論你是否信仰上帝，接受聖經的敘述，至少你看到凡有生命的大型動物，如大象、犀牛以及海洋裡的鯨魚、鯊魚如何都是陰陽相配傳生後代。由此可見，人生來就不祇是為了自己，而同時也是為了另外的一半，所謂相輔相成成。古人說：人者，仁也。人天生不是為了單獨生存，而是要兩人合為一體。

按佛洛伊德人格發展的分期，它的第五個階段便是兩性期。人由青年期發展到成年期，性欲更加強烈；不論是男是女，人很自然地對異性發生興趣。觀察自然界的飛禽走獸，陰陽相配代代相傳。為了完成我們成己成人的第一任務，人類就在成長的過程中，很自然地尋找適當的對象。在演變或進化的過程中，人類出現了膚色的不同，有白種、黃種等；但在不同的人種中，男女同樣可以相親相愛結合成終身伴侶。在任何民族中，人類的體形有高有大、有矮有小，社會地位有高有低，家庭環境有富有貧，只要男女雙方兩情相悅，沒有理由不能

永結同心。由此可見，婚姻生活最重要的因素，也是人生在世的首要任務就是愛人。中華民族中，夫妻之間喜稱對方為「愛人」。這真表示中國人的崇高智慧，原來中國古聖早已明瞭：我們中的任何人來到這世界都不只是為了自己，而同時也是為了別人。佛洛伊德認為人類的某些本能是反社會性的，是不好的。同樣是有名的心理學家馬斯洛卻主張人類天生的本性沒有什麼不好的；人類所有不良行為的表現並非來自本性，而更是後天社會環境的不良影響所造成。

假如現代社會的成年人真正瞭解，原來戀愛成婚並不祇是滿足他個人的喜好或生理的需要，而更是為了男女雙方共同完成崇高的神聖任務；那麼夫妻之間的爭吵、家暴、外遇、離婚簡直不可能發生。因為夫妻雙方密切合作，才能完成每一個人的任務。一支蠟燭祇有當它燃燒自己、照亮別人的時候才能完成它的使命。

成年男女為了尋找對象、談情說愛，首先應該懷有「為他」的精神。為了對方的幸福，為了幫助他（她）達成任務，也是為了對方的幸福，而不只是為了自己的成就、自己的事業、自己的名望、自己的前途或自己的享樂。成年男女，生理方面無疑地已經相當成熟，但在心理方面是否已達到了理智的成熟（Intellectual maturity）、情緒的成熟（Emotional maturity）以及事業方面的成熟（Career maturity）有時會令人懷疑。至於社會性的成熟（Social maturity）、倫理方面的成熟（Moral maturity）以及信仰方面的成熟（Religious maturity）更讓人難於肯定。單由目前的社會現象來看，多少成年人就在戀愛的過程中釀成了悲劇，多少情侶變成了死仇、多少夫妻彼此怨恨、相互虐待，最後的結局不是遺棄便是離婚。由此可見，現代社會的成年人很多並不瞭解自己的心態，更不明瞭他（她）在成人的階段應該為自己為對方達成的神聖任務。

　　成年男女生理方面應該都已成熟，人格的發展也應該近乎定形。在這裡值得我們進一步瞭解的該是男女兩性在心理方面的差異。一般來說，男性較重理性多思考。言行比較率直，非常重視事業的發展，重地位、名望，敢大膽冒險。婚姻生活中很在乎性慾的滿足。情緒的起伏強烈而快速。女性則更重感性多情。女性的言行比較婉轉細膩。女性並不特別重視事業的發展，而更在乎婚姻生活的美滿、家庭氣氛的溫暖。女性重視服飾關懷兒女，宗教信仰比較虔誠，情緒的起伏比較緩慢但傾向持久。女性重視生活的整體，喜歡與人分享溝通，更富於同情憐憫表現出她的「為他」精神。成年男女倘若對兩性心理的差異有所瞭解，同時也認清成婚雙方的首要任務，社會大眾必將創造更多的美滿家庭。聖保祿給羅馬人寫的書信中說：「我們中間沒有一個人為自己而活，也沒有一個人為自己而死。」（羅14：7）

貳、生命傳承的另一任務

　　成年男女結婚成家生養子女是天經地義的事。20世紀出現了兩種近乎矛盾的現象：其一，政府機構明訂法令限制成年夫妻生養孩子的數字。其二，正式結婚的夫妻不願意生養子女。前者的理由是為了有計畫地節制生育，免得人口無限制地快速增加；後者卻是某些男女個人的私意，為了保持身材苗條或逃避教養兒女的責任。世界各地，不同的民族文化有不同的宗教信仰；很令人驚訝的是：許多古老的宗教教士，不論是男是女都有矢發「絕財、絕色、絕意」三聖願的規定，其中「絕色」就是貞潔聖願，個體終身獻身於上帝而不娶不嫁。雖然有人懷疑這樣的教會規則是否合乎人道，但事實證明全世界就有幾十萬成年男女終生渡著獨身生活，而且活得非常充實愉快。這樣的生涯規劃當然不僅僅是個人的意願而更是上帝的召喚。耶穌在世時曾親口

說過「被召的人多，被選的人少」。所以不論國內國外，不論哪個宗教或修會申請加入的青年男女不少，但半途而廢申請還俗的幾乎常在半數以上。由此可見不娶不嫁不是自然的常規，而是上蒼超然的召喚，教會內稱之為聖召；意思是這是天爵而不是人爵。

地球上共有六十億以上的人口，百分之九十以上應該都是遵照自然的常規，經過戀愛而結婚成家。可惜絕大多數的成婚男女沒有修過心理學的課程，或唸的是實驗心理學、動物心理學，而不明瞭成婚男女應負起的神聖任務。一般正常的男女成婚之後就希望早生貴子。親戚朋友們也都這樣如此祝賀。男女雙方的父母更迫切地等待著擁抱他們的下一代。按大自然的規律，為人父母的本能性地愛護弱小，對自己親生的骨肉照顧得無微不至。新生的嬰兒因此獲得雙親妥善的照顧。傳統的社會傾向於把照顧嬰兒的責任歸給母親，這種觀念在現代大都市的民間逐漸消失（Bell, 1975）。受過高等教育的女性把料理家務看作單調而缺乏創意（Lott, 1973）。事實上，現代有些女性根本不要孩子，有的不喜歡照顧嬰兒。在這時候，心理學家開始疑問：母道是不是女性本能性的行為（Field and Widmayer）。研究結果發現：雖然父親和母親有多方面的不同，但新生的嬰兒尤其從出生到兩歲之間，對父親的依附並不次於母親（Lamb, 1977）。理由是父親更容易與嬰兒講話也更會陪伴小孩子玩耍（Golinkoff, l977）。

童年時代的男女與父親有感情方面的交流，長大後更容易適應環境，性心理的發展也更成熟。男生與父親有深厚的感情，在情緒方面的表現也更加穩定。女生如與父親的關係良好，未來在事業方面有更大的成就。她們承認父親對她們的關懷與支持使她們有更大的野心（Sheehy, l977）。心理學家雷維森（Levinson, 1978）經長期的研究發現，父親與子女的良好關係能大幅度提升父親生活的滿意度。相反

的，沒有父親的單親家庭，男孩的性心理發展上往往發生偏差，同時學業方面也會出現困難，有的更變成少年罪犯。生長在沒有父親的家庭中的男孩，只要與母親保持正面的親子關係，不太可能墮落為少年罪犯（Biller, 1974）。由此可見，成年的男女結婚之後的重要任務，便是生男育女創造新生命。隨著新生命的來到，父母便有「養」、「育」兒女的任務。

新婚夫妻開始時將全部的注意力放在對方，但新生命來到時，他倆便該學習怎樣與新生的寶寶分享他們的愛情。按大自然的規律，曾經懷胎九月的母親對新生的嬰兒自然有一種非常強烈的愛情。這時，身為人母的不知不覺地把嬰兒視為她生命的中心（Kelly, 1974），而年輕的丈夫會體驗到一種被忽略或被遺棄的感覺。

當嬰兒慢慢長大，年輕的夫婦應該分辨：什麼是親子的愛與夫妻之間的愛，而努力使兩者達到一個平衡點。

參、求職就業服務社會

20世紀以來，人類的生活方式有了很大的改變。同樣人類求生的技術也與往日大不相同。在所有的變化中：一，從事農業生產的人越來越少。二，需要技術工人的數字越來越多。三，從事生產的企業大幅消失。四，服務及醫療事業迅速發展。五，需要高科技的工作愈來愈多。六，青年人越來越逃避勞力的工作。七，工作人員的流動性越來越大。八，世界各國失業的人數不斷增加。九，貧困地區竊盜與搶劫的案件愈來愈多。十，走投無路，自尋短見的案件也與日俱增（註三）。由此可見，人類要爭取生存似乎越來越不容易。聖經創世紀記載：上帝懲罰原祖父母時說：因為你吃了我禁止你吃的果子，為了你

的緣故，地成了可咒罵的；你一生日日勞苦才能得到食物，你必須汗流滿面才有飯吃（註四）。聖經的字句不論你如何解讀，但從古以來人類要生活必須也要工作；那是鐵定的事實。因此青年男女在成長的過程中必須瞭解成年人的職責，並預作生涯規劃。現代世界各大城市到處有流浪漢的存在，明顯地證明這是教育的失敗。

傳統社會的生活習慣，男生負責出外謀生，女生則主持家務。隨著時代社會的演變，男女兩性在職場上的差異逐漸消失。現代已婚女性半數以上都是上班族。年輕的婦女一面出外工作，一面又要照顧兒女料理家事；很明顯的，這樣沉重的負擔將增加她們生活上的壓力。有些婦女深怕她們在職場上很有成就，正因為外面的成功能影響她們身為人母的角色，因而傷害到家庭的和諧。

成年男士結婚之後既為丈夫又為人父，明知不工作沒有飯吃，應該早有計畫尋找適當的工作。現代的工商業社會，任何生產或服務業必須具備專業知識與技能。職場如戰場，每年踏出高等學府的青年成千成萬，而工作的機會卻供不應求。已婚的男士更該積極爭取工作機會，得到了工作還須適應環境，在工作的崗位上力求上進。職場上的新手往往缺乏耐心，有的不滿意服務機構的政策、不能欣然接受領導者的指示；有的抱怨在工作的崗位上不能發揮自己的專長或達不到工作的滿意度。很明顯的，凡缺乏耐心的人士往往在職場上被淘汰。

任何人來到這個世界都不是自己的選擇，所以凡有理性的人應該從人類歷史的長河中來瞭解生命的意義以及人生的使命。世人若能謙虛地承認，雖然自稱為萬物之靈，但究竟不是宇宙之主或地球的最高元首，那麼人們便會心甘情願地遵照自然律的安排，接受人生每一階段的發展、每一階段的任務以及最後階段的終結。

人生自何來、死往何去？現代的科學心理學家誰能給我們一個正

確而令人滿意的答覆？

肆、創新革新美化人生

現代科學家大概沒有人會否認，宇宙不斷在繼續擴展，地球也不斷地在變化。

地球上有生命的東西有生有滅。某些物種逐漸消失，更多的物種繼續不斷地為現代科學家所發現。自從20世紀電腦科學發展以來，人類科學知識的進步前所未有。不論食、衣、住、行，人類的生活方式大有改善。可見能善用理智的人繼續不斷地在尋找食物、改良品質、增添美味；在衣著方面創造更輕鬆柔軟、更美麗舒適的服裝；在住的方面設計更高更大、更豪華的住宅；行的方面有更快速、更方便的捷運、高鐵。總之，人的知識不斷增長，生產技術日新又新。由此迅速而又不斷的發展改良，我們可以肯定人類的演進並未終止，而且進步的速度越來越快。人類通訊系統的飛速進步可以為此證明。

人類物質文明的進步是不爭的事實，但在精神生活方面是否也有同樣的現象？很不幸的，這裡卻很難找到肯定的答案。環視周圍的世界，不論是大國小國、強國弱國，沒有一個國家是淨土，沒有一個城市沒有強吞弱肉欺壓善良的慘局。

本章第一節提出成年人的首要任務是成己達人。不論是男是女，人必須與另一個個體共同生活才能相輔相成，才能各取所需滿足男女雙方的身、心需要，才能生男育女延續人類的生命。很可惜，現代大都市的成年男女結婚好似試婚；成婚時，雙方簽訂的婚約，幾年後就變成廢紙。很令人擔憂的是今天結婚的夫妻，在十年或二十年之後，還有多少對能幸福地生活在一起。

近年來，臺灣的家庭悲劇愈來愈多。按統計數字，有家暴現象的占所有家庭的六分之一。離婚與家暴之外，尚有墮胎、棄嬰、凌虐幼童、帶領兒女自盡。

凡此人間悲劇，足證現代的成婚男女大多不明瞭自己人生應負的責任、應該完成的神聖任務。誰能幫助青年男女深入瞭解人生應負的責任、理應完成的任務？研究人類身、心、靈的心理學家應該責無旁貸。心理學本來重視人類生理的成長成熟，同時也探討個體心理的成熟、社會化的成熟、生涯的規劃、倫理的成熟、宗教信仰的成熟。學者們倘若都能謙虛地承認自己並非萬能，而肯定宇宙萬物另有更高的主宰、接納大自然的規律，遵從上帝的旨意來執行自己的任務，完成每個人的使命；那麼很自然地人生將更美好，世界也將更美麗。現代科學家一方面埋頭苦幹追求知識真理，一方面卻又為了名利，破壞自然生態製造毀滅性武器。這怎麼是上帝的旨意？。中國的儒家思想提倡敬天、恕人、約己、儉物。凡地球上的物資，使用時，人人應該節省。自己的言行應該自我約束。對待他人應該大量寬恕，對上帝應該尊敬。成年男女倘若都能清楚瞭解人生每一階段的任務，世界必將非常和諧、非常美麗。所以成年男女的另一任務便是創新革新、美化人生。

附註

註一：張春興著，現代心理學，臺北，東華書局，1999，頁387。

註二：創世紀一，27。

註三：Kaluger, G. & Kaluger M. F., Human Development, St. Louis, Times Mirror, 1984, p. 444.

註四：創世紀三，17-19。

本章摘要

1. 艾立克森把人的一生分為八個階段。

2. 到達成年期，人們已懂得親密友愛，順利滿足感情生活。

3. 目前的社會，婚生兒女的數字遠不如墮胎被害的數字。

4. 臺灣家暴的事件已達所有家庭的六分之一。

5. 每年離婚的夫妻超過同年結婚的夫妻。

6. 單親家庭的兒童難能懷有愉快的心情奮發上進。

7. 大自然的規律不是人們隨心所欲可以改變。

8. 已成年的人們各有他與她特定的任務。

9. 隨著身心的成長成熟，正常的成年人必定傾慕異性。

10. 成年男女的性欲，人們無法抗拒。

11. 所以來到人間的男女，各有應該完成的任務。

12. 上帝創造了男女，要他們生育繁殖充滿大地。

13. 凡有生命的動物都該陰陽相配傳生後代。

14. 人天生不是為了單獨生存，而是要兩人結為一體。

15. 為了完成任務，成年男女自然（必然）地結為夫妻。

16. 婚姻生活最重要的因素便是互助互愛、相輔相成。

17. 任何人間的男女，生活不僅僅是為了自己。

18. 男女成婚是為共同完成崇高的神聖任務：互愛、傳生。

19. 男女雙方瞭解兩性心理的差異，更易創造美滿的家庭。

20. 不明瞭雙方的神聖任務，成年情侶能變成死仇或釀成悲劇。

21. 人世間沒有一人單為自己而生或為自己而死。

22. 不願生養兒女的夫妻是奇異的事，不符合正常心理。

23. 宗教界的神職人員不娶不嫁屬於天職，非常人所能。

24. 為人父母的愛護子女是上帝的旨意，合情合理。

25. 新生嬰兒對父親的依附並不次於母親。

26. 男生與父親很有感情，情緒的表現更加穩定。

27. 女生與父親關係良好，在事業上會更有成就。

28. 父親與子女的關係良好，能提高生活的滿意度。

29. 與母親保持良好的親子關係，男生不易淪為罪犯。

30. 養育兒女是成年夫妻的神聖任務。

31. 新生嬰兒的母親有冷落丈夫的危險。

32. 自古以來，為了生活人人須要工作。

33. 現代已婚女性大多進入職場工作，負擔沉重危害家庭生活。

34. 已婚男士必須工作，這時需要耐心適應環境。

35. 缺乏耐心的男士，在現代的職場很容易遭人淘汰。

36. 人必須按自然律的安排，完成每一階段的任務。

37. 地球不斷在變，新的物種繼續為科學家發現。

38. 人類的知識不斷增長，可見人類的演進並未終止。

39. 人類物質文明是在進步，精神生活卻在惡化。

40. 離婚、家暴等人間悲劇證明人們不懂心理。

41. 成年男女的神聖任務該是成己達人、敬天愛人。

42. 人生在世的重要使命便是革新創新、美化人生。

問 題 討 論

1. 人有沒有能力改變大自然的定律？

2. 人的一生是不是有他特殊的任務必須完成？

3. 為什麼男女必須合作才能達成任務？

4. 誰規定了，為了生活人必須工作？

5. 人類繼續進化，為什麼人與人之間的關係似在不斷惡化？

第十六章
中年男女的心理問題

　　對絕大多數的人來說，中年男女所期望的便是美滿的婚姻與幸福的家庭。可惜，人類兩種基本的慾望中，常存在著一股張力。一是追求自由的行動，一是追求親密的愛情。愛與被愛是人類最強烈的欲望，但同時一個人也不願意讓另一個人完全捆綁。一位女性能吸引許多男性，一個男人同時也能使好多女人感到興趣。爲使婚姻生活美滿，性的適應是基本的因素；但日常生活中其他的要求更多。床褥上的生活究竟只是生活中的一小部分。因此任何哪一個國家、哪一個民族，中年男女中都出現了離婚的事實，而且越是富有的地區，離婚的案件越多。按1987年9月內政部發出的統計，在一個月內全臺灣結婚的共三千三百零二對，離婚的共一千九百十六對。同一月內，高雄市結婚的一百七十七對，離婚的一百六十四對。該市苓雅區結婚的三十四對，離婚的三十六對。臺北市南港區結婚的十九對，離婚的也是十九對。龍山區結婚七對，離婚八對。以上是多年前的統計數字，讀者可以推測，現在的情況是有所改善或者更加惡化。

 壹、中年男女的矛盾心理

　　四十五歲以上的夫妻，大概已有二十三歲左右的兒女。這時候，爲人父母的自然地瞭解子女也快要結婚成家。兒女成婚對父母是一件喜事，但同時也會讓人有一種失落的感覺。兒子結婚成家，母親會感到她的寶貝似乎被另一個女人搶了過去。女兒出嫁了，父母更是捨不得讓一個原來陌生的男子把寶貝女兒帶去。

　　這時候，喜樂中都多少帶一點傷感。兒子成家、媳婦進門，父子與母子關係自然漸漸疏遠。中年的夫妻很快會感到寂寞空虛。假如很幸運地一、二年內就有孫子或孫女誕生，中年男女會享受一段含貽弄孫的樂趣。否則婆媳之間就會出現緊張的氣氛，親子關係自然也逐漸

遠離。

　　中年女子論容貌大多無法與媳婦相比，當她們發覺月經停止或白髮出現，很自然地意識到自己已不再年輕，這時很容易感到自卑甚至憂慮。男士們雖不如婦女那樣在乎容貌，但對夫人的興趣可能已比往日遜色，不再感到有多大興趣；這時便有可能另覓新歡危機產生。美滿婚姻的基本因素，第一是生理的配合。這是很重要的因素，但也不能過於強調。美滿幸福的家庭生活並不建基於短暫的、間歇性的魚水之歡。夫婦兩人因性別不同而彼此相吸。同居共處最重要的是互相關懷體貼，使雙方都能感到安全滿足、稱心如意。情緒的融合是美滿婚姻的第二因素。男女雙方對子女的喜愛能創造兩者之間豐富的感情、深厚的友誼。兒女在家有助於父母雙方都跳出自我，關懷子女，使夫妻之間的關係更加牢固而且密切。為一夫一妻制的社會，經濟的結合也是重要的因素之一（註一）。中年男女一旦子女遠揚或與兒媳分家，家庭中歡笑的聲浪消失，孤獨寂寞的氣氛增強；這時，男士更傾向於往外去尋歡作樂，女子如有經濟能力自然地也會享用她的自由。倘若男女雙方都有虔誠的宗教信仰或崇高的道德觀念，大概不至於做出對不起對方的舉動。不過觀察現代的社會大眾，中等或中下階層單靠每月薪金生活的家庭，婚姻生活反而比較穩定。高薪的官員、金屋滿堂的富商以及走私販毒從事非法行業的黑道分子，中年男女的家庭與婚姻生活，可能都行走於分合的邊緣。男方可能逍遙自在，女方可能只有孤芳自賞或任性放蕩。

　　人間的愛有利他的愛也有自私的愛。自私的愛緊緊抓住對方，主要的是對他有利。利他的愛是把愛的對象變成為另一個「我」。上帝給人類的命令是：「你要愛你的近人，如同你自己一樣」。男女結為夫妻，丈夫應把被愛的妻子看作另一個自己；妻子也該把被愛的丈夫

看作另一個自己，是幸福的主體。利他的愛的標記是爲被愛者的福利而犧牲自己。可惜，現代社會的中年男女，不少人忽視了被愛者的福利而只圖滿足自己。

20世紀的前半，臺灣民衆的平均壽命爲五十三歲。隨著經濟的發達、醫療科技的進步，21世紀的中年男女大多還有七、八十歲的父母。年輕的子女已經成家立業開始自食其力，年邁的父母卻亟需有人照顧。中年的夫妻這時發現他們需要關懷的不只是自己的家，而還有雙方父母的家。凡上班族的家庭，男女雙方都會感到工作的壓力、經濟的壓力、時間的壓力，萬一夫婦不能同甘共苦相互扶助，嚴重的問題就會接踵而至。

貳、婚姻生活的危機

男女夫妻本來應該是相輔相成、互補不足。男子剛強女子溫柔正好是彼此傾心仰慕的主要理由。但是，人類的心理並不似一般動物的那樣單純。單就人類的個性，有的人獨立自主，有的則百依百順。有的人做事有始有終，有的人則朝三暮四。有的人活潑輕佻，有的則沉默寡言。許多心地非常善良、內心熱愛妻兒的男士就是無法以言語、以行動表達他們對妻兒的關懷。不少女孩見了爸爸就會害怕，做母親的也無法改變丈夫的心態。社會大衆的刻板印象是：女性比較恬靜溫柔、熱血多情、腳踏實地、尊重傳統，男士則暴躁易怒、固執偏強、激進好新、偏於冥想。夫妻雙方倘若無法心平氣和、隨時坦誠溝通，日久天長兩者的感情會漸漸消失，思想的距離也越來越遠。

男女爲什麼結婚？男方的希望是：滿足他生理的需要，能讓人欣賞他身體的健壯，把他尊爲聰明能幹的領袖。在需要的時刻，隨時

有關懷他的人從旁協助；讓他吃得好、玩得開心。同時受到愛妻的敬愛，讓他感覺到自己實在是一家的主人。女子爲什麼結婚？她的答覆將是：首先使生活更美、更充實、更有意義。女子結婚是爲了愛情。她希望丈夫在世界上所有的人中，只愛她一人，尊敬她、重視她、使她感覺到身爲女性的可貴。丈夫能隨時在她身旁支持她、慰問她、協助她、撫愛她，且與她談情說愛使她慶幸自己身爲體貼的女性。可惜，結婚成家二、三十年後的夫妻，往往不注意對方的期望，而讓兩顆心之間的距離越來越遠。

最能使妻子傷心失望的丈夫，很容易挑剔妻子的毛病，以顯示自己的偉大。不顧夫人的意見，拒絕接納她善意的勸告。在家推卸一切家務，把夫人看作女傭。身爲丈夫只顧自己吃喝玩樂，不顧夫人心理的需要。過分重視財物，忽略妻子的感受。有的抱怨妻子無能，不斷誇耀自己萬能。也有人非常重視親戚朋友，惟獨冷落自己的夫人。更有的時時厭惡工作，生活全依賴夫人的收入。貪吃懶做、不負責任是男士最大的缺點。酗酒好賭揮霍金錢是丈夫最大的毛病。詐欺、作弊、吸毒、販毒是家庭破碎的預兆。

婚姻生活的危機有時並非導源於丈夫，身爲人妻的也負很大的責任。女性並不保證每人都是賢妻良母。長舌多嘴、搬弄是非幾乎是婦女們的通病。愛美是婦女們的天性，但是窮奢極侈、貪圖虛榮往往讓丈夫頭痛。嬌生慣養無病呻吟，吹毛求疵拘泥小節；會讓忙於事業的丈夫增添煩惱。迷於金錢只進不出，妒忌猜疑批評抱怨最易破壞和諧的家庭氣氛。至於嗜酒好賭、蠻不講理很可能促使丈夫外遇。爲讓中年夫妻得享美滿的婚姻、維護幸福的家庭，心理學家提出幸福太太十誡與幸福先生十誡，茲簡述如下供現代社會的中年男女參考。

(一)幸福太太十誡

1.勿辯論爭吵。

2.勿吹毛求疵。

3.勿飲食過度。

4.得罪丈夫先求寬恕。

5.慷慨大方充實丈夫錢囊。

6.家庭預算夫婦共商。

7.陪伴丈夫交際應酬。

8.注意服裝整齊、保持家庭清潔。

9.不將瑣碎家事，麻煩勤勞的丈夫。

10.共同祈禱彼此和好，一起上床。

(二)幸福先生十誡

1.一心忠於夫人，表達真摯愛情。

2.絕不愚弄夫人，避免冗長爭辯。

3.偶有口角，儘早和好。

4.慷慨大方，充實夫人錢囊。

5.陪伴夫人逛公園、上餐館。

6.飲食有節，切忌醉酒。

7.家庭計畫，夫婦共商。

8.不恥認錯，有過則改。

9.不將業務困擾，徒增夫人煩惱。

10.共同禱告彼此和好，一起上床。

◢◣ 參、外遇離婚的複雜問題

自從20世紀以來，人類社會很明顯地發生了很大的轉變。科學技術的進步的確令人興奮，人類的物質生活同樣有了很大的改善，惟獨肩負人類傳生使命的婚姻與家庭卻快速地退化、惡化。在臺灣，家暴事件占已婚夫妻的六分之一。外遇問題已不再只出現在遙遠的地區，同樣也會發生於近親的家裡。往日的通姦大多是男士的問題，現代同樣有女性主動的參與。往日的醜聞多半出現於社會的中下階層，現今連達官貴人也時有所聞。每年每月離婚的夫妻已超過了同年同月結婚的男女（註二）。因離婚或遭遺棄的男女不再結婚而隨緣姘居，政府雖沒有確實可靠的統計；但由連續發生兒童受虐致死的悲劇，可見姘居現象的端倪。

生活在競爭激烈的現代社會，男士的首要目標是安定的職業、固定的收入，其次才是婚姻與家庭。丈夫對太太的期望，第一是道義上的支持，第二是生理上的滿足。丈夫事業有成，慶幸他工作的成果；夫人從旁讚許，可使雙方感到幸福。往日，男士心目中的夫人是管家婆、是廚師、是性伴侶、是子女們的母親。現代的男士可能有更大的野心，期盼夫人也能出外工作，在家庭經濟上相互支助。現代兩性的分野逐漸消失，夫婦的職掌更難劃分。幸福與成功的淵源不限於薪資的收入，而更重視工作的價值與意義。因此，男士企圖升遷、歡迎挑戰、更換工作地點或工作崗位，女方卻因此喪失了安全感，又因遠離親友知己而易產生失落感。倘女方堅持她自己的理念、追求她自己的樂趣，婚姻關係便會產生危機。（註三）

觀察現代的職場，男女混合幾乎是普遍的現象。大型的公司、工廠，同事中美女如雲；現代的年輕女性更是開放豪爽，中年男士如家裡的妻子粗心大意，難免受到強烈的誘惑。由於性觀念的開放，現代

人似乎不再以婚外情為恥，更不把它看作罪惡。中年男女除非曾受過良好的家庭教育、擁有崇高的道德觀念，生活在這樣的社會環境，很容易陷入泥淖。一般來說，當丈夫對妻兒的期望幻滅，他的心就會有向外拓展的傾向。男士的外遇有的是逃避家中婆媳之間的衝突，有的是導源於多年以來對妻子懷有的敵意。男士們無法容忍長期的挫折，中年婦女們對丈夫的冷落，最易促使丈夫尋找新奇的刺激。中國社會的婦女大多為了照顧兒女早與丈夫分床，本身對房事不再有強烈的興趣，而忽視了男士的所需。

男士的外遇往往也有一些預兆。當中年男子忽然間對夫人特別溫柔體貼，可能是來自他的內疚。一方面他放不掉新人，另一方面卻又感到對不起內人。這時，男方也很可能給夫人贈送名貴的禮物，以補償他的歉疚。此外，他也可能尋找正當的理由，添購新式的服裝。出門交際應酬，時常早出晚歸；與夫人預定的時間，屢次失約無法遵守。敏銳細心的婦女不妨多加注意。對於男士的外遇，社會的輿論很可能歸因於夫人平時太粗心大意，沒瞭解先生的心意；或者疏忽了美容服飾，失去了女性的魅力。不過，外遇絕不是一人能夠完成，而必須有其他女性的配合，祇是相關女性可能比較年輕。

隨著外遇事件的發生，離婚的案件與日俱增。離婚一方面創造了無數的單親家庭，另一方面又助長了姘居問題。姘居的男女大半缺乏有利的條件來組織美滿的家庭。近年來，臺灣社會繼續不斷出現義父、義母虐待幼兒致死的悲劇，姘居問題能是首要的原因。離婚表示男女雙方已到達了忍無可忍、水火不相容的地步。這絕對是人生的悲劇。離婚不僅是愛人傷害了愛人，更連累了雙方的家人；更不幸的也許是貽害了他們的後代。破碎家庭的孩子較難創造美好的人生。

◢◣ 肆、美滿家庭與恩愛夫妻

　　中年夫妻的美好人生應該就是在婚姻美滿與家庭幸福。一對優秀的青年男女，不一定能保證結合爲一對美好的夫妻。張生成長在一個幸福的家庭，健康而又聰明。父親是醫師，專注治病救人。母親負責全部家務，包括家庭經濟與教育兒女。李小姐的父母是一對恩愛夫妻，爸爸負責總管家庭的生活所需以及兒女的教育。母親只是司廚提供一日三餐。張生心目中理想的丈夫就是專心於業務，理想的夫人就如他自己的母親。李小姐欽佩她母親的溫良謙虛、安分守己，同時肯定她父親的魄力與負責。張生與李小姐成婚之後，雙方都以自己的父母爲楷模，試作理想的丈夫與賢妻，結果兩敗俱傷，雙方都不滿意。李小姐以爲丈夫推卸責任，張生則抱怨妻子無能。由此可見，夫妻雙方只有善意而沒有瞭解心理，仍難保證婚姻的穩妥與家庭的牢固。

　　不論是生理的疾病或心理的偏差，醫護人員都主張：預防勝於治療。爲締結美滿的婚姻創造終身幸福的家庭，有關人性心理的基本知識應該是必備的條件。青年男女成婚之前接受婚前輔導，彼此瞭解雙方的家庭背景、經濟狀況、教育程度、宗教信仰、價值觀念、健康情形、工作興趣等重要因素，應該有很大的幫助。現代社會思想開放、男女平等，夫妻扮演的角色，趨向彈性、男女雙方各有社會交際的空間。彼此尊重、互相信任是恩愛夫妻的必要條件。知識的增長有助於思想的溝通，溝通的技術卻須隨著年歲的增長而調適。單就普通常識，大家都知道：人的智能有上智下愚、意志有剛強有軟弱、個性有內向與外向、興趣有廣泛有專一。夫妻雙方爲能和睦相處，必須互相適應。

　　人到中年，心理也可能有所轉變。年輕時喜歡的運動，現在已不再熱衷。青年時期所有的理想很可能已經達成，也可能不敢再想。年

輕時慷慨大方，現在開始吝嗇。年輕時無憂無慮，現在卻時常焦慮；對自己缺乏信心，對他人易多猜疑。人的心理不僅能因環境改變，也能因年齡轉移。中年夫妻為能同心協力永保親密的關係，餐桌上以及上床前的爭執必須避免。積極方面，心理學家建議：中年夫妻必須注意溝通的訣竅。第一，每天必須訂定夫妻兩人單獨會面的時間。第二，交談時，彼此面向對方交換視線。第三，交談時採取討論的方試，讓雙方儘量主動表達內心的感受。第四，努力培養共同的興趣創造生活的樂趣。

中年夫妻上有老下有小，子女的婚姻是否美滿，長者的身體是否健康都能帶來生活上的煩惱。萬一長輩有病，尤其是慢性病症如中風或老人失智將造成長期的壓力。中年男女有時要面對子女的遠走高飛，或避免不了的長者的與世長辭，失落的痛苦很容易讓人喪失自信而產生焦慮。現代社會憂鬱症、焦慮症的病患與日俱增；中年夫妻不得不早早預防。萬一出現危機，亟早就教於婚姻與家庭諮商（Marriage & Family Counseling）或參與夫婦懇談（Marriage Encounter Group）。

人世間沒有天堂，尤其中年夫妻，雖曾也有過黃金的時期，但很快即將過去。這時期，唯有良心的平安，才值得珍惜。

附註

註一：黨士豪著，心理學與婚姻，臺北，有志文庫，1970，頁110。

註二：Kaluger, G. & Kaluger, M.F., Human Development, St. Louis, Times Mirror/ Mosby, 1984, p. 501.

註三：Ibid. p. 497.

本 章 摘 要

1. 愛與被愛是人類強烈的慾望。

2. 中年男女會體驗到某些矛盾心理。

3. 中年夫妻會感到寂寞空虛。

4. 親子關係開始逐漸疏離。美滿婚姻可能產生危機。

5. 花花世界給達官富翁帶來誘惑。

6. 業務上的競爭、工作上的壓力使生活感到緊張。

7. 男女心理上的差異，無形中使溝通發生問題。

8. 崇高的道德觀念開始減退，宗教信仰逐漸冷淡。

9. 人類的壽命延長，照顧長者的工作增加。

10. 老人體弱多病，無形中增添了工作又多了經濟壓力。

11. 夫妻的溝通不良，家庭氣氛開始緊張。

12. 男方酗酒好賭易導致家庭破碎。

13. 婦女的長舌多嘴、奢侈浪費同樣傷害家庭幸福。

14. 男士心目中，現代夫人可能不僅是家庭主婦。

15. 現代社會兩性的分野逐漸消失。

16. 男子職務的流動性高，夫人的安全感弱。

17. 職場中的現代女性，大多開放豪爽。

18. 中年男士可能不把婚外情看作罪惡。

19. 中年男士難能容忍長期的挫折。

20. 中年婦女容易忽視丈夫的所需。

21. 男士的外遇，社會輿論容易歸因於夫人的粗心大意。

22. 男女外遇必有異性的配合，可見社會倫理的喪失。

23. 虐待嬰、幼兒的悲劇，大多來自姘居問題。

24. 離婚不僅連累雙方家人，更不幸的是貽害他們的子孫。

25. 來自美滿家庭的青年男女，不能保證合成美好的夫妻。

26. 男女雙方深入瞭解異性的心理，為穩固婚姻必定有利。

27. 人類的心理也隨年齡與環境有所轉移，中年夫妻必須共同創造生活樂趣。

28. 長者久病、親人逝世，中年夫妻需慎防焦慮。

29. 人世間沒有天堂，良心平安最值得珍惜。

問 題 討 論

1. 人到中年會遭遇哪些心理問題？

2. 心理方面，男女到底有哪些主要的差異？

3. 離婚、外遇等不幸事件，到底是男的還是女的問題？

4. 為什麼現代社會不斷出現虐待幼兒的問題？

5. 為什麼兩個來自美滿家庭的男女，不能保證結為美好的夫妻？

第十七章
瞭解老年人的心理

世界各地，有的人四十歲已老，有的人八十歲還很年輕。所以年齡並非老病老死的主要原因。新加坡有一位許哲女士，一百零四歲時還在當地的老人院裡，為比她年輕的老人服務。臺灣嘉義曾有一位瑞士籍的天主教神父蒲敏道，在他一百歲時還在照顧智障兒童。古時，嬰兒的死亡率高，成年人傳染病多，各國人口的平均年齡約為五十歲。按歷史記載，古羅馬時代，當地人的平均年齡為二十三歲。戰爭頻繁也可能是年輕人夭折的原因。1850年代，美國麻州人口的平均年齡為四十歲。1950年代已增至五十以上。21世紀，臺灣人口的平均年齡，男士已達七十五歲，女士超過七十七歲。目前，世界各國規定六十五歲為退休年齡；因此，年在六十五以上的人便算跨入了老年期。老年期的長短因人而異，有的人沒有老年，有的人很短，有的則長達三十多年。

壹、影響老年期長短的因素

地球上的某些地區、某些民族或某些家族，人們的壽命顯著地較長，有的則普遍地較短。所以心理學家很容易推論，遺傳是決定人們壽命的主要因素。觀察社會現象，學者們傾向於肯定，白種人的壽命普遍地較有色人種為長。另外，城市的居民較農村社會的居民健康較佳、壽命也較長。不過，比較先進國家的白種人和城市居民的生活環境、食品營養、工作性質、醫療技術等其他因素遠比農村社會優異；所以膚色與居住地區，不一定是左右人口壽命長短的主要因素。

自從二次世界大戰以來，世界各國人民的教育程度普遍地提高，生理衛生知識增加，食品營養改善，醫療技術更新都有助於人民的延年益壽。美滿的婚姻對老年人的壽命應該也有正面的影響。心理學家肯定已婚的老年夫妻常比未婚及離婚者的壽命更長。幸福的家庭生活

同樣會有助於生命的延長。不過終生守貞獻身於宗教事務的神職人員，能活到九十多歲的人卻也不少。體型矮小比體型高大的有壽命更長的傾向。古羅馬的演說家西塞羅曾有《論老年》（De Senectute）一書。

他提出老年被視爲不幸的四個理由：一，老年人由活躍的工作崗位退出。二，老年讓生理的活力消失。三，老年給人奪走了一切感官的享樂。四，老年領人走向死亡的邊緣。亞里士多德以爲：一，老年人比較保守，因爲他們受過人生的委屈。二，老年人比較吝嗇，因爲錢是那麼難得而又那麼容易遺失。三，老年人對人生已不抱希望，因爲剩餘的時光是那麼短促（註一）。由此可見，年長者自己對老年的心態也會影響自己壽命的長短。

年長退休，老年人失去了經濟來源；同時也失去了領導管理的支配權。老年人不再工作，他的社會地位逐漸消失。他扮演的社會角色是沒有角色的角色。一般來說，老年人體力衰退、力不從心，他們感受的是：無奈、無助、無望。老年人大多沒有興趣吸收新的知識，與社會逐漸脫節；經濟收入又不如晚輩，老人自覺處處不如人。不少老年人家境清寒、子女遠揚，他們體驗的是人生的空虛。許多因外遇、家暴、酗酒、犯法而失去配偶的老人，現在所感受的是訴苦無人、求助無門；這種悽慘的傷感很自然地影響老年人的健康，因此縮短他們的壽命。長壽是上帝的恩賜，也是社會大眾普遍地追求的幸福。

正因爲長壽被視爲幸福，所以18世紀就有人開始針對老人生理與心理的研究。1835年，比利士的數學家兼社會科學家關德賴（Adolph Quetelet, 1796-1874）最早研究老人的體能、技能、感受、情緒以及社會行爲的問題。留下的著作爲：On Man and the Development of his Faculties（Birren, 1961）。也有學者主張老人學（Gerontology）應由

Francis Bacon的著作：History of Life and Death開始（Streib & Orbach, 1967）。另有人主張老人學始於工業革命，理由是：一，因工業革命，老年人由原本自由的主人淪爲被雇的傭人。二，由漸進的隱退告老至被迫退休離職。三，由經濟獨立自主而變爲對雇主或政府的依賴。四，由公認的社會地位變成沒有角色的社會角色（註二）。社會角色的消失以及生理的退化，年長者已無法避免，心理學家更希望瞭解老年人的心理，以維護老年人的心靈健康，減少心理上的壓力或悲傷。爲現代的青年男女早日瞭解老人的心理，一方面對家中現有的長者多加關懷，另一方面也爲自己的老年早作準備。

貳、老年人的生理變化

老年人的生理變化最明顯的是毛髮變白甚至脫落。皮膚的皺紋增多、肌肉開始鬆弛、骨質鹼化。人與人之間的個別差異很大，有的人八十歲以上，還可以走樓梯、爬山、騎自行車、駕駛汽車，有的年在七十以下已經老邁無能寸步難行。老年人的體質變化，除了可能有的遺傳因素之外，更重要的該是童年與青年時期所吸收的營養以及所從事的勞心或勞力工作的影響。青年與成年時期，農夫與工匠們的工作一定比在政府機關或公司行號的文書工作辛苦得多；但一個人筋骨的鍛鍊卻也有助於體能的強健。

生理的退化，除了毛髮、皮膚、肌肉與骨骼之外，比較容易理會的便是視覺的老花、聽覺的失靈、觸覺的麻木。味覺與嗅覺的退化比較不太顯著。人類身體的結構非常複雜，腦神經系統該是最重要也是最難徹底明了的部分。腦神經病變，現代的醫療科技還是難於應付。爲作更深入的研究，心理學已出現了神經心理學的分支。比較容易觀察也易於診斷的老化現象是胸腔的失去彈性、肋膀的伸縮性減少，呼

吸的能量減弱、氣管硬化、喉嚨沙啞、吸入的氧氣不足。

　　人類疾病的名目多得難於枚舉。老年人不論罹患任何疾病都比較難於治療。一般來說，老年人的免疫系統容易喪失功能。內臟方面，老年人心跳減速、心細胞擴大，血壓過高者心臟擴大。老年人的內分泌腺容易失調，腎功能減退多糖尿病、性腺降低。便秘與攝護腺的膨脹也普遍地給老年人帶來困擾（註三）。由於老年人社會交際減少，孤零零地在家寂寞無聊，吸煙、飲酒、賭博能是他們消磨時間的最佳選擇。可惜，這三者對老年人的身、心健康都能造成威脅。癌症似乎不是老年人的專利，中風、百金森與老人失智症卻最容易折磨老人。

　　生理的疾病之外，老年人還有某些與倫理道德相關的毛病。男性的老人，雖然高齡已達七十、八十，但生理的欲望尤其食、色兩項仍然非常強烈。因此某些不道德的行為可能就在這個時期出現。情趣商店是男性老年人愛去的地方。童姦、雞姦、獸淫、亂倫是老年男士能犯的罪行。另外，老年人由於多方面對自己不滿，很容易遷怒他人，將夫人、兒女、傭人或護士作為洩怒的對象。老年人最容易採取的自衛機能便是退化作用。按體能他明明可以自己站立、走動或用餐，但他偏要坐著輪椅返老還童、讓人餵食。老年婦女大多不甘寂寞容易長舌多嘴、搬弄是非。年長的婦女也很容易猜疑，旁人會蔑視她，背後批評她傷害她的名譽或竊取她的財物。知識程度較低的老年婦女最容易迷信，也最容易貪圖便宜而被騙；同時，老年婦女大多健忘、缺乏安全感，任何物件喜歡收藏；為了小利，也容易順手牽羊淪為小竊。老年婦女能犯的嚴重罪行，大多屬於誣謗、偽證、報復、下毒以及開空頭支票。

　　老年人中，也有許多身心健康、品德高尚的男女。他們一生中不一定有過轟轟烈烈的事業或對社會有什麼偉大的貢獻，但他們終身循

規蹈矩、重視道德規範。這些老人往往和顏悅色、慈祥可愛。他們很可能享受三代同堂、四代同堂的天倫之樂，最後帶著滿意的笑容飛向極樂世界。

參、老年人的特殊心態

在年輕人的心目中，老年人似乎是人類中的異類；其實，從大體來說，老年人與青年、壯年、中年人沒有太大的差別；甚至有些老年人還與兒童非常相似。

不少老人很喜歡吃甜的東西，明知自己罹患糖尿病，吃甜的對他身體有害；但他還是喜歡吃巧克力與冰淇淋。心理學家費斯丁格（Leon Festinger 1919- ）稱此現象為認知失調（Cognitive Dissonance）（註四）。認知失調並非老年人的專利，青年人或成年人明知吸煙為身體有害，尤其罹患肺癌的可能性很高；但許多人依舊不肯放棄他們的嗜好。

心理方面，老年人究竟能有哪些比較特殊的地方？一般來說，老年人大多新事難記、舊事難忘。他們中比較容易出現健忘症。臺灣臺北市曾有一位八十歲的老翁，晚餐後提著垃圾袋下樓去丟，結果一直沒有回去。忽然間，他忘了自己的家，也忘了自己的姓名。大多數的老人喜歡回憶甜蜜的往事，誇耀自己過去的成就；常給孫子輩講同樣的故事。許多老人晚上不容易睡覺，白天常打瞌睡。老年人適應環境的能力降低，不喜歡多接觸陌生的團體。除非是往日的親密知己，老年人並不喜歡客人。

與陌生人交談，為老年人是一種負擔。老年人頭腦頑固，思想不易變通。老年的學者專家常與學生或年輕的知識份子經常往來、互相

切磋，能保持頭腦清醒、思想靈活。年長者的頭腦猶如老舊的機械，倘能經常使用才不致老化。不少哲學家、文學家、歷史學家雖然年齡已在八十以上，仍舊在學術界相當活躍。

老年人如因聽力減退、記憶失靈，很自然地與周圍的現實世界逐漸脫離，這樣認知能力將隨著衰退。老人喜愛自由，不願受人拘束，更不喜歡受人指揮。老年人思想保守、重視傳統，對急遽變化的現代社會，他們難於適應。面對著日新月異的世界，尤其高速的運輸工具、千變萬化的通訊系統；他們就難於學習。

老年人缺乏外來的刺激、生活單調，很自然地感到孤獨寂寞，心胸難能開朗。部分老年人，尤其女士們頭腦頑固、思想失靈，她們的特點便是愛管閒事、到處批評。除非是身為億萬富翁的企業家或對社會大眾曾有偉大貢獻的政治家，一般的老年人往往自我觀念降低、生活態度消極，對自己的未來不再有什麼抱負。每天的生活只是等待生命的結束。觀察教堂或廟堂的信徒，往往老年的人數較多。老年人避談未來，冥冥之中卻意識到神明或上帝的存在。老年人避諱談論死亡，但他們的意識中大多留有神明的存在。一生膽大包天、為非作歹的勇士，來到老年、面對死亡，卻膽小如鼠怕得要死。老年人的意識比較容易迷糊，有時似乎脫離現實不清楚自己身在何處、所為何事。老年人的想像力並不活躍，所以在任何事上並不傾向於革新創新。老年人的情感比較冷淡，不如年輕時代那樣熱烈。老年人的情緒有時會很激動，脾氣很壞；理由是內心懷有仇恨。老年人如因妻離子散，生活並不如意，也很容易陷入憂鬱。

按以上的敘述，老年人給人的印象似乎比較暗淡；但老年人也有光明的一面。祇要人們稍加留意，就會發現不論在教育界、學術界、工商企業界、宗教界到處可以發現白髮老翁，他們的年齡都在

八十歲以上。例如名詩人余光中、企業家王永慶、張忠謀，羅馬的天主教前任及現任教宗本篤十六世、臺灣的單國璽樞機主教、佛教的淨空法師、星雲法師等。能享受高壽而又生活幸福的老人是否也有某些特徵？很可以肯定的是：他們的生活都很有規律，飲食起居有定量定時。

不論勞心或勞力，他們都是熱愛工作而且從工作中能找到樂趣的人。他們的工作大多不只是為自己與自己的家而更是為了社會大眾。生活幸福的老人一定享有心靈的平安。他們覺得生活有意義，他們的一生對人類有所貢獻，七、八十年中，他們盡心盡力完成他們的使命，沒有虛渡一生。他們享有很高的成就感與滿意度。

他們無怨無悔，懷著感恩的心等待著羽化而登仙，飛向永恆的世界。

 肆、老年人的身心保健

生活在這個地球上的人類，七、八十年甚至超過一個世紀，要保持身心健康實在不是件容易的事。東南亞的一次海嘯轉瞬之間奪去幾萬條人命。緬甸的一陣颶風捲走了十幾萬貧困的百姓。中國大陸四川省七點八級的地震，震垮了幾十所城鎮、活埋了十萬以上的男女老幼，包括剛脫離母胎的嬰兒。人類的生命是那樣脆弱，猶如蠟燭上的火光，一吹就滅。另一方面，卻有部分幸運的老人能在這麼多災多難的世界，歷經八、九十個春、夏、秋、冬，才走完他們人生的旅程。

這個美麗的地球，這個又不斷發生天災人禍的世界是值得人們留戀的嗎？很奇怪的，不論你生活在怎樣貧困的環境，或患有骨癌痛苦得難於忍受的時刻；人們最大的希望還是活著。為任何人來說，世界

上最寶貴的就是生命。飛機失事、郵輪沉入大海，人們不問誰損失了多少財物而只問喪失了多少人命。所以，凡是身心健康的人自然地愛惜生命。老年人能延長壽命表示他們真正珍惜生命。

1920年代，中國人的平均年齡只有四十歲左右。1980年代，臺灣人口的平均年齡已達七十五歲。有人以為古代的人們只有把生命託給神明，20世紀的人們把生命托給醫生。21世紀的人該把生命託給自己。心理學家開始研究老人保健，很快就發現老人保健不該是從老年開始，而是從兒童時期就該注意。最能傷害身體健康的應該是吸菸、酗酒。喝酒不犯罪，醉酒必有過。酗酒會引起急性肝炎。長期酗酒更易引起急性胰臟炎。酒能加速腦部老化、損傷智力。飲酒過多會使血管膨脹影響性功能。酗酒者罹患口腔癌的機率是一般人的十倍。酗酒者的自殺率比一般人高出六倍，而且平均壽命比一般人少十至十五歲。美滿的婚姻、幸福的家庭生活，為中、老年人應該是延年益壽的有利條件。夫妻之間的爭吵不知不覺地傷害了對方，也傷害了自己。離婚、遺棄常使許多老年人孤零零地孑然一身。帶著破碎的心靈，邁向淒涼的老年。現代社會出現更多的老人健忘症、老人失智症，更有的自尋短見結束生命，因為沒有勇氣面對這失敗的一生。為老年人保持健康，近代心理學家有三不四要的原則。三不是指不吸菸、不酗酒、不吃零食。四要是指：一，每晚要睡七、八小時。二，要用早餐。三，要保持體重。四，要有適當的運動（註五）。除此之外，老年人也該保持均衡的營養、穩定的情緒、心靈的平安。老年人大多會感到寂寞孤獨，溫暖的家庭、良好的人際關係、適當的團體生活都有助於老年人的心胸開闊。

身心健康的老人大多重視精神生活，不再貪圖物質享受；飲食起居均有規律。為能確保心靈平安、無憂無慮，正統的宗教信仰也能讓

人在靜默中與神明溝通，一方面提高道德修養，一方面獲得心靈的寄託。老年人需要有傾訴談心的對象，懷有虔誠宗教信仰的老人，他常可以默默地用無聲的言語與神明相契、與上帝交談。信仰基督宗教的老人，常有上教堂參與宗教禮儀、歌唱祈禱的機會。宗教信仰也讓人參與團體增加社交的機會。更重要的，也許是他們所交往的都是重視精神生活、德高望重的人士。

中國的語文常有許多名詞，如學問、活動等，顯示出古人的智慧。人要有知識學問，必須學習發問。什麼時候問？向誰問？在哪裡問？問些什麼？用怎樣的語氣發問？你若學會了發問，你便很容易增進知識學問。活動一詞更告訴我們，你要活就要動，你多動才能活。所以七、八十歲的老年人，應該保持適度的運動。很多農夫農婦年在九十上下還在工作，可見活動是幫助人延長生命的寶貴法門。

婦女們大多負責料理家務手腳勤快，所以世界各地能活到百歲以上的人瑞，大多數屬於女性。

附註

註一：Kaluger, G. & Kaluger, M. F., Human Development, St. Louis, Times Mirror/Mosby, 1984, p.623.

註二：Ibid. p.614.

註三：Ibid. p.581.

註四：張春興著，現代心理學，臺北，東華書局，1996，頁610。

註五：同上，頁704。

本 章 摘 要

1. 年齡並非老死的原因。老年期的長短因人而異。

2. 生活環境優異的人們大概壽命較長。

3. 種族、地區不一定是影響人們壽命的主因。

4. 美滿婚姻能影響老年人的壽命。

5. 婚姻美滿的老年夫妻比未婚及離婚者的壽命更長。

6. 家庭幸福有助於生命的廷長。

7. 不少終生守貞的人也能活到九十多歲。

8. 體型矮小比體型高大的人，有壽命較長的現象。

9. 老年人比較吝嗇，因為錢是那麼難得。

10. 年長者對老年的心態也會影響他壽命的長短。

11. 老年人失去了領導、管理的支配權。

12. 老年人扮演的是沒有角色的角色。

13. 老年人沒有興趣吸收新的知識。

14. 老年人容易體驗到人生的空虛。

15. 喪失配偶的老人容易產生求門無助的感受。

16. 長壽被視為上帝的恩賜，人間的幸福。

17. 現代的老年人大多被迫退休，喪失了工作的權利 。

18. 現代人應為自己的老年早作準備，同時對長者多加關懷。

19. 老年人最明顯的變化便是毛髮變白，視覺聽覺失靈。

20. 老年人胸腔失去彈性，吸入的氧氣不足。

21. 老年人多鍛鍊筋骨，有助於體能保健。

22. 便秘與攝護腺膨脹是老年人常見的困擾。

23. 吸煙、酗酒、賭博能使老人解悶，但不合衛生。

24. 老年人因為不滿意自己，容易遷怒他人。

25. 男性老人仍有性的誘惑與不當行為。

26. 返老還童或稱退化是老年人最易採取的自衛機能。

27. 年長的婦女較容易猜疑，也容易迷信。

28. 老年男女大多新事難記舊事難忘。

29. 身心健康品德高尚的老人大多慈祥可親。

30. 老年男女也會發生認知失調。

31. 老年人適應環境的能力明顯地降低。

32. 老年人頭腦頑固，思想不易變通。

33. 老人家比較守舊、重視傳統。生活單調，易感孤獨寂寞。

34. 老年人自我觀念降低，生活態度消極；但容易意識到神明的存在。

35. 內疚很深的老年人會害怕死亡，容易陷入憂鬱。

36. 心地光明完成了人生使命的老人只等待著飛向天國。

37. 生命脆弱猶如蠟燭上的火光，一吹就滅。

38. 到了老年，三不四要的原則有助於保健。

39. 重視精神生活，保持宗教信仰；心平氣和必可延年益壽。

40. 百歲以上的人瑞大多屬女性，可見活動是延長生命的秘訣。

問題討論

1. 什麼原因能讓某些人壽命很長？

2. 不結婚的人是否真的會短命？

3. 為什麼有的老人享受高壽，有的卻活得很苦？

4. 為能獲得長壽，你準備採取哪些保健方法？

5. 為什麼有些人死不瞑目，有些人卻不怕死亡？

第十八章
生命過程中的多種病態

　　人類的生命過程能長能短，有的脫離母胎不久便斷送了生命；有的則可幸運地跨越一個世紀，活到一百多歲。為什麼許多人的壽命是那樣短促，主要的是：人類生命的過程中，除了遭遇天災人禍之外，還有各式各樣的疾病。觀察人類經常罹患的疾病，醫療人員把它分別為四種類型。第一是生理方面的疾病（Physiological sickness）。第二是心理方面的異常（Psychological disorder）。第三是倫理方面的偏差（Moral deviation）。第四是陰魂附體或稱附魔（Demoniac possession）的現象（註一）。有關第四種類型，心理學家平常不多討論。魔鬼是否存在，心理學家沒有充分的理由予以肯定，也沒有科學的證據予以否定。不過，世界各國不論是文明社會或原始民族，常有人遭遇到這種怪病，醫技高深的醫護人員都感到束手無策。凡有宗教信仰的人都不難肯定鬼神的存在，同時也不難相信鬼神可以依附人身的可能。閱讀過基督宗教聖經的人，都很熟悉耶穌在世時，除了祈禱、證道、治療疾病以外，最特殊也是最令人驚訝的是祂驅逐魔鬼的奇蹟。附魔或稱陰魂附體者的特徵便是他或她力大無比，不論腳鐐、手拷或大鐵鍊都鎖不住他（註二）。沒有讀過書的人會寫字吟詩或說外國語言。來訪的客人口袋裡帶有宗教聖物，他會立刻發覺。凡有經驗的醫師一見這樣的患者，立刻要求家人將附魔者送往廟宇或教堂。教會人士也不是人人有驅魔的能力。法國曾有一位著名的學者神父，誦念教會規定的經文驅魔。魔鬼藉患者的口說：你趕不走我。神父問：為什麼？魔鬼答說：因為你很驕傲，你是我們的同類。有虔誠宗教信仰的人都知道，魔鬼的特徵就是驕傲與撒謊。

　　心理學的教材大多不談鬼魂，因為鬼魂不是人們可以招之即來揮之即去的東西，更無法在實驗室內一再重覆驗證。凡屬精神世界的事件，我們只能憑人世間所發生的現象來加以討論，但無法用自然科學的研究方法作心理驗證。

壹、分辨正常與病態的類別

　　心理學探討正常與病態，往往指的是心理方面的問題。一般青年學生大多不注意分辨生理、心理、倫理，很容易把一個品德非常高尚的人視爲不正常。例如：一個青年從小到大從來沒有撒謊過一次，他正常不正常？許多大學生會答：不正常。好像要一個人非要學會撒謊才算正常。再問：一位小姐從小到大從來沒有生過病，連傷風感冒都沒有；她正常不正常？學生們的答覆同樣是：不正常。在學生們的心目中，好像一個生過病的人才能算正常。再問：一位數學天才兒童十二歲上大學，十四歲獲得博士學位；他正常不正常？答覆同樣是：不正常。按學生們的答覆，好像一個正常的人，必須會撒謊、會生病而且是不太聰明的人。其實，當我們說「不正常」指的是心理方面的異常。一個人不生病，心理方面能同樣很正常。不撒謊是倫理方面的超常，心理方面同樣很正常。天才兒童能在生理、心理、倫理三方面都很正常，祇是在統計學的常態分配線曲上顯得超常。

　　另外有些事件在這一個國家視爲不正常，在另一個國家可能視爲正常。例如「一夫多妻制」或「一妻多夫制」在中國被視爲不正常，但在其他國家可能不但被視爲正常而且是合法。由此可見，有關人類的病態分析必須由生理、心理、倫理、社會、統計五個方面加於分辨。一個人非常聰明，智商在一百三十以上，在常態分配的曲線上他屬於資賦優異。智商高的人在統計學上可說他超常，但不能說他心理不正常。西文中也有Genius is abnormal 的說法，但這是不正確的。

　　信仰基督宗教的人都深信耶穌基督從來沒有犯過罪。在倫理道德方面，他是絕對的純潔無瑕，因爲他是人類的救世主。所以，一個沒有犯過罪的人並不是心理不正常，而是在統計學上視爲超常。一般民衆生理方面有病，醫生診斷時能說他心律不正常、脈搏不正常、呼吸

不正常等等，但不說這個病人心理不正常。所以一般的病人，我們只能說他有胃病、肺病、心臟病、糖尿病等，但不能說他心理不正常。一個人能夠在生理方面都很正常，但在日常生活中表現的行爲非常奇特，人們才會懷疑他是否心理方面有所偏差。

　　本章的標題雖爲「生命過程中的多種病態」，但心理學只探討心理方面的問題；生理方面的疾病名目繁多，現代醫學的知識日新月異，所以有關人類最容易罹患的生理方面的疾病該由醫學叢書來介紹。生理方面的疾病，不論是內科、外科，幾乎沒有一個人能夠避免；而且絕大多數的人都是因生理的疾病而結束了生命。心理偏差的人士在現代社會雖然不斷增加，但所占全人口的比率大約只有1%。以臺灣的情況來說，心理出現偏差的人數，大約在二十三萬左右。不過一個家庭如有一個人心理異常，全家人都爲之不安。留他一個人在家，家人爲他擔心。讓另一個人陪伴著他，陪伴他的人也很有危險。

貳、心理方面有哪些異常

　　心理異常的現象也是非常複雜。本書第十二章討論人格偏差，已扼要地列舉了一些主要的名稱。心理異常也就是民間所說的心理變態或病態。比較嚴重的心理疾病被命名爲精神病（Psychosis）。精神病患中比較最普遍的，也就是患者最多的該屬於精神分裂症（Schizophrenia）。精神分裂症最特殊的症狀便是有幻視或幻聽（Visual or Audio Hallucination）。此外，病患的思想錯亂、知覺扭曲、情緒激動、行爲怪異、脫離現實。精神分裂症又分多種類型，比較明顯的有僵硬精神分裂症（Catatonic type）、妄想精神分裂症（Paranoid type）與混亂型精神分裂症（Disorganized type）。僵硬型或稱緊張型的特徵是病患以全身精力控制著自己，他不說話也不

聽話，不哭也不笑；等到控制不了的時候，他的病態又再次發作。妄想型的特徵是：患者除了有幻視或幻聽之外，尚有妄想（Mental delusion）。

精神病患中，第二種較嚴重的異常便是妄想狂症（Paranoid disorder）。妄想狂的患者沒有幻視、幻聽，但有思想錯亂（Mental delusion）。妄想狂症又分誇大妄想（Grandiose type）、迫害妄想（Persecutory type）、色情妄想（Erotomanic Type）與妒忌妄想（Jealous type）。誇大妄想的人常自以爲是大總統、大將軍、大富翁或大演說家等。迫害妄想的患者常相信有人要謀害他、控告他、抹黑他、破壞他的名譽等。色情妄想與妒忌妄想的意義，名稱本身已經說明。另一種心理異常該是躁鬱症（Manic depressive）。患有躁鬱症的病人常出現週期性的狂躁與憂鬱。在躁狂的幾天，他大聲說話哈哈大笑，過幾天他就悶悶不樂垂頭喪氣，而且這種變化按週期性的輪替。除了上列的幾種精神病以外，屬於心理異常的尚有所謂的精神官能症（Psychoneurosis）。下面將扼要地列舉各種精神官能症的名稱。

首先需要說明的是憂鬱症（Depression）。嚴重的憂鬱症使人整天，而且每天心情憂悶，對任何事物都不感興趣。他每天感到疲勞、經常失眠，注意力衰退思想遲鈍，屢次想到死亡或自殺但無特定計畫。一般憂鬱症的患者，情況並不嚴重；他不會發瘋也不會自殺；經過一段時期，也會逐漸痊癒。憂鬱症之外另有焦慮症（Anxiety disorder）。患者無緣無故是害怕恐慌、心跳加速呼吸困難，有時有窒息感害怕自己或親人死亡。與焦慮症類似的另有疑慮症（Hypochondriasis）。患者懷疑自己可能罹患某種嚴重的疾病，如心臟病、癌症、愛滋病、梅毒等。經醫師一再檢驗證明他並沒有病，但他無法信任醫師而一再更換名醫，遍查醫學叢書希望證明他

自己的判斷是正確的。這類的患者大半是家庭中的老么或獨生子。屬於精神官能症的另一種現象，那是恐懼症（Phobic reaction）。患者對某種不具傷害性的事物產生強烈的恐懼反應。恐懼症的種類很多，有懼血症（Hematophobia）、懼高症（Acrophobia）、懼水症（Hydrophobia）、懼火症（Pyrophobia）、懼空曠（Agoraphobia）、懼幽閉（Claustrophobia）、懼黑暗（Nyctophobia）、懼動物（Zoophobia）、懼陌生（Zenophobia）、懼社交（Social phobia）等（註三）。本書作者曾遇見一位心理系的男生，他的恐懼是怕蟑螂。同學拿一隻死蟑螂給他，他也會嚇得面色蒼白。有同學在紙上畫一隻蟑螂給他，他也害怕。最後，他警告：誰再用蟑螂嚇他，他會殺那同學。從此，誰也不敢干擾他。恐懼症對患者的日常生活並不構成太大的困擾。比較容易造成困擾的一種心因性病（Psychosomatic desease）又稱體化症，那便是歇斯底里病（Hysteria）。患者因著心理的因素而出現生理上的症狀，如兩手舉不起來或兩腳癱瘓。有的開始是頭痛以後變為腰痛，而頭痛消失了又轉移為神經痛。所以這種症狀也被稱為Conversion Hysteria。另外有解離症（Dissociative disorder）同樣屬於心理異常。解離症有的是失憶症（Amnesia），患者因遭受嚴重打擊而對某些事件喪失記憶；有的則為迷遊症（Fugue），患者喪失對以往的一切記憶，連自己的姓名、住址、職業等都無法記得。在喪失記憶之前，患者大多受過嚴重的打擊。不過，迷遊症有復健的可能。最後，解離症中尚有多重人格（Multiple personality）。一個人表現出幾個不同的人格。一個能夠是內向的、保守的，另一個能是外向的、開放的。不同的人格能在不同的場合交替出現。心理學家認為多重人格的現象，女性患者較男性為多。

◁☐ 參、倫理方面有那些偏差

　　一般心理學的教材大多不涉及倫理問題。現代心理學家既然將心理學界定為研究人類身、心、靈的科學，人類行為中許多背逆人性的現象似乎也值得注意；究竟大家承認人類中有善人與壞人之別。現代社會很多男女身體非常健壯，頭腦也非常靈活，心理方面沒有什精神官能症或精神病，但他們在行為上的表現卻不但對國家無益而且對社會對他人有害。首先，我們把心理學家肯定為人類性心理偏差（Psycho-sexual deviation）的行為予以列出。隨著生理的成長成熟，正常的性心理發展便是陰陽相吸，經戀愛而公開地結婚成家。凡婚姻以外的性行為，如強姦（Rape）、通姦（Adultery）、雞姦（Sodomite）、童姦（Pedophilia）、屍姦（Necrophilia）以及亂倫（Incest），心理學家肯定這些行為均屬性心理的偏差，倫理學家則認定它們為罪惡行為，也就是倫理方面的偏差行為（註四）。其他有關性心理的不當行為，有暴露狂（Exhibitionism）、窺視狂（Voyeurism）、拜物狂（Fetishism）、施虐狂（Sadism）、受虐狂（Masochism）、獸淫（Bestiality）以及性謀殺（Sex murder）。後者的行為大家一致肯定為嚴重的犯罪行為，其他行為則依實際情況的輕重而定。

　　人類在倫理方面的偏差行為是那麼樣的泛濫，以致社會大眾再也不覺得它的荒謬。大城市中有公開存在的犯罪行業（Criminal profession）以及職業性的罪犯（Professional criminal）。前者如妓女院、地下酒家、地下錢莊、地下舞廳，後者則有騙子、賭徒、毒販、人蛇等等。堂堂政府機關的大官貪贓枉法、爭權奪利。企業家有惡性競爭惡性倒閉。商業界走私仿冒賄賂逃稅。教育界也有見利忘義妄用職權。家庭中有家暴、遺棄、外遇、離婚、墮胎、棄嬰、酗酒、吸

毒、忤逆不孝、自尋短見等不良行為。這些行為有的可能比較輕微，有的卻是剝奪人命的滔天大罪。罪是什麼？按法律學家的定義，罪是違反有法律明文禁止，且附有刑罰的行為。社會學肯定罪是侵犯他人權利的反社會行為。倫理學界定罪是違背良心指示的自由行為。犯罪心理學採取廣義的定義，認為罪是違反天理、人性、國法，在任何時空下所不容許的行為。

　　不論人們喜歡採用那一種罪的定義，心理學也不能否認人類社會存在許多倫理偏差的行為。人是有理性的動物，所以有道德行為與不道德的行為。凡偷竊、搶劫、詐騙、勒索、兇殺、縱火等行為明顯地侵犯他人權利、危害社會治安。大眾傳播媒體天天長篇報導，社會大眾包括政府機關負責社會治安的官員也都逐漸麻木。教育家、心理學家從小生長在這樣的社會，似乎也習以為常大肚包容，或者根本分辨不出是非；一如幼稚的學生以為人家都作弊，我為什麼不可以；別人都撒謊欺騙，我為什麼太誠實？一旦踏入商場、職場，發現大家都詭計多端惡性競爭，自己也就放棄原則知法犯法。倘有高人提拔登入政府龍門，驚見同仁們都爭先恐後貪污致富，自己也就背叛良知同流合污。貪慾使良知迷糊、放棄道德原則，以情況倫理（Situational ethics）自欺欺人。佛洛伊德認為人類追求的目標是享樂（The will to pleasure）。為了享樂追求享樂，人們就引發貪慾。為了貪吃、貪喝、貪財、貪色、貪高位、貪權勢，最後的結局讓不少人失掉了信用、失掉了工作、失掉了人格、失掉了自由，更有的失掉了生命也失掉了靈魂。

　　人類行為是不是有倫理方面的偏差，也許有人以為這是見仁見智並無定論；但觀察世界各國、各民族的社會現象，卻相當令人悲觀。心理學家弗郎閣主張，人生追求的目標該是意義（The will to meaning），可惜少有人瞭解它的奧秘。誰能治療這世界性的倫理的

偏差？現代的科學心理學可能尚未注意這個相當嚴重的問題。

肆、探討陰魂附體或邪靈附身

人類有附魔或稱陰魂附身的現象並不是現代人的發明。古希臘、羅馬時代早有鬼魂附身的奇異現象。按基督宗教的舊約記載，上帝與梅瑟很多次直接交談並命令他帶領猶太民族幾十萬人脫離埃及法老王的虐待。此後，上帝指派先知命令他們傳達上帝的旨意。耶穌基督三十歲時開始公開佈道，除了講道勸導民眾悔改以外，時常以奇蹟為人治病；使瞎子復明、命癱瘓的人拿起床榻回家、讓痲瘋病人痊癒、命令死人復活。除此之外，最令人不可思議的，他命令邪魔離開被牠折磨的人。在葛法翁會堂裡講道時，他驅逐不潔之魔；從大博爾山下來後，為附魔的孩童驅魔。對這又聾又啞的惡魔，耶穌的門徒無法驅逐。耶穌的答覆是：除非靠祈禱，這類的魔鬼是趕不走的。從名叫瑪利亞的婦女身上，耶穌驅逐七個魔鬼。

來到革辣撒地方，迎面來了一個不穿衣服、不住房屋而住墳墓的人。他大聲喊叫：至高天主之子耶穌，求你不要磨難我。這人由魔鬼把他趕到荒野裡，人家用鐵鍊捆住他，但他把鐵鍊掙斷。耶穌問他姓名，答覆是：軍旅。原來是魔群。附近山坡地上有一大群豬，耶穌驅逐軍旅，群魔衝入豬群，群豬便直奔海裡淹死。放豬人非常害怕急忙回城市報信。群眾趕來探詢真情，祇見附魔者已穿上衣服神智清醒。上述的記載傳承近兩千年，大多信以為真。附魔驅魔的事實不僅數千年來持續發生，連現代的文明社會也時有所聞。附魔者有的是婦女有的是兒童，所以遭陰魂附身的人並不暗示他或她有什麼倫理偏差，但對當地的民眾或對家人可能含有某種教訓。中國大陸某些地區時常發生農婦有陰魂附身，有稱狐狸精，有稱猴子精；誠樸健康的農婦忽

然間自以為有長長的尾巴，或用右手抓頭皮左手抓臀部。經教士及虔誠信徒共同祈禱驅魔之後，忽然間症狀全消。復健之後，過去發生的事，她一無所知。

2008年5月23日，聯合報有「驅魔神父供不應求」的報導。記者夏嘉玲小姐編譯德文的資料，說明德國「邪靈附身」的事件頻傳，許多人飽受「內在的聲音」（Inner voice）所折磨，有神父一年內接受三百五十人的要求驅魔。羅馬教廷為避免教友信徒流失，鼓勵教會為需要的信徒驅魔，因此德國教會不得不向波蘭、瑞士的教會尋求支援。波蘭的一位神父甚至計畫在德國邊界創設驅魔中心（註五）。美國曾有一部相當恐怖的電影「大法師」將附魔、驅魔的現象搬上銀幕。附魔驅魔的事實並不只發生在遙遠的歐美國家，就在臺灣便經常出現。輔大神學院王敬弘神父不僅多次為人驅魔而且留下他驅魔經驗的大作《談鬼事話靈修》。

鬼魂附體有時因為人的貪心，希望中獎致富或因渴望剋殺仇人而與魔鬼交易，出賣自己的靈魂引狼入室。事成之後，魔鬼操縱他的一切言行。魔鬼比人狡猾，等人中獎之後卻無福享用。附魔的人壽命不會太長，身後卻永入地獄。靈修學家描述魔鬼好似一條用鐵鍊拴住的惡犬，人若不靠近牠，牠可能害人，人若靠近牠去逗牠，那人早晚會受到傷害。民間有些人去玩碟仙或迎取田溝娘娘，很可能就導致陰魂附身後悔莫及。研究心理學的神職人員普遍地相信尋求驅魔的個案，絕大多數是由於心理問題；不過，無法否認的是：某些個案確實不是可以用心理病態可以解釋，更不可能用現代的任何心理治療法來減少或控制那些異乎尋常的奇特行為。

註一：MacNutt, F., Healing through Prayer, Illinois, Bantan Books, 1974, P.7.

註二：路八，27～33。

註三：DSM-IV.

註四：楊士隆著，犯罪心理學，臺北，五南圖書公司，1996，頁186。

註五：夏嘉玲報導，驅魔神父供不應求，臺北，聯合報國際版，2008，5月23日。

本 章 摘 要

1. 人類的病態可分四種類型：生理、心理、倫理以及附魔的。

2. 心理學家普遍地不肯定鬼神的存在。

3. 實證心理學也沒有科學證據否定上帝的存在。

4. 不論文明社會或原始民族都有鬼怪或陰魂附身的現象。

5. 凡有宗教信仰的人都肯定魔鬼的存在與魔鬼附身的現象。

6. 附魔的人有超人的能力，知他人所不知，行他人所不能。

7. 聖經明白記載耶穌基督確有許多驅魔的奇蹟。

8. 統計學上的超常並不等於心理方面的不正常。

9. 從來沒有生過病的人是超常，不能說他不正常。

10. 同樣，從來沒有犯過罪的人，也不能說他不正常。

11. 生理方面有病的人，心理方面能很正常。

12. 心理方面不正常的人，約占全人口的1%。

13. 家有心理病態的人，全家會感到不安。

14. 比較嚴重的心理疾病為精神病。

15. 嚴重的精神病有精神分裂症與妄想狂症。

16. 精神分裂症與妄想狂症各有不同的類型。

17. 沒有幻視、幻聽、思想錯亂的心理偏差被定名為精神官能症。

18. 精神官能症有憂鬱症、焦慮症、疑慮症、恐懼症、解離症等。

19. 普通心理學教材大多不談倫理病態。

20. 倫理疾病是指提違反良知、背離道德的罪惡行為。

21. 心理學家肯定人類的性心理發展會有偏差。

22. 人類正常的性心理發展為陰陽相吸男女戀愛結婚成家。

23. 婚外的性行為包括：強姦、通姦、童姦、雞姦、屍姦、亂倫、獸淫等均為倫理方面的偏差行為。

24. 犯罪的行業以及職業性的罪犯如妓院、毒販亦為社會倫理的病態。

25. 墮胎、棄嬰、家暴、外遇、虐待幼兒均為家庭倫理的病態。

26. 偷竊、搶劫、勒索、詐騙、兇殺、縱火等更為嚴重地侵犯人權的倫理病態。

27. 貪財的高官、貪權的政客均為倫理方面的病態人物。

28. 世界各國人類社會的墮落不是心理而是倫理的病。

29. 附魔現象不是現代人發明或發現而是自古就有。

30. 約20世紀以前，猶太民族中魔鬼附身的事件不斷發生。

31. 耶穌基督驅魔的史實，聖經明文記載。

32. 現代文明社會，附魔的事件繼續發生。

33. 美國電影「大法師」將附魔、驅魔的事實搬上銀幕。

34. 近年來德國尋找有驅魔能力的人才，求助於瑞士、荷蘭。

35. 應該分辨的是：有些個案不是附魔而是心理病態。

問 題 討 論

1. 為什麼任何民族、任何文字都有神、鬼的觀念？

2. 你想，有沒有可能，魔鬼真的附在人身？

3. 為什麼從來沒有生病的人，我們不能說他不正常？

4. 從哪些症狀，我們可以肯定某人真的有精神病？

5. 一個為非作歹的人，為什麼我們可以說他有倫理的病？

6. 倫理的病是否比心理的病更加傷害到社會大眾？

第十九章
治療人類心理病態的方法

人類的病態能有不同的方式、不同的名稱。前面說過，我們把人類所有的疾病分別為生理的、心理的、倫理的以及陰魂附體的。雖然生理的疾病也可能引發心理的偏差，但生理方面的疾病名目繁多，不是扼要的心理學書籍所能容納。本章所探討的純屬於心理方面的問題。為治療心理的偏差，精神科醫師大多也採用藥物治療，如鎮定劑（Sedatives）、興奮劑（Stimulants）、安眠藥（Hypnotics）、與抗憂鬱劑（Anti-depressants）。除此之外，他們也可能採用物理治療法，如水療（Hydrotherapy）、汽療（Steam bath）、電療（Electrotherapy）或環境治療（Environmental therapy）。下面所要介紹的是精神科醫師、臨床心理師或心理諮商員經常採用的不同方法。

壹、活動治療法

「活動治療」並不是一個最適當的名稱，但它所包含的幾種治療方法，確實都需要病患有所行動。第一遊戲治療（Play therapy）。為處理兒童們的心理問題，遊戲治療應該是最適用的方法。在遊戲的活動中，兒童很自然地透露他們的心境。例如捏泥娃娃的遊戲，心理師讓每個兒童用軟泥捏成一個小人，然後吩咐他們給這泥娃娃對話。兒童的想像力非常活躍，從他與小泥人的對話中，心理師可以瞭解兒童的恐懼或憂慮。藉著遊戲，讓兒童們扮演爸爸、媽媽或祖母的角色；家庭中如有家暴、外遇、單親、離婚等問題，兒童們在行動中自然而然地會透露一些訊息，心理師可藉此更瞭解孩童的心態。心理劇（Psychodrama）也可說是遊戲治療的另一種方式。遊戲治療實在是一種活動，動是活的表現；象徵生命的存在、氣息的存活。藉著動，孩童可以探索自我、抒發自我、釋放自我。

　　與遊戲治療可以交替使用的是音樂治療（Music therapy）。音樂治療往往採用團體方式。治療師會利用二、三十種不同的樂器，有的是吹的有的是彈的，有的是敲的有的是打的。開始時，治療師給每位病患分發一種樂器，然後帶領大家邊唱邊奏最簡單的歌曲。每隔四、五分鐘，便讓大家交換樂器繼續歡唱。治療師所選的歌曲大多是輕鬆活潑的音調。由於美妙的音樂吸引了大家注意，誰也不會在那時胡思亂想。歡唱一小時之後，大家會感覺到輕鬆愉快（註一）。休息時間許多人會開始交談彼此相識。音樂治療師一定是非常細膩而且敏感的人，觀察團體的氣氛，他或她會靈活地選擇歌曲製造愉快的氣氛。現代的樂器多樣化，演奏的方式也千變萬化，音樂不僅能吸引人的注意，讓人陶醉其中；同時也幫助人引亢高歌心胸開朗。宗教禮儀中有的樂曲能令人心曠神怡，有的能讓人傷心哭泣。例如追悼禮時演奏的歌曲能強烈地震撼人心。所以音樂能有效地疏導情緒、舒暢胸懷。臺灣佛教的僧尼有龍發堂之設。他們所採用治療方式雖不爲醫療界認同，但他們利用敲鑼打鼓及集體歌唱的方式，卻也能讓精神病患組成樂隊，遠赴中國大陸到處表演，可見音樂治療確有值得學習、值得推廣的價值。

　　與音樂治療能相輔相成的便是舞蹈治療（Dancing therapy）。舞蹈治療的意義是讓心靈不太平衡的患者自由自在地用身體的語言表達自己的情意。現代社會很多人有著內心的壓抑，即使在最親密的夫妻之間，仍有許多人沒有勇氣、沒有能力表達自己的心情。音樂治療是採取有組織、有計畫的方式進行。舞蹈治療爲鼓勵人開放、無拘無束地表達當事人的內心世界，治療師不作任何嚴格的要求。握手、觸摸、擁抱是人與人之間最簡單直接的溝通方式。舞蹈治療不多利用口語的溝通方式，而更重視身體及四肢的動作。爲讓患者毫無拘束地透露內心的世界，治療師並不要求患者或坐或站有一定的姿勢。治療

師也並不避免某種程度的肢體的接觸，尤其爲憂鬱症患者與自閉症的兒童。舞蹈治療的效果並不是立竿見影，它需要耐心也需要很長的時間。現代醫療機構普遍採用的是以團體方式跳土風舞，其目的同樣是讓患者有適當的活動，在輕鬆的氣氛中疏導自己的情緒。

適度的運動是人們普遍採用的保健方法。爲心理方面有所偏差的人，更需要有規定的活動時間。醫療機構爲精神病患設計的活動，我們稱之爲工作治療法 （Occupation therapy）。早期的工作治療往往採用運磚劈柴等勞力工作，讓患者身體勞累而心靈平靜。比較現代化的工作治療，大多採用比較有意義的活動，如種菜、種花、養鳥、養寵物等。精神病患也需要與人溝通表達他們的心意，但與人溝通他們會有所掛慮。飼養家畜，尤其狗、貓之類的寵物，能對他們很有幫助。與寵物溝通，他們完全使用身體的接觸，不需要用語言。狗是最能用肢體表達感情的動物，因此牠在工作治療上可能發揮很大的作用（註二）。工作治療也稱職能治療。比較正式的職能治療是在讓心理有所偏差，但大部分時間頭腦相當清醒，行爲不致失控的人，學習一些工作技能，如烹飪、縫紉或製造一些手工藝品參加生產行列。這樣病患們也會將注意力集中在工作上，而減少胡思亂想。同時在工作場所往往不是單獨一人而是集體行動。這樣在不知不覺中促進他們的社交技能過團體生活。

心理偏差的人往往在行爲上有所偏離常規。爲控制或消除這些不良行爲，心理學家倡導行爲矯治法（Behavior modification）。所謂不良行爲能指吸煙、酗酒、藥物濫用、偷竊、焦慮、恐懼、緊張以及歇斯底里等不受人歡迎的行爲。爲能去除、控制或至少減少這類不良的行爲，心理學家根據厭煩原則，讓案主過度地吸煙促成他生理方面的痛苦，或在酒瓶中加入了嘔吐劑造成反胃而很不舒服的感覺。行

為矯治法所採用的治療技術，大半與訓練動物的方法類似，而忽略理性的悟道。生理回饋法（Biofeedback technique）是利用電子儀器（Electromyography）將生理的訊息以聲音的高低，讓案主知道自己焦慮或緊張的程度，而採取靜坐放鬆的姿態。

貳、心理分析

利用心理分析的方法來設法瞭解並醫治心理偏差的患者，大概應歸功於佛洛依德。事實上，不論生理或心理疾病，治療醫師至少先要瞭解患者的症狀與患病的可能原因。憑他的醫療經驗，佛氏採用精神分析法（Psychoanalysis）來治療心理失常的患者。佛氏深信一個人精神失常絕非一朝一夕所引發的。他深信患者過去的生活經驗對他目前的症狀一定有所關聯。佛氏稱過去的經驗為前意識。這前意識經過很長的時間不再為本人所記憶而沉入所謂的潛意識（Unconscious）。為明瞭患者發病的原因，佛氏讓他作自由聯想（Free association）。在聯想的過程中，患者躺在沙發椅上閉上眼睛，毫無拘束地說出他腦海裡所出現的情景。治療師藉此可以分析他潛意識裡的內涵，而尋找他發病的原因。根據同樣的原理，佛氏利用夢的分析。佛氏認為夢是探入潛意識的康莊大道。在治療的過程中，有時會出現移情作用（Transference），那是指患者的愛或恨轉移到治療師或他人身上。移情作用也能幫助治療師對病患的瞭解。採用精神分析法，最重要的一環是治療師對各種現象作正確的闡釋。

與精神分析法有點類似的，那便是溝通分析法（Transactional analysis）。柏恩（Eric Berne）為介紹溝通分析，他先說明我們人格的結構是由父母（Parent）、成人（Adult）、兒童（Child）三個因素所組成。一個正常的人，三個因素都保持完整。日常生活中，在不同

的場合我們由父母、成人或兒童表現我們的行為。在遊戲時,兩個老人都由兒童因素相互溝通。在教室中,兩個兒童都由成人因素表達他們的行為。一個老人與一個兒童雙方都由兒童的角色相互溝通,兩人都很愉快。兩人之間有九種不同的方式你來我往,只要是兩線平行,則雙方都很愉快;但若兩線交叉大家都不舒服。心理偏差的人有的是失掉了父母的因素,而且讓兒童的因素侵入了成人的範圍;這樣他所表現的行為便易喪失理性。溝通分析的治療是讓患者由他表現的行為,瞭解他人格結構的缺陷而予以調整。溝通分析法不僅用於心理治療,連工商企業團體的員工也都紛紛學習,為促進人際關係的和諧。

另一種治療方法被稱為完形治療法(Gestalt therapy)。倡導這種治療法的心理學家皮爾斯(Frederik Perls, 1894-1970)認為一個人格健全的人必須具備自我統整的能力。他能認識自我、接納自我、肯定自我、開放自我、發展自我。治療的目的是要患者表達自己內在的體驗,並瞭解自己內心的矛盾。最常用的治療技術是讓患者面對一張空椅子,然後請他與空椅子上的假想人物慢慢對話。交談一段時間之後,讓他交換角色自己坐在空椅子上,扮演對方的角色。如此輪流交談能使患者發現自己思想與行為上的偏差。

完形治療之外另有藝術治療(Art therapy)。藝術治療並不要求患者畫出美麗的圖畫,也不要求治療師真正懂得藝術分析。天真的兒童們會把他們的爸爸媽媽畫在紙上,這表示他們心目中的父親或母親。心理偏差的人對他周圍的人地事物有他們特殊的認知。一位五十多歲的男士來到輔導中心,輔導員只拿兩張白紙請他畫一個男人、一個女人。十分鐘後,他交出兩幅圖畫;男的穿著西裝且有領帶,女的卻一絲不掛。單由一幅簡單的圖案,治療師可以探測一個人意識中的內涵。

　　根據同樣的原理，羅什克墨漬測驗（Rorschach Inkblot Test）能由四不像的墨漬探討人格的內涵。主題統覺測驗（Thematic Apperception Test）則由明晰的圖片引發人透露潛意識的內涵。所以藝術治療靈活地運用，對心理治療能有很大的貢獻。傳記治療法（Biblio therapy）在心理學的教材中可能很少提到；但在心理輔導中心也許不少人喜歡使用。方法相當簡單。心理治療師可先準備許多古今名人的傳記。讓患者從許多小冊中選取他比較有興趣的，帶回去閱讀。下次約談時請他談談閱讀時與閱讀後的感想。名人的傳記能給人很多啓發，連心理偏差的人也能從中採取教訓。患者倘能依約回去閱讀本身已是一件有益的事。

　　參、領悟治療法

　　所謂領悟治療意思是指患者能在治療的過程中，在認知方面有所開悟或理解。現代的認知心理學傾向於認知治療的推展。美國心理學家艾理斯（Albert Ellis, 1913-2007）最早倡導認知治療法（Cognitive therapy）。艾氏於1967年指出：心理偏差的人往往存有一些不合理的信念。例如：一，凡事必須做到十全十美。二，逃避責任一定比面對現實更加容易。三，個人的不幸都是別人所害的。四，現在的不幸必定會帶來將來的痛苦。認知治療的目的，消極方面是糾正患者錯誤的觀念；積極方面則是協助患者建立正確的自我觀念、容忍他人的缺陷、消除固執偏見，同時對他人對社會也負起自己應盡的責任。認知治療法假定患者還有思考的能力。不如精神分析法，認知治療並不作冗長的心理分析，而更直接地教導患者作邏輯思考，不論對己對人要面對現實，藉客觀的分析作正確的判斷。

理論上，與認知治療法似乎同出一源的便是理情治療法（Rational-emotive therapy）。艾理斯於1950年代當心理治療師，他處理婚姻問題的案件時，發現許多案主的不幸來自情緒的失控。人本來是有理性的動物，但是人還有隨著本性而來的情緒與情慾。在情緒激動的情況下，人能表現出瘋狂的行為。理情治療法的步驟，艾氏常以A、B、C、D四個字來說明。A代表偶發的事件（Activeting event），B代表個體的信念（An individual's Belief），C代表充滿情緒的後果（Emotional Consequence），D代表有效的討論（Effectively Disputed）（註三）。針對某一意外事件的發生，當事人能因情緒激動產生不良的後果。經過治療師的參與討論，瞭解事實真相消除情緒因素，而得到不一樣的後果。簡單地說，理情治療法的目的便是經過第三者的干預，消除患者非理性的思考。

幾乎與艾理斯同一時代的學者羅吉斯（Carl Rogers, 1902-1987）倡導他的個體中心治療法（Client centered therapy）。羅氏對人性有完全正面的看法。他肯定任何幼兒只要生活的環境良好，父母教導有方，孩子都會健全地成長發展。對行為有所偏差的人，他提倡心理輔導替代往日的訓導。羅氏把輔導員（包括諮商師、心理治療師）比作園丁。對園地裡的花草樹木，園丁的職責不是拔苗助長，而是去除害蟲雜草、提供陽光、空氣、水分。對心理異常行為有所偏差的人，他建議輔導員要真誠的對待、無條件的關注，同時要有同理心設身處地瞭解案主的內心世界。治療過程完全採取民主的方式，不加訓教；在和諧的氣氛中，讓案主感到受人尊重放下自衛而坦然面對自己的困擾。治療的目的是讓案主發覺自己內在的矛盾、情緒的衝動、思想的偏激、言行的不合適而逐漸修正。個體中心治療法的本意便是以案主為中心，而非以治療師為主要人物。

　　為矯治人類偏差行為的另一種方法，被稱為現實治療法（Reality therapy）由葛拉梭（William Glasser, 1925-）所倡導。葛氏認為許多人所以有偏差行為，正因為他們不肯面對現實。人類最需要的是愛與被愛。可惜有些人只知道愛人而沒有能力接受他人的愛，另有些人則只會接受他人的愛而不知還愛他人。現實治療的目的是協助患者檢討自己的不良行為，學習對自己的行為負責。治療師不接受案主的任何藉口，當他表現負責的行為時，則予以鼓勵支持。有時，輔導師表現自己是一個負責的人，作為案主的仿效的對象。

　　二次世界大戰以後，深為心理學界重視的另一治療法，則為弗蘭克（Viktor E. Frankl）所倡導的意義治療法（Logotherapy）。弗氏是猶太人的後裔，曾在德國納粹政府的集中營渡過七年的牢獄生活。他能活著出獄完全是因為他找到生命的意義。他出獄後的第一部著作便是《活出意義來》，英文版為：Man's search for meaning。意義治療法的主要理念便是肯定人生的意義及生活的價值（註四）。心理發生偏差的人正因為他沒有體驗到生活的價值，沒有理解人生的意義。意義治療的目的是協助案主建立正確的人生觀、發現自己的缺陷、發揮自我的潛能。現代社會許多人覺得心靈空虛、生活沒有價值、生命沒有意義。弗氏稱這種現象為存在的精神官能症（Exitential neurosis）。弗氏更主張我們每人，每天應該創造自我，才會體會到生命的意義。

肆、信心治療法

　　俗語說心病心藥醫。為治療心理疾病確實有時可以採用心理方法。治療師使用安慰劑（Placebo）或稱寬心魁丸便是一個具體的例子。有些人有固定觀念自認為身體某一部位，例如乳房的大小不一或睪丸的不平衡，因而煩惱不已。治療師無論怎樣解釋或勸說證明他生

理發育正常，但患者無法信服。這時，治療師可能採用某種藥丸如維他命B。雖然藥物本身並無任何療效，但治療師很嚴肅地告訴患者，這是一種非常名貴而且很昂貴的藥品，你不妨試用幾顆，三天後再來檢驗，看看是否有效。很奇怪的，不少精神官能症如體化症、解離症、憂鬱症卻奇蹟似地出現療效。心理輔導員、諮商員、心理治療師大多不是專業醫師，不能開藥方治病；安慰劑的使用，社會大眾均認為是可以肯定的。

催眠治療（Hypnotherapy）近年來有迅速推廣的趨勢。催眠治療已有相當悠久的歷史。由於它的神秘性質，在發展的過程中曾招致無情的打擊。催眠的技術並不複雜人人能學，但許多人不敢自行嘗試。催眠治療的原理便是催眠師以非常平穩的語調，對患者傳達一種暗示，讓他慢慢進入一種恍惚的狀態。在這恍惚狀態中，患者沒有主動的思考或行為；他完全遵照催眠師的指示而作出反應。在催眠過程中，患者都是閉著眼睛集中注意力，傾聽催眠師的指示。治療師告訴他你的頭疼已經開始從左邊的太陽穴慢慢消失。患者真的會隨從指示而感覺到頭痛逐漸消失（註五）。催眠治療的技術很多用以戒菸、戒酒、戒賭。許多牙科醫師喜歡學習催眠治療，為的是在為人拔牙時，不必注射麻醉劑。催眠與睡眠不同，睡眠時人們幾乎沒有意識，他聽不到也不答覆別人的指示；但在催眠狀態下，個體聽從指示而且作出相對的反應。假如催眠師的暗示違反倫理道德，被催眠者可以立刻拒絕。所以催眠治療並不造成被催眠者不再甦醒的危險。催眠治療大多使用於精神官能症的病患，至於精神分裂症的患者似乎並不適宜，因為在催眠狀能態下很容易引發患者的幻視幻聽而再次發病。

一般心理學的教材可能會提到超感知覺（Extra sensory perception），簡稱E.S.P.，但很少會介紹信仰治療（Faith healing）。一

般來說，信仰治療是指患者自己及同一信仰的虔誠信徒共同祈禱，藉神明的助佑獲得病情的好轉或痊癒。中國的古老宗教，不論是道教、佛教都有祈求神明助佑，讓患病的人早日痊癒恢復健康的祈禱。爲西方宗教尤其是天主教與基督新教的信徒，爲病人的康復祈禱那是天經地義的事。不過祈禱治療也分別爲四種：一，爲求罪人悔改，爲了他個人所犯的罪。二，爲求心理治療，爲了他心靈過去所受的創傷。三，爲求他生理疾病的痊癒。四，爲驅逐魔鬼，因爲這人眞的不幸有陰魂附身。爲許多癌症末期的病人，有的是怨天尤人死得非常悲慘；有的卻因接受信仰皈依神明，將自己的生命完全託付於上帝，最後帶著笑容離開人間，有的則奇蹟似地逐漸康復，而且延年益壽。臺北耕莘醫院就有這樣的個案：一位七十歲的神職人員罹患癌症，經過一再的化療，頭髮完全脫落。他完全順應天命將他一生辛勞所得全部奉獻教會，結果從他康復之後又健康地活到九十六歲。爲擁有宗教信仰的人來說，藉神的力量治病是經常發生的事。

爲迷信科學只承認有物質世界的人來說，奇蹟治療簡直是不可能的事。但古今中外的歷史上卻不斷出現許多奇異的現象。猶太人耶穌基督是不可否認的歷史人物。按歷史學家留下的資料，我們不得不承認耶穌基督除了一般性的治病之外，更以奇蹟來讓瞎子復明、啞巴說話、癱子拿起床來走路、埋葬已經四天的拉匝祿從墳墓中走了出來（註六）。耶穌基督之後，他的門徒伯鐸與保祿都曾有過奇蹟治病的紀錄（註七）。法國路德世界聞名的朝聖地，一百五十年來幾乎每天有成千上萬的人從世界各地來到此地，正因爲在這個山區曾有過無數奇蹟治病的史實。

最後值得一提的，也是一般人難於置信的事實，那便是因陰魂附體或稱附魔而發病的現象。附魔的人力大無比胡言亂語完全是一個病

態的人。內科外科連精神科醫師都對他無能爲力，只有靠聖德出衆的
神職人員，藉神力把魔鬼驅逐才能使他恢復正常。這樣的現象雖不是
人人有機會親眼目睹，但若因本人未曾見過而一概否定，也不符合現
代人的科學精神。

附註

註一：汪彥青、林芳蘭編著，音樂治療，臺北，先知文化，2002，
　　　頁130。

註二：Terruwe, A.A. & Baars, C.W., Loving and Caring the Neurotic,
　　　New York, Arlington House, 1972.

註三：Corsini, R., Counseling & Psychotherapy, Illinois, Peacock
　　　Publishers, 1975, p. 178.

註四：趙可式、沈錦惠譯，活出意義來，臺北，光啟出版社，
　　　1992，頁74。

註五：何華丹著，自我催眠，臺北，聯經出版社，2006，頁74。

註六：若望福音，十一，43-44。

註七：宗徒大事錄，二十章，七節。

本 章 摘 要

1. 心理治療的方法中，有的需要病患有所行動。

2. 為處理兒童的心理問題，遊戲治療是方法之一。

3. 心理劇也是遊戲治療的一種活動。

4. 音樂治療是一種輕鬆愉快的活動，能助人心胸開朗。

5. 音樂能有效地疏導情緒舒暢胸懷。

6. 音樂治療能與舞蹈治療相互配合，且可採取團體方式。

7. 舞蹈治療是以肢體語言，自由自在地表達內心世界

8. 工作治療是另一種有意義的活動，能減少病人的胡思亂想。

9. 種花、養鳥、飼養寵物能助人與有生命的東西溝通。

10. 工作治療也能培養人服務、生產與社交技能。

11. 為控制或減少人的不良行為，如酗酒、吸毒，行為矯治法可加利用。

12. 心理分析或精神分析導源於佛洛伊德的人格理論。

13. 自由聯想的目的是為深入探索潛意識中的內涵。

14. 分析夢境也是為了發掘潛意識的內容。

15. 由潛意識的內涵，治療師加以闡釋患者的病因。

16. 溝通分析法則以父母、成人、兒童來解析人格的結構。

17. 溝通分析是指兩人六個因素之間的溝通。

18. 兩個人的溝通可由九種平行的方式使雙方獲得滿意。

19. 心理偏差是導源於人格結構的污染或損傷。

20. 完形治療法採用角色交換的扮演，讓病患體認本身觀念的偏差。

21. 藝術治療是讓患者以圖畫來表達他的內心世界。

22. 根據同樣的原理，羅什克墨漬測驗與主題統覺測驗可讓治療師瞭解病患潛意識的內涵，探測得病的可能原因。

23. 傳記治療法的功能是讓患者對傳記中的名人產生認同作用。

24. 領悟治療法包括認知治療、理情治療、個體中心治療以及現實治療法的中心思想都是希望患者，經由思想方面的頓悟以糾正他的偏差行為。

25. 意義治療法的哲理是人瞭解生命的意義生活的價值，才是一個健康的人。

26. 信心治療法中的「安慰劑」是利用病患的心理作用，藥物本身並無療效。

27. 催眠治療是催眠師讓人在意識恍惚狀態下接受他的暗示而改變偏差行為。

28. 信仰治療是患者藉祈禱求助於神明。擁有虔誠信心的人，有時病患奇蹟似地獲得痊癒。

29. 附魔的現象是陰魂附於人體，它不屬於精神病患。精神科醫師對它束手無策。

30. 為驅逐魔鬼必須有聖德的神職人員獲得教會上司的核准才可執行。

問 題 討 論

1. 為什麼心理治療，醫師們也經常採用藥物？

2. 心理治療的新方法很多，為什麼療效並不顯著？

3. 現代精神科醫師為什麼不多使用精神分析法？

4. 為什麼意義治療法很受學術界的重視？

5. 關於催眠治療、信仰治療、及驅魔，你有什麼想法？

第二十章

人類面對死亡的心理

生命與死亡就如一張紙的兩面，凡有生命的不論是龐大的動物或微小的昆蟲都免不了面對死亡。死亡是什麼？祇有擁有理性的人才會對死亡提出疑問。人為什麼要死？死亡到底是怎麼回事？人死以後是否還有什麼存在？假如還存在的話，他又往哪裡去？中國古人說：不知生，焉知死？人來到這世界的確不是自己的選擇。那麼爸爸、媽媽又為什麼生我？唯一的答覆應該是：因為他們彼此相愛。由於他倆相互的愛，我來到了這個世界。我是他們愛的結晶。我來了，他們也愛我。沒有他倆的愛，我不可能生存。原來，愛是任何人生存的必要條件。人類的生不是由自己決定，那麼人類的死是不是能掌握在自己的手中呢？正確的答案應該是否定的。最早的死，人能死於母胎；較晚的死，人能死於百年之後。不過或早或晚，人都逃避不了死亡。死是大自然的定律，有生必有死；死是自然而且必然的現象。

壹、關於死亡的事實真相

自古以來，人類的歷史告訴我們：人從出生便開始走向死亡，人生就是死亡的過程。死亡一定要來，而且只來一次；但不知何時、何處。死亡是人生最後的終站，也是人生最後的一樁大事，它奪去我最親愛的人、地、事、物與我的生命、我的一切。死亡一定要來，不論你是國王、總統、富翁或平民百姓，死亡同樣等著你。死亡與生命同樣是鐵一般的事實，但是死亡何時來到？它卻並不給人預告。

20世紀以來，人類的交通工具越來越發達、越來越快速，人類死亡的時刻與地點，也出現了許多變化。有人能死於高空也有人能死於大海。二次世界大戰時，無數的壯士死於戰場。無產階級領導革命的時期，幾千萬人死於饑餓、鬥爭。現代的文明社會越來越多的男女死於車禍、癌症及愛滋病。大地震、海嘯剎那間奪走幾十萬人命。這一

切天災地禍都讓人喪失了寶貴的生命。死亡的來臨似乎越來越難於預測。路加福音記載耶穌的話說：你們應當謹慎，免得你們的心為宴飲而沉醉；那意想不到的日子忽然來臨（註一）。下面將列舉幾件特殊的案例，來說明死亡是難於預測的事實。

2000年10月31日，臺灣桃園機場新航的飛機走錯跑道，一百八十人炸死燒死。同年11月12日，奧國滑雪選手搭攬車經隧道，車身起火，一百七十人死亡。2001年，臺灣基隆老人院十四人淹死。同日，一貫道法堂地下室十五位青年被水淹沒。臺灣九二一大地震，兩千人遭活埋。臺北市KTV娛樂場所六十男女死於火災。中國長江泛濫，幾萬人喪命。2008年，四川大地震，七萬人遭倒塌的房屋壓死。同年6月21日，「風神」颱風侵襲菲律賓，風速每小時一百五十公里。一艘MV星辰公主號渡輪在海域沉沒。船上八百多人全部喪生。美麗的寶島臺灣，每天有人因車禍喪生。更令人驚訝的是，有人正舒適地坐在快速進行的駕駛座上，竟遭山坡上滾下來的巨石壓死。臺灣某教會的神職人員在離開火車站時，遭掉下的落水管砸死。另有某大學的歷史學教授，在學術研討會上發表論文的中途，忽然說完「對不起」，就倒地不起。臺灣臺北的新店溪常有人在淺水區摸魚，有人把剛抓到的鯽魚咬在嘴裡；不料魚尾一蹺，魚頭鑽入喉嚨，漁夫當場噎死。死神要是緊盯著你，不論你如何遠走高飛，它時時尾隨著你。

生活在農村社會的人們，一生中很少遠離自己的家鄉。有人病危時，家人親友都圍繞在床邊；有的細聲慰問，有的默默祈禱。自知即將與世長辭的人並不感到孤獨寂寞。現代都市化的社會，絕大多數的人為了謀生，不得不天天出門趕路；多少人就在馬路邊，在陌生的人群中遇到了死神、喪失了生命。死亡是那麼冷酷的事實，死亡又是每時每刻、每分每秒繼續不斷擒取生命的事實。面對這神秘的死亡，人

們會有什麼樣的心態？

 貳、面對死亡的不同心態

　　古羅馬名演說家西塞祿在他的名著：論老年（De Senectute）樂觀地肯定人類的老化一如果子的成熟。現代文人描述死亡如秋葉般的靜美，散發尊嚴與力量；死亡就是人生使命的完成。死亡並不是什麼可怕的事。為絕大多數現代的年輕人來說，死亡根本不是他們所關心的事。死亡離他們太遠。很不幸的是，不少青年男女在他們意想不到的時刻，死亡也找上了他們。信仰基督宗教的人士，不論是屬於那一個民族、那一個國家，幾乎人人重視死亡；有的很害怕死亡，有的很認真地準備死亡，甚至迎接死亡。凡擁有宗教信仰的人大多深信上帝的存在，深信死亡並非毀滅而是轉變。擁有正統宗教信仰的人深信人有靈魂，人死之後軀體歸為灰土，靈魂卻繼續存在且將接受上帝的賞罰。俗語說：惡有惡報善有善報，若有未報時辰未到。可見人類普遍的期望是：善人應受獎勵而惡人應受懲罰。在這人世間，有的惡人享盡榮華富貴，作威作福逍遙法外；而不少善人卻處處遭受欺壓，含冤莫辯終此一生。觀察垂死病人的心態，有些人既不信神又不信鬼，垂死時卻非常恐懼，不知他是否真遇見了精靈妖怪嚇得魂不附體，在恐怖的氣氛中終其一生。有的則心平氣和面帶笑容，安詳地與世長辭回歸天鄉，投奔到他所相信的天父的懷抱。

　　由於人類生活的社會環境大不相同，童年時期的家庭教育又各有差異，因此不同的宗教雖都重視戒惡行善、修德立功，但有的信徒並不承認賞善罰惡的上帝。不過，「舉頭三尺有神明」似乎還是一般社會大眾牢固的信念；脫離六道輪迴進到極樂世界或上升天國也是大多數人的期盼。

現代的科學技術日新月異，深信科學萬能的學者根本不相信上帝，也不相信天堂、地獄的存在。他們以為人的一生只有現世沒有來世，誰相信天堂、地獄那是既不科學又不合理性。死亡是大自然的定律，他們既不歡迎也不抗拒。不過，當人們到了年老力衰或癌症末期的時刻，死亡可能不再讓他們那樣毫不關心。

遠在公元前3000年左右，埃及就有「亡靈書」的出現，書的內容是教導垂死的病人如何前往另一個世界。公元第8世紀，藏傳密教有《西藏度亡經》的著作，協助垂危的病人如何走過死亡的幽谷。18世紀歐洲人司萬登堡（Swedenborg, 1688-1772）著有「靈界見聞錄」。本書第一章描述死者進入靈界之前他也在思考，死後他開始與靈的對話。本書作者體驗過靈魂出竅的經驗。他肯定人世與靈界之隔就如一枚錢幣的表裡（註二）。「死亡九分鐘」（原著：Return From Tomorrow）的作者喬治、李齊（George G. Ritchie, M.D.）是維其尼亞大學的一位精神科醫師。他的原文書名為：Return from Tomorrow。李齊在醫學院求學時，親身體驗過靈肉分離或稱「靈魂出竅」的現象，使他一輩子堅定了對耶穌基督的信仰。為他，死亡已不再可怕而更是渴望的回歸天鄉。（註三）

另一些人一方面很怕死亡，一方面卻自己尋找死亡。現代社會自殺身亡的人愈來愈多，他們迷失了生活的方向，忘卻了父母生養之恩。他們的行為是弱者而非勇者，是逃避問題而非解決問題；他們的行徑是投降、是失望、是自我毀滅而非自我完成。自殺者能否進入極樂世界或享受天堂永福，宗教界的人士難免感到疑惑。臺灣每天每三小時就有一人自殺，每年就有幾千人喪失生命。以自殺著稱的日本，近十年來每年自殺的人數超過三萬。2007年，日本自殺的人數高達三萬三千零九十三人，比前年增加2.9%。面對死亡，人們究竟該持什麼

心態？頭腦清醒、良知尚未泯滅的人應該不難找到正確的答覆。

 參、臨終者的普遍願望

　　一個兒童得了絕症，身體漸漸瘦弱，看到父母對他無微不至的照顧；心中也感到難過。他不知道能為父母做些什麼，同時也知道自己什麼也做不了。這時，父母問他有什麼願望，他也不知道該要什麼；最多想吃什麼糖果或想去公園玩玩，有的則希望像小鳥一樣飛上天空。年齡稍大的孩童會希望和同學們一起讀書一起畢業。中學階段的同學病危時，巴不得能回到學校獲得優良成績來安慰父母。大學年齡的青年男女如不幸車禍重傷或病重垂危，最大的願望是父母或情侶別太傷心。行將畢業的青年更巴不得能完成學業，開始工作分擔父母的辛勞。

　　面對死亡，誰也不能逞強，只有低頭順從。新婚夫妻美滿家庭，一旦死亡逼近，垂危者的願望只有希望對方健康。祈求上蒼是大多數人的唯一選擇。古人說：人之將死其言也善，鳥之將死其鳴也哀。死亡來到的時刻，大多數的人心腸很軟，沒有太多的要求。筆者曾為一位美軍的傳營司鐸送終，他最後的祈禱就是：耶穌基督，可憐我。另一位年老的醫生，一生救助他人；死亡時好似蠟燭一般燒盡了蠟油，平靜地停止了呼吸，完成了他的使命：燃燒自己照亮他人。曾被猶太群眾用石頭砸死的聖人斯迪芬，臨終時還為剝奪他生命的人祈禱（註四）。德國納粹政府集中營的裡的囚犯，如同屠宰場中的牛羊，被趕往煤氣室毒死之前，有的口唱聖詩勇往直前，如英雄般死得頗有尊嚴，有的則痛哭流涕冤聲四起，與被宰殺的牲畜無異。一般來說，生前心地善良的人，臨終時心平氣和沒有什麼特殊的願望。不過，生前行為放縱仗勢欺壓善良的人，垂死時驚慌失措心境非常複雜。

　　許多野心的政治家，生前不斷誣蔑政敵造謠生事；臨終時愧對良知，最大的願望便是求人寬恕。身負重債無力償還的人，面對死亡同樣只有求人原諒。絕大多數的人在垂死之前還不相信自己會死，他們懷有許多複雜的願望；生前對某人懷有深仇大恨，還是無法寬恕；私藏的財物不肯向親人交代。等到臨終末刻，五官喪失功能，根本無法表達他們的心願，只得在迷茫中與世長辭，令人惋惜。中國社會，婆媳之間的仇恨困擾著許多婦女的心靈，到了生死關頭尚無法釋懷。這時候巴不得對方忽然出現，雙方握手言和。可惜，往往為時已晚後悔莫及，這也是人間的悲劇。許多德高望重的長者，包括不少大德高僧，終身克己苦身與世無爭；來到臨終的末刻，只期望進到極樂世界，與先人團聚。人世間，有時會出現奇特的個案。如一生犯罪作惡強暴異性的陳進興，臨死之前卻完全改頭換面，願將自己所有的心臟、肝臟、腎臟等全部捐獻，以挽救他人的生命，賠補自己以往的過失。新約聖經上記載，兩千年前與耶耶穌基督同時被釘死在十字架上的右盜，在臨死之期前曾作過這樣的祈禱：耶穌，你到了你的王國，請您記念我。他得到的答覆是：我確實告訴你，今天，你就要同我同進天國（**註五**）。由此可見，當人來到生命的末刻，最大的願望還是心靈的平安，同時期盼著來世的永生。

肆、死亡怎樣影響人生

　　死亡不是人也不是神。它既不是善神也不是惡神。它只是大自然的一個現象，是生命終止的現象。自然界生命終止的現象隨時可見。一張樹葉的掉落是死亡，一隻螞蟻的身體不可能再恢復功能也是死亡。動物、植物的死亡，人們天天看到一點也不覺得驚慌；惟獨人類的死常給人帶來震撼。2008年6月21日，臺北三重市的一位女士，

因患憂鬱症去看過醫生。丈夫因為替她買藥讓她獨自回家。半路上，她進入一家百貨公司，詢問店員該房屋樓高幾層，得到的答案是三十層。幾分鐘後，該夫人搭了電梯就從樓頂上跳了下來，頭顱破裂腦漿四射。她的心臟竟從胸腔中跳了出來，在馬路上跳到六公尺遠，使路邊的婦女與兩個小孩嚇得號淘大哭。

西班牙皇帝嘉祿五世時，宮廷內有博日亞公爵。當他看過皇后在靈柩中的面貌，立刻決定遠離朝廷棄俗修道。死後蒙羅馬教宗敕封其為聖人供世人敬仰。

一個悽慘的死能讓人害怕，一個大人物的死能給人一個啟示。父母、親人的死能讓人悲痛欲絕。情侶的死亡能使愛人不想再活。臺灣臺北的殯儀館內曾有男士鑽入女屍的冰庫與女屍同寢，為愛人陪葬。死亡能令人英勇無比，死亡也能讓人嚇得魂不附體。

日常生活中，死亡的意念很少闖入人們的意識。當人在幾萬英尺高空的飛機上遇到氣流，飛機忽上忽下強烈震盪，全機的旅客都鴉雀無聲。不少人心跳加速、血壓上升。這時有人會默默禱告，有人會懷念家人，有的則心慌慮亂、不知所措。地震來臨時，有的人急忙奔逃，有的人靜觀其變。人們若擴大視野，把全球六十億人口放在眼前，我們立刻發現死亡不是偶發事件，而是每分每秒連續不斷發生的事件。死亡好似一條川流不息的長河永不停止地帶走人類的生命。試想，一旦死亡停止它的運作，每時每秒爭先恐後脫離母胎來到人間的嬰兒將怎樣存活？沒有死亡，荒山野地將到處擠滿了人群，大家好似野猴互相爭食。那時，人間哪裡會講仁，哪裡會有愛？沒有死亡人人都要爭奪，人人都要儲藏。沒有死亡，地球上的能源不夠、糧食不足；大家互相爭奪，世界便成為人間地獄。

人們不多思考，不覺得死亡的可貴。因為有了死亡人人平等，

誰也不能逃避它的召叫。因有死亡，人們不敢太貪，也不需要擁有太多。人生在世不過百年，即使你貴為天皇掌握大權，轉瞬之間你已年老力衰、寸步難行。年輕力壯時，你若強橫霸道、欺壓善良，臨終時你所感受的只有良心的刺痛，後悔無窮。你所爭取的金銀財物立刻全部落入別人手中。印度加爾各答德蕾沙修女由馬路邊救起的老人，臨終時吐出了他美麗的心聲。他說：我活著好似一條蟲，死時好像是天使。他生於憂患而死於安樂。人到了生死的邊緣，才更明瞭生命的價值與死亡的意義。中國古人說：不知生，焉知死。西方哲人倒過來說：不知死，焉知生。的確，一個真正瞭解死亡意義的人，才會讓死亡提醒他渡一個真正有價值、有意義的人生。死亡不能夠預約，也不需要教導；只要你不忘記它的存在，無形中它會引領你渡過美好的一生。

附註

註一：聖經路加福音廿一章，34節。

註二：高陽堂譯（原著Swedenborg），靈間見聞錄，臺南，新園出版社，1983頁1。

註三：陳建民譯，死亡九分鐘，臺北，中國主日學協會，1988，頁167。

註四：宗徒大事錄，7，60。

註五：路23，42。

本 章 摘 要

1. 老年不是人人都有,死亡卻人人都得接受。

2. 祇有擁有理智的人才會把死亡提出討論。

3. 死亡沒有人能掌握。

4. 沒有人能預知自己將死於何處何時。

5. 有人死於高空,有人死於大海。

6. 有人死於癌症,有人死於地震。

7. 有人迎接死亡,有人逃避死亡。

8. 面對死亡,有人如臨深淵恐懼萬分。

9. 面臨死亡,也有人感到飛向高天非常歡喜。

10. 死亡之前,很多人會祈求上帝。

11. 自殺的人不是抱著希望,而是完全失望。

12. 有的人英雄般死去,死得很有尊嚴。

13. 有的人心懷深仇大恨,死不瞑目。

14. 為非作歹的人,死亡教他們懺悔。

15. 臨終時的悔改是上帝的特恩。(如與基督同被釘死的右盜)

16. 死亡在每分每秒奪取人類的生命。

17. 沒有死亡,世界將為人間地獄。

18. 沒有死亡,人類的貪心永不滿足。

19. 沒有死亡,人與人之間將不斷爭奪。

20. 死亡讓人明瞭,人生到底是為了什麼。

問 題 討 論

1. 是誰規定了人類生命的期限？

2. 人類的生與死到底是誰在掌握？

3. 我們每人該怎樣準備接受死亡？

4. 為什麼有些人一點也不怕死亡？

5. 死亡的事實能給你什麼教訓？

中英文參考書目

中文參考書目

張春興（1996），現代心理學。臺北市：東華書局。

張春興、楊國樞著（1969），心理學。臺北市：三民書局。

葉重新（2004），心理學。臺北市：心理出版社。

張利中（2004），心理學。臺北市：普林斯頓國際有限公司。

蘇邦婕等（編著），（2005），心理學。臺北市：永大書局。

鄭伯壎等（編譯）（1990），心理學。臺北市：桂冠圖書公司。

危正芬（譯）（2004），心理學入門。臺北市：洪葉文化事業。

黎士鳴（編譯）（2008）心理學概論。臺北市：美商麥格羅・希爾。

謝光進（編譯）（1989），應用心理學。臺北市：桂冠圖書公司。

李安德（1992），超個人心理學。臺北市：桂冠圖書公司。

袁廷棟（1985），哲學心理學。臺北市：輔仁大學出版社。

朱敬先（1992），健康心理學。臺北市：五南圖書公司。

蕭仁釗等（譯）（1997），健康心理學。臺北市：桂冠圖書公司。

楊士隆著（1996），犯罪心理學，臺北市：五南圖書公司。

楊語芸（譯）（1997），社會心理學。臺北市：五南圖書公司。

張隆順（編譯）（1993），老人心理學。臺北市：桂冠圖書公司。

鄭文卿（譯）（1977），老年－人生的勝境。臺北市：華明書局。

蔡怡佳等（1992），護理心理學：兒童護理。臺北市：桂冠圖書公司。

蔡怡佳等（1999），護理心理學：心理健康護理。臺北市：桂冠圖書公司。

林青蓉等（1999），護理心理學。臺北市：桂冠圖書公司。

楊宜音（譯）（1997），宗教心理學。臺北市：桂冠圖書公司。

朱蒙泉（1972），家庭動態心理學。臺北市：光啟出版社。

黨士豪（1971），心理學與婚姻。臺北市：有志圖書公司。

林淑琦等（1999），心理學與心理衛生。臺北市：華杏出版公司。

林彥妤（譯）（1993），心理衛生。臺北市：桂冠圖書公司。

孔繁鐘（編譯）（1991），DSM-III-R 診斷準則手冊。臺北市：合記圖書出版社。

朱秉欣（1996）心理復健導論。臺北市：五南圖書公司。

朱秉欣（1986），青少年輔導。臺北市：光啟出版社。

朱秉欣（2000），人際溝通的理論與技術。臺北市：光啟出版社。

朱秉欣（1992），心理問題的探討。臺北縣：輔仁大學出版社。

劉玉玲（2005），青少年發展：危機與轉機。臺北市：揚智文化。

陳立夫（1981），人理學。臺北市：中華書局。

孫　石（譯）（1988），自我的追尋。臺北市：志文出版社。

劉千美（譯）（1988），自我實現與人格成熟。臺北市：光啟出版社。

趙可式、沈錦惠（譯）（1992），活出意義來。臺北市：光啟出版社。

黃美基（譯）（2004），聽！情緒在說話。臺北市：光啟出版社。

孫安迪（1998），身心靈養生的醫學觀。臺北市：金菠蘿文化公司。

金象逵（1995），生命倫理。臺北市：見證月刊社。

傅偉勳（1993），生命的尊嚴與死亡的尊嚴。臺北市：正中書局。

羅遼復（1995），物理學家看生命。臺北市：牛頓出版公司。

王寶貫（1997），天與地：牛頓雜誌「科學與人」專輯一。臺北：牛頓出版公司。

汪彥清、林芳蘭等（編著）（2002）音樂治療。臺北市：先知文化。

楊幹雄（1997），催眠知多少。臺北市：杏林文化。

何華丹（2006），自我催眠。臺北市：聯經出版社。

黃弈訓（2004），不同角度看人生。臺北市：光啟文化。

谷寒松（1996），神學中的人學。臺北市：光啟出版社。

張春興（1999），現代心理學—現代人研究自身問題的科學，臺北：東華。

張春申（1992），宗教概論。編入於「宗教與人生」（上），臺北：國立空中大學。

昭慧法師（1991），佛教。編入「宗教簡介」，臺北：內政部。

黃懌憬（1991），天主教。編入「宗教簡介」，臺北：中國主教團。

中國回教協會編撰（1991），回教（伊斯蘭）簡介，臺北：回教協會。

狄明德‧魏明德主編（2001），環保與人文智慧，臺北：光啟文化事業。

李國偉（1997），一條畫不清的界線：從信念系統的角度看科學，臺北：中央研究院。

文榮光（1997），論靈異現象，臺北：中央研究院。

黃光國（1997），科學視域與宗教問題，臺北：中央研究院。

朱秉欣（1993），教育機構增進宗教認知之可行性研究，臺北：教育部。

英文參考書目

Berne, E. (1978), Games People Play. New York: Academic Press.

Corey, G. (1985),Theory and Practice of Counseling and Psychotherapy. Cole Publishing Co.

Corsini, R. (1975), Current Psychotherapies. Illinois. Peacock Publishers.

Curran, C. A. (1959) , Counseling in Catholic Life and Education. New York: The MacMillian Company.

Curran, C. A. (1968), Counseling & Psychotherapy: The Pursuit of Values. New York: Sheed and Ward.

Duske, R. & Whelan M. (1975), A Guide to Piaget and Kohlberg. New York: Missionary Society of St. Paul.

Ekdawi M.Y. and Cinning, A. M.(1994) Psychiatric Rehabilitation. London: Chapman & Hall.

Ellis, A. (1973), Humanistic Psychotherapy: The Rational-Emotive Approach. New York: The Julian Press.

Frakl, V. E. (1968), Man`s Search for Meaning. Taipei: Caves Book Co.

Frankl, V. E.(1971), The Doctor and the Soul. New York: Alfred A.Knopt.inc.

Glasser, W. (1965), Reality Therapy. New York: Evanston.

Greensen, R. R. (1976), The Technique and Practice of Psychoanalysis. New York:

International Universities Press.

Hatcher, C.& Himelstein, P. (ed.) (l975), The Handbook of Gestalt Therapy. New York: Jason Aronson.

Kaluger, G. & Kaluger, M.F. (1984), Human Development. St. Louis: Times Mirror/ Mosby.

MacNutt, F. (1974), Healing through Prayer. Indiana: Ave Maria Press.

Masanes, C. (1981), Strategic Family Therapy. San Francisco: Jossey-Bass Publishers.

Morton, R. B. (1980), Hypnosis ans Pastoral Counseling. Los Angeles: West Wood Publishing Co.

Muriel, J. & Contributors. (1976), Techniques in Transactional Analysis. London: Times Mirror/ Mosby.

O'nell, N. & O'nell, G. (1972), Open Marriage. New York: Doubleday & Company.

Schneiders, A. A. (1960), Personality Development & Adjustment in Adolescence. Milwaukee: Bruce Publishing Company.

Terruwe, A. A. & Baars, C.W. (1972), Loving and Curing the Neurotic: A New Look at Emotional Illness. New York: Arlington House.

Wolpert, Lewis, 1993, The Unnatural Nature of Science, Cambridge, MA: Harvard University Press.

附錄一
心理學與科學的共融

 壹、前言

一、我生焉有涯而知焉無涯

天文學家告訴我們：太空中遙遠的星球，它們的光還沒有射到我們地球上來。宇宙有多大，誰曾經測量過？宇宙是怎麼來的？它什麼時候開始存在？宇宙萬物的自然定律是怎麼定的？由誰訂定的？中國古人說：我生焉有涯，而知焉無涯。實在，人類對宇宙萬物知道的不少，但不知道的更多。

二、隔行如隔山

美國威斯康辛大學設有一百多個學系，一位學者在化學或生物學系研究一輩子，他還沒有完全瞭解化學或生物學的全貌，至於其他九十多個學系的學識，他知道的更少。俗語說：隔行如隔山。一個研究人文科學的人，怎麼能完全瞭解自然科學？一個研究物質世界的自然科學家，怎麼能明瞭研究精神世界的宗教學或神學？

三、聖學與俗學似有對立

本學術研討會的主題是：宗教與科學。某些宗教界的人士喜歡用拉丁文說：前者是：Scientia Sacra（神聖科學）；後者是：Scientia Profana（世俗科學）。很明顯的，兩者似乎有些對立。本文探討的對象，更加入了另一個因素—心理學，問題就顯得更加複雜。

另外，部分專研物質世界的自然科學家，將科學二字作狹義的解讀，要求科學必須具備系統性（Systematization）、客觀性（Objectivity）、驗證性（Verifiability），而且可以量化（Quantification）四個條件。這樣，心理學、宗教與科學將永遠無法

共融，永遠爭論不休。

四、科學可以包羅萬象

回到上文宇宙的觀念，宇宙裡有多少存在的東西或出現的現象，人類就有多少企圖瞭解這些東西或現象的知識。中國儒家思想裡有：敬神、恕人、約己、儉物的教訓。我們若把「恕人、約己」簡化為——人，我們就理解了輔大首任校長于斌樞機所提倡的知天、知人、知物的三知論。知天與宗教有關，知人與心理有關，知物與自然科學有關。由此可見，狹義的解讀「科學」便排斥了許多其他科學。

英文的Science（科學）是譯自拉丁文的Scientia，它的字源來自動詞Scire，意思是知道。所以Science就是知識學問。這樣輔大的四十三個學系與研究所便可合理地納入三個範圍：自然科學、社會科學、人文科學。每一個範疇又可納入許多不同的科學。這樣，宗教學、心理學與科學很容易融合在一起，彼此互助合作、相輔相成。（見下頁圖示）。

貳、名詞的澄清

一、科學

按狹義的定義，科學是運用系統的方法處理問題，從而發現事實變化的真相，並進而探求其原理原則的學問。一般人把物理學、化學、生物學等自然科學作為科學的代表（註一）。按廣義的界說，凡有組織有系統的知識，均稱之為科學。自20世紀以來，科學的進步神速，科學的門類越來越多，科學一詞的用法已不再是自然科學的專利；因此，學術界先出現人文科學與社會科學的稱謂，此後更有太

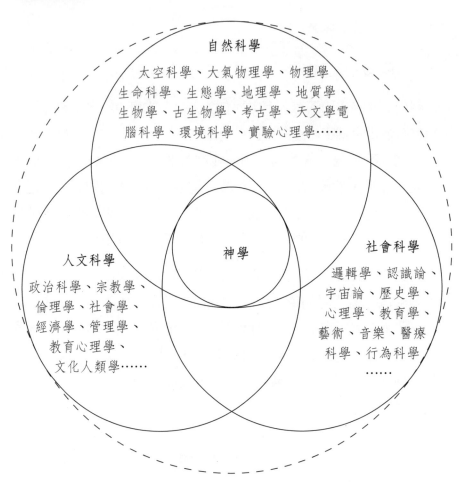

空科學（Space Science）、電腦科學（Computer Science）、生命科學（Life Science）、政治科學（Political Science）、宗教科學（Religious Science）、健康科學（Health Science）、行為科學（Behavior Science）、醫療科學（Medical Science）等等的說法。由此可見，科學與宗教學或心理學之間的矛盾已不再是那樣尖銳。

二、宗教

漢文中的宗教是拉丁文Religio的譯名。按神學家給宗教的描述性定義，宗教對於終極（神明）世界的信仰，包含經驗神聖、覺悟眞理與遵守誡命，因而對於暫留（現實）世界，具有認知、生存與整合功能。（註二）

宗教按中文的字義，宗是神廟，教是教育。宗教便是以神道設教，而設立誡約，使人崇拜信仰（註三）。由於文化背景的不同，不同的民族或地區出現了不同的宗教。道教是我國固有的本土宗教。古代黃帝都敬天禮神以道治國（註四）。道教信仰萬物的造物主，可稱爲超自然的一神教。猶太教、回教、天主教、基督教都信仰唯一眞神，屬超自然的宗教。火神教、太陽教崇拜大自然中某一種威力，屬於自然神的宗教。佛教的創始者釋迦牟尼，於二千六百多年前，看破紅塵出家修道，隱居深山精勤於德，終於徹悟宇宙人生眞理，成爲聖者。悟道之後，爲能救拔眾生，開始佈道設教。弟子信眾尊稱其爲佛陀。佛教因此得名。佛法否認有創造宇宙，獎懲人類的神，所以佛教屬於無神的宗教。

佛教、道教以佈道設教，特別重視教導人明法悟道、積善修德，因此佛、道兩教不斷教導人修身養性、戒惡行善。基督宗教深信道成人身，救世主降凡，因而特別強調福音傳播，以獲得救主恩寵、消除罪愆。臺灣的民間宗教似乎功利色彩比較濃厚，人們求神拜佛大多只爲了求恩求福，而對神明的崇敬愛戴比較淺薄。因此，迷信的意味較重。

三、心理學

心理學最早的定義是研究靈魂的科學。在實驗心理學出現之前，

心理學屬於哲學的一門，被稱爲理性心理學。1879年，馮德在萊比錫創設心理實驗室之後，心理學的研究也具備了客觀性、驗證性、系統性的條件，所以心理學開始被稱爲科學心理學。心理學的定義被改爲研究行爲的科學。但是，研究人類的心理，學者們根本無法如同研究老鼠、兔子等動物那樣一再實驗，而且人的思想、意願、記憶、想像等內在行爲根本無法驗證、量化，因此心理學出現了差異心理學、比較心理學。事實上，1950年代，心理學在美國幾乎已成了動物心理學。近五十年來，行爲主義的心理學派逐漸式微，現象心理學派逐漸抬頭，心理學逐漸分類爲理論心理學與應用心理學。到了21世紀的今天，理論心理學中包括普通心理學、發展心理學、學習心理學、認知心理學、人格心理學、社會心理學、變態心理學、生理心理學、動物心理學、實驗心理學、人體工程學、神經心理學、宗教心理學、超個人心理學，應用心理學則包涵了教育心理學、諮商心理學、工業心理學、消費心理學、人事心理學、組織心理學、管理心理學、法律心理學、犯罪心理學、廣告心理學、健康心理學、臨床心理學、精神醫學、心理測量學等（註五）。心理學的定義又改爲研究人類身、心（mind）、靈的科學。我們若按上文把科學歸納爲自然科學、社會科學、人文科學三大範疇的理念，上列心理學的不同學科同樣可以分別納入自然、社會、人文。所以不同心理的研究同樣該互助合作、相輔相成。

四、其他名詞

　　與本學術研討會特別有關的名詞如神與上帝、靈魂與魔鬼等，相信其他研究報告必有深入的分析，本文不多加解讀。值得注意的是：不論是神與上帝、靈魂與魔鬼都屬於精神體。按古今中外社會大眾的理解，精神體（Spirit或Spiritual）是無形無像的、不占空間、不能量

化的。祂或它們有時能夠出聲、顯形，但人們無法捉摸更無法操控。奇怪的是，不論文明社會的人士或原始民族都有不難理解何謂神何謂鬼，都有清晰的概念、語言甚至文字。祂或它們的存在，人類只憑經驗。雖然絕大多數的人從未見過也從未接觸，但是深信不疑。極少數的人接觸過神、見過鬼，他們終身難忘。誰若不信他，便是侮辱他的人格。

部分自然科學家要求：凡事拿出證據來，人若對精神體的存在也要求顯身並給予量化；那便是對關鍵名詞的誤解，是矛盾的、非理性的要求。學術界一再提出：「宗教、靈異與科學」的研討，表示部分人士對科學、宗教與精神等重要名稱缺乏正確的理解。物質與精神應該是對立的，前者是有形的、占空間的、可量化的、可一再重複驗證的，而精神卻是無形的、無法量化的，但科學研究的對象卻不僅限於物質，也該包括精神。

參、面對歷史事實與社會現象

一、無法否認的歷史事實

佛教的創始者釋迦牟尼，生於二千六百多年前。他原是釋迦族王國的太子，但因觀察到人世間弱肉強吞、生命互戕的悲劇；他隱居深山，精勤修行，在徹悟宇宙人生真諦之後，開始傳播綸音、教導眾生。他並不教人信奉真神，但卻吸引了廣大民眾的敬仰與皈依。佛學主張人人平等，人人可以悟道成聖、人人可以解脫成佛。好似不求助於神的庇護保佑，佛法卻盛傳於世。佛教並不否認有能力大於人類的神祇，但它並不肯定神祇是獎懲人類的主宰。（註六）

佛教追求的目標有三：現世樂—長命富貴，後法樂—身後上升天堂，究竟樂—個體生命的究極解脫與眾生苦難之終極救度。數千年來，佛法盛傳；豐富了人類生命的意義，其中必有真理。廣大的信眾、頗多學者專家並非愚夫愚婦，崇尚理性的科學家應該尋求合理的解說。

天主教的存在也已有將近兩千年的歷史。耶穌基督這位歷史人物應該誰也不能否認。一個沒有受過學校教育的木匠，被猶太的政府官員與宗教領袖判處死刑，釘在十字架上的罪犯，怎麼在兩千年之後的今天，幾乎全世界的人紀念他的生日，甚至學者們都用B. C.（Before Christ）、A. D.（Anno Domini）來計算歷史的年代。這豈不是一個值得令人思考的奇蹟？談到這，正是部分自然科學家無法置信的問題。聖經中，四位與耶穌生活在同時代的史學家記載了：耶穌不用藥物治好病人、伸手一摸使癩疾病人痊癒、用一句話讓癱子拿起床來走路、用唾沫治好聾子啞巴、用五個餅兩條魚餵飽五千多人、從附魔的人身上將魔鬼趕入豬群、讓埋葬已經四天的拉匝祿復活、自己也在被釘死三天之後，復活起來（註七）。不但耶穌自己，連他的弟子伯鐸也能不用藥物讓瘸腿的人跳起來行走、用祈禱使約培地區的婦女塔彼達的屍體復活（註八）。少數自然科學家們面對幾千年來、幾十億人口信以為真的史實，因無法自行驗證而不予置信。這種妄斷式的反應不但不近人情，也缺乏理性。假如有人堅持《聖經》記載的奇蹟都是迷信，那麼根據科學的原則，他也應該提出有力的證據。

回教亦稱伊斯蘭教為世界三大宗教之一。據1973年的統計，回民人口已超過世界總人口的五分之一。回教信仰唯一真主。祂是無物、無終、無形、無像，祂又大仁大能、至公至嚴、能聽能見，祂是創造天地人神萬物的主宰。教主穆罕默德是真主賜給人類最後的一位使

者。他不是天仙而是人,他不許人爲他立像膜拜,而勸導人信仰唯一
眞主,敬之拜之。回教與基督宗教一樣,肯定靈魂不死,人死以後,
眞主將賞善罰惡,善人得進入天國樂園。所以回教信仰同樣提昇了人
的地位,讓人與神交往,促進人間大愛,豐富精神生活,充實了生
命的意義。人不再如行屍走肉,和動物一樣憑本能而生,隨死亡而毀
滅(註九)。一千四百多年來,回教幾乎傳遍了世界各地。雖然它招
致許多人的誤解、攻擊,它仍能屹立不搖,面對這種偉大而持久的史
實,科學家們值得深入研究,來尋找一個合情合理、合乎科學原理的
解釋。

二、難於解析的社會現象

現代社會表面上似乎很多人不再重視信仰,不再加入宗教。事實
上,只有不斷進廟宇、上教堂的人才知道有多少人在求神拜佛、在懺
悔禱告。

精神科醫師文榮光報導,根據1994年的統計,高達七成的臺灣民
眾相信人死後靈魂仍然存在。又根據同年的另一項報導,相信世間
有鬼的達百分之六十四,認爲舉頭三尺有神明的占百分之八十九,
相信靈魂附身的占百分之六十一。由以上數據,可見臺灣民眾超過一
半以上相信神、鬼、靈魂的存在,而絕不相信的不到百分之十。1982
年,蓋樂普(Gallup)所作關於來生(Afterlife)的調查,發現百分之
六十七的人相信有來生。(註十)

1993年,筆者接受教育部的委託,作過有關宗教教育的民意調
查。在向教育學者發出的問卷中,關於下列問題表示同意或完全同意
的數據如下:

編號		同意
1	正統宗教大多教導人戒惡行善。	97.6%
2	不論古今中外各民族都有宗教現象。	97.6%
3	不明教義的人誤以為宗教等於迷信。	75.6%
4	宗教給人曉喻天理法則。	84.1%
5	宗教助人瞭解人生的意義與目標	92.6%
6	宗教信仰能促進人間的友愛與和平	86.4%
7	宗教信仰幫助人心靈純潔遠避邪惡。	87.8%
8	相傳幾千年的宗教值得學者們深入研究。	93.9%
9	有關宗教現象的學術研究極須加強。	85.4%
10	已有宗教信仰的人最好也瞭解其他宗教。	93.9%

　　根據以上文榮光醫師的報導以及筆者的調查，可見大多數的民眾相信有神、有靈魂、有來世、有鬼，也有鬼魂附身。教育家們絕大多數肯定宗教價值，也鼓勵學術研究。可惜，專注於物質世界的自然科學家們，有的提出「靈魂可能存在於右側大腦的顳葉」而忘卻了靈魂（Soul）是精神體（Spirit），有的則主張：拿不出證據來，就寧可信其無。不知，這樣的「信」，是不是合乎理性，合乎科學觀點？

三、封閉的科學是否合理？

　　動物的學習是靠制約式的交替學習或工具式的交替學習，人類知識的獲得有時卻不需要練習而靠頓悟。藉著邏輯思考，人類能增長知識；藉修身養性能徹悟真道。人類有學得的知識也能有傳授的知識。科學家、藝術家有時獲得靈感，宗教界的人士有時獲得啓示、神論，有的是先知也有的是靈媒。老子悟出的「道可能，非常通」，釋迦牟尼的成道，穆罕默德的信道等絕非藉由科學實驗一再驗證所得的知識。

　　宇宙萬物正向著全人類挑戰。不論是有形的、無形的、自然的、超自然的、具體的、抽象的事事物物，人類都有權利、有義務去發掘、去探討、去明瞭、去接納、去善用。科學家要是侷限於物質世界的研究，否定人文科學、社會科學的存在與價值；則人類的認知永遠是片面的、狹隘的、封閉的。現代教育特別強調全人教育、通識教育，正因為專研自然科學的學者缺乏人文素養，無法賞識物質文明以外的精神世界。文學、美學、哲學、神學都是人類精神文明的遺產，是心靈的現實世界，我們若把他們拋棄於科學的範圍之外，則科學將是個黑暗的世界，科學家將永遠找不到生命的意義。可幸的是，不少偉大的科學家，他們既肯定科學貢獻的偉大同時也不放棄聖經、道學的心靈智慧。愛因斯坦曾說：科學的兩大支柱，一個是實證，另一個是邏輯推理。邏輯推理是屬於形上學、屬於哲學。他又說：宗教沒有科學是瞎子，科學沒有宗教是瘸子。所以，真正懷有科學精神的學者該共同推行跨學科、跨宗教、跨文化的交談。今天的學術研討會可以說是一個很好的開始。

四、誰有絕對的科學標準？

　　以「科學觀點」而言，必然否定宇宙中靈魂及其素材的存在。而完全解釋為大腦機轉的這個論點暗示著大腦是人類最主要的決定者。這是臺灣的一位精神科醫師的說法。他又說：以「科學觀點」來看，人類所有經驗，包括歡樂、喜悅、失落、悲傷、折磨等等，都不過是複雜的神經網路中的一部分。在此，大腦扮演著決定性的角色。根據這種論點，個體的人是沒有自由意志的。心理學本可以歸屬於人文科學或社會科學，但喜歡以自然科學家自居的心理學家卻企圖以神經心理學來解釋一切。

到底什麼是「科學觀點」？從研究動物世界的實驗心理學家憑什麼來否定宇宙中靈魂的存在。幾十年前，心理學家很少提到冥想、超覺靜坐、催眠、靈異現象、鬼神附身，現今連普通心理學的課本也已納入了教材。我們能提出的問題是：誰是眞正的心理學家？誰更符合科學精神？誰更擁有絕對的科學標準？是憑空否認靈的存在？或先信其存在而後加以研究？

同一位精神科醫師認爲歐美先進國家常引用「超我、自我、原我」來解釋精神疾病與靈異現象，臺灣人常用「神、人、鬼」來作解釋。他的論斷是：從精神醫學的觀點來看，靈異現象祇是「鬼迷心竅、魔由心生」，附身現象祇是一種無形的心理防衛機能。類似這樣的論斷是否眞正合乎理性思考或科學精神？

肆、科學還有走不完的路程

一、人類的知識未達極限

目前最進步、最神秘的科學也許是電腦科學與生命科學。科學家對於自然界的奧秘還有很多探索的空間。現代科學家假如對化學、物理學、生物學已經有了百分之百的瞭解，那麼很多大學的碩士班、博士班即將停止招生。原來負責培育後代學者的化學家、生物學家等很快即將失業。但是，擺在我們眼前的事實卻並非如此。不論是化學家、生物學家等付出了一輩子的心血，到了退休的年齡還發現在他所最熟悉的、最著迷的領域裡，還有很多對他來說，是個秘密。學問無窮是鐵一般的事實。面對有形可見的物質世界，在一個狹窄的領域裡，人們的感受尚且如此，何況那無形可見、難於捉摸的精神世界。

一般來說，人文科學家與社會科學家並不排拒自然科學，相反的他們都懷著感恩的心，接納自然科學研究的成果。研究自然科學的學者在自己的領域裡，可能以擁有碩士、博士學位，甚至是諾貝爾獎的得主，但在宗教學、心理學、哲學、神學等各方面的知識，可能只達到一個幼稚園或小學生的程度。「大學」第一章所講的格物致知、誠意正心、修身齊家、治國平天下的學問，自然科學家只做到了格物致知的階段。在知物、知人、知天的三知論中，也只達到了知物。孔子說：不知人，焉知天。我們要探討神，也要瞭解人。研究神屬於宗教科學，研究人的身、心、靈是心理學。人是由物質的肉體與精神體的靈魂所組合，所以心理學也必須介入自然科學的領域。所以人類要研究天、地、人的學問，前面還有走不完的路程。

二、科學必須繼續向前

社會大眾似乎相信科學與非科學之間存在著明確的分界線。當我們提出「宗教學、心理學與科學」的主題來研討時，似乎已暗示著前二者好似不屬於科學。

專研自然科學的部分學者傾向於為科學描繪出浪漫式的英雄畫像。好像科學就代表真理，宗教就等於迷信。但我們若將科學拉回到人類的日常生活，我們將發現科學與非科學之間並不存在明確的界線。

人們若不仔細推敲，很容易相信科學就有獨特的、客觀的、統一的科學方法，科學都可以量化，以數據為憑，科學家都比較理性、重視邏輯思考。請問，科學家以「大爆炸」來推測宇宙的開始，這是否合乎邏輯？是否可以量化？科學家要求精神體的鬼、靈、神顯身來肯定祂的存在，這是否合理？古今中外的民眾大多接受宗教信仰，科學

家面對這幾千年的歷史事實，祇用「鬼迷心竅、魔由心生」來加以解釋。他憑的是什麼數據？什麼邏輯思考？什麼科學方法？

科學家對科學的信念，有時近乎頑固的信仰。但看科學家與科學家之間意見的分歧、激烈的爭論；我們可以大膽的推論說：科學還必須繼續向前，因為誰也沒有掌握全部的、絕對的真理。

三、發展科學也需要有信

人類擁有的科學知識絕大多數是由於信、靠著信。化學家告訴我們氫二氧一的組合會變成水。我們中很少人要求自己去驗證。太空科學家告訴我們宇宙間還有許多比我們的地球還大的星球，我們不必親自去驗證，我們信。經過精密的儀器檢驗，醫師告訴病人，你的肝或胰有癌症，病人不必自己看到病毒的癌細胞，而心甘情願的接受很痛苦的化學治療。我們相信科學家的研究成果，我們接受他們所傳授的知識。我們相信他們是可靠的，我們尊重他們的人格。

日常生活中，我們只看到電燈的光、電鍋的熱、電爐的火，我們沒有看到電，但我們相信科學告訴我們有電。我給你們講話、你聽我說話，我們有思想的溝通。誰能說：除非你拿出來給我看，讓我測量，我不相信你有思想。科學家牛頓曾以為原子是物質中最小的顆粒，除了上帝，人不可能把它分裂。但後代的科學家先相信它可以分裂、假設它可以分裂，所以造成了原子彈。這裡我們就可以肯定的說：科學在證實之前，科學家需要有信；在完成理論之後，一般人還是憑著信來接受科學知識。所以，信的成分是發展科學中不可或缺的成分。

四、人定勝天是永遠的美夢

自從20世紀，科學以驚人的速度發展以來；部分科學家不知不覺地越來越有自信。好像人世間的一切問題完全可以賴科學來解決。事實上，生活在17、18世紀的萊布尼茲（Leibniz, 1646-1716）早就有這種想法。他說：有些人喜歡回歸到超乎自然的奧秘性質，不過因爲這些東西名聲太差，所以他們改個名字稱其爲力。萊氏的這段評語是批判牛頓萬有引力的理論。他認爲：這種理論是無意義的奧秘性質，讓人永遠搞不清楚，除了上帝以外，恐怕連鬼也無法解釋它。在萊氏心目中，好像只有用理性解釋的知識才能納入科學的安全範圍，其他的就只好拋去祭鬼神了。萊氏的口氣明顯地表達他對超自然奧秘的吐棄，而被他所批判的萬有引力的理論：「任何兩個物體，可以彼此相吸，不需別的媒介。」卻是正確的。

現代人包括部分中國科學家，隨著知識的增長也開始自我膨脹，喊出人定勝天的口號，把科學當作萬能。不幸，隨著九二一地震及其餘震之後，現在我們又面臨水荒的災害。臺灣島國四面是海，周圍都是水，科學家怎麼還沒有能力把海水變成淡水，讓人灌溉、讓人暢飲。

過去幾十年來，科學發達、經濟成長；爲什麼好景不長，目前很多人失業，很多人走投無路，很多人失望自殺。科學，單憑自然科學，人能不能眞正解決人類的問題？能不能眞正幫助人找到生命的意義？看來，人定勝天將永遠是個無法實現的美夢。

伍、結語

本報告於短短幾天內成文，它不是一個實證研究，也不是一個統計調查。關於宗教、心裡與科學的主題是一個很值得但是將討論不完的問題。

根據名詞的澄清與科學範圍互相包容的構想，筆者提出下列幾點簡單的結論：

一、科學名稱不該侷限於自然科學。

二、自然科學社會科學與人文科學該互助合作、相輔相成。

三、自然科學的研究成果是人類共同的資產。

四、人類的科學研究必須推廣到知物、知人、知天。

五、人文與社會科學該與自然科學共融，共享研究成果。

六、偉大的科學家需有開放的頭腦，放棄偏見、成見。

七、眞正的科學家應不排拒任何能有、該有的知識眞理。

八、心理學家、宗教學家應抱謙虛的態度，尋求自然科學家的協助。

九、自然科學家亦應多探究科學發展的歷史、接受哲學思考的訓練。

十、任何科學家應有超脫的眼光，由現象探討實相，由有形探討無形，由知識眞理更探索生命的意義。

基督耶穌說：EGO SUM VERITAS, VIA, ET VITA.
　　　　　　我就是眞理、道路、生命。

附註

註一：張春興，現代心理學。東華書局，1999，頁10。

註二：張春申，宗教概論。國立空中大學，1992，頁19。

註三：同上，頁5。

註四：張椊，宗教簡介。內政部，1991，頁24。

註五：張春興，同上，頁27。

註六：昭慧法師，宗教簡介－佛教。內政部，1991，頁6。

註七：路加，新的全集（聖經）。上海光啟社，1994，頁274。

註八：路加，宗徒大事錄（聖經）。上海光啟社，1994，頁396。

註九：中國回教協會，宗教簡介－回教，內政部，1991，頁295。

註十：文榮光，論靈異現象。中研究院，1997，頁18。

朱秉欣，教育機構增進宗教教育之可行性研究，教育部，1993，頁35。

文榮光，同上，頁25。

文榮光，同上，頁24。

文榮光，同上，頁25。

Wolpert, Lewis. 1993, The Unnatural Nature of Science. P143.

附錄二
當代人的心理與生活

全人心理學

原載於「當代中國文化研討會　專輯」p.29-38；民國78年。

自古以來，人類不斷在問：人到底是什麼？人生活到底是爲了什麼？今天我們談：當代人的心理與生活，事實上也就是在探索：當代的人到底怎麼回事？當代的人生活到底是爲了什麼？

當代人的界說

當代人這個名詞看來非常簡單。當代人當然是指當代活著的人。已經過世的的人總不能再稱之爲當代人。不過，當我們要開始描寫當代人的心理與生活，我們立刻發現當代人不是一個單純的團體，當代的人與人之間存在著無數的差異。

當代西方的白種人與美國的印第安人、黑人，與加拿大、澳洲的原始民族，與印尼、菲律賓的土著有著很大的的差別。全世界的人口衆多，人種複雜、民族懸殊，所以當代人的心理與生活，實在不能一概而論。

單就我們的中華民族，當代的中國人有旅居歐、美的華僑，有生長在上海、北平、南京等大都市的居民，有生活在偏遠地區的邊疆民族，有隱居在深山野地或窮鄉僻壤的山胞與農民，他們的心理與生活，彼此之間也有著天壤之別。

把範圍縮小到我們臺灣的這個小島，在兩千萬的居民中，同樣存在著很大的出入。蘭嶼島上的居民與臺灣的原鄉人，不論是心理或生活，很明顯有著很大的不同。由中國大陸遷移過來的外省人和臺灣各地區的山胞，論生活方式與心理狀態亦不一致。要是依職業分類來談當代人，那麼從事農漁業的百姓與住在大都市裡的工商企業界人士又有很大的不同。總之，「當代人」這一個名詞包羅萬象，它包括了科技最進步、物質文明最發達的國家中的人民，同時也包括了居世界

各地貧窮落後、尚未開化的原始民族。本文主要是分門別類地來描述當代人的心理與生活，絕不可能在數小時內結束。因此，本文所指的當代人，便是泛指當代所活著的較進步開化的人，尤其是指我們中國人。

對前人的認識

一開始分析當代人，我們立刻會問：那麼前人是怎麼樣的。認識了前人，我們才可以探討兩者的異同。

中華民族是以農立國，前人過著農村社會的生活。農民日出而作，日入而息；一切順自然規律，隨季節變化。農民們靠天吃飯，效法蜜蜂、螞蟻，勤勞節儉；他們互助合作，生活簡樸，只求溫飽，容易知足。民眾的需求低，社會的變遷慢。面對大自然的威力、天災地禍，前人容易認命，不求創新。

古老的社會裡，皇帝赫赫威嚴，庶民微不足道。少數人掌握著大權，操縱著一切。人與人之間分階級、重五倫、重權威、講孝道、重傳統、遵禮俗。朝廷上雖然講內聖外王。但聖王少，昏君多。讀書做官的雖然講仁義道德，但很少廉潔正直。因此，盛世時，在上的便窮奢極侈；戰亂時，則饑民遍野。無知民眾大多沒有政治意識，文武百官普遍缺乏社會意識。

由於政治腐敗，大眾無知，社會貧窮落後，百姓體弱多病。傷寒肺癆，連年肆虐；嬰兒夭折，成人短命。農民之中，因有地主與佃農之分；大地豐收時，富商大地主同樣可以狂歡作樂，奢侈浪費；貧苦小百姓則叫苦連天，走投無路。社會出現的怪現象是：朱門酒肉臭，途有餓死鬼。朝廷有錢時，擴建宮殿，修築大廟；住瓊樓玉宇，吃山珍海味；而不作河川整治、防洪防災；亦不造橋鋪路，以利交通。水

災、旱災來臨時，民眾流離失所、自生自滅。因此，前人的社會，難民特別多，乞丐特別窮。中國雖地大物博，百姓卻民不聊生。

土地是前人的經濟來源，家庭是前人的生活命脈。兒女必須依賴父母，所以盡孝；不孝，沒有家，無法生存。女子完全依賴丈夫，必須盡忠；既沒有家也沒有業。子女的農耕技術全由父母傳授，家庭也就是學校；傳道、授業、解惑，全都有賴家教。農村的工作大多靠雙手操作，農民必須克苦耐勞。農村的工作忙碌，時常需要互助合作，村民重情誼、敦親睦鄰。農民的生活儉樸，無須勾心鬥角；他們重信用、誠實無欺。農民有明確的生活目標，傳宗接代是他們的使命，反哺報恩是他們的責任。農民雖然知識淺薄，但幾乎都有信仰；也許帶一點迷信色彩，但他們的生活有方向、有寄託。他們沒有野心，也沒有太高的理想，但他們憑良心做事，有正義感、有道德意識。他們生活在家人的團體裡，立足在自己的鄉土上。他們有歸屬感，他們知道自己的根；他們不忘祖忘本。他們不研究歷史、不寫歷史，但他們卻有強烈的歷史意識。

當代人的心理特徵

知識科技的突飛猛進是當代社會的特色。以臺灣的情況來說，近二、三十年來，民眾的教育普及，科技的進步神速。人們開始多用腦力，少賴體能，多用機器，少費勞力。工業發達、商業繁榮、社會都市化、工商國際化；從事農業的人口越來越少，土地的重要性也愈來愈減。民眾靠知識、技能謀生，賺錢快、利潤高。家人為求學、就業、流動性高，彼此的接觸少，感情友誼也因而降低。兒女們不必依賴父母，自己可以謀生；女子可以不必婚嫁，也能獨立生存。隨著經濟的獨立，當代人獲得了更多行動上的自由，因為家庭約束的減少，

心理不夠成熟的青少年們便產生了行為的偏差。西德的青年人感到他們的問題是金錢太多，臺灣的青年們要是發生問題，應該是家庭的教育太少。

由於知識提高，見聞增長，當代人藉著大眾傳播媒體，認識世界各地；再經旅遊觀光，學習以各種花樣尋找生活樂趣。人性本來進取向上，看到的，大家自然競手模仿。現代人生活的需求提高，慾望急遽上升，金錢便顯得特別重要。為了錢，許多人長途跋涉觀摩學習；為了錢，許多人埋頭苦讀，悉心鑽研。不過，當大家爭先恐後、致富發財的當兒，某些人卻財迷心竅、見利忘義。他們不勞力想要發財，不耕耘企圖收穫。為了錢，他們投機取巧，不擇手段，為了錢，他們埋沒良知、出賣人格。因此，當代人的社會迅速地出現了貪污走私、仿冒偽鈔、詐欺勒索、殺人搶劫的現象。也許就在我們的周圍，當代人迷於聲色而失卻了自主；也許就是我們的親友，當代人迷於財帛而喪失了理智。

心理學家都肯定青少年的生理成長較快，而心理的成熟較慢。以當代的臺灣來說，我們可以肯定：社會的經濟成長較快，而一般人士的倫理成熟較慢。年輕人體力強壯而缺乏理性駕馭便很危險，同樣，成年人金錢多了而缺乏運用原則也會帶來問題。當代的青年似乎偏向於吃喝玩樂追求生活的刺激，當代的成人也越來越來爭取權勢、迷於嫖賭，尋找物質的享受。由青少年的飆車競技，成人的投機賭博，如六合彩、大家樂，我們可以說：當代人好奇心大、責任感小、自私心重、公德心弱。

隨著民主思潮的興起，當代人強調自我意識，爭取思想獨立、言論自由；可惜由近年來社會脫序、行為失控的現象來說，當代人似乎尚缺乏自我認識，還沒有自治能力。面對時代潮流的劇變，人與人

之間的矛盾，當代人喜歡自我探索、時常反省；但與歷史脫序、與家鄉疏離的他，很難找到自己、獲得自知之明。經不起外界的誘惑，逃不開內心的迷茫，脫離了根的當代人似乎已開始自我迷失。他們失去的是使命感與歸屬感，他們所體驗的卻是挫折感與疏離感。他們的生活似乎失去了方向，放棄了希望。他們生活在現在，顧不到未來；他們只會迷於物質，看不到精神，只顧到現世，忘掉了永生。奧國維也納，一所富麗堂皇的天主教大堂改變成了音樂廳。荷蘭阿姆斯特丹，一所古老的基督教堂成了現代藝術的畫廊。中國大陸無數的廟宇淪爲手工業的廠房。當代人迫切地尋找自己，因而忘記了上帝。

當代人的生活現象

談到當代人的生活，婚姻與家庭立刻引起我們的注意。當代已婚的男女給社會帶來了午妻、外遇、改嫁、再娶、姘居、分居、離婚、遺棄的現象。一對對英俊美麗的青年男女，經過了多年的戀慕熱愛，在親朋好友的祝福聲中走上了紅色的地毯，結果卻演變成了令人心碎的悲劇。隨著歲月的增長，離婚的人數愈來愈多。臺北、高雄等大都市的某些地區，每個月的離婚對數已超過同一月中的結婚對數。至於分居、遺棄等案件尙未納入統計。

當代的婦女也有謀生技能，她可以獨立；她不必認命，不再祇爲他人生存。不幸的是，無數心靈脆弱的兒童便成了時代的犧牲品，他們中有的是未來的罪犯，有的是未來的精神病患。

不幸的婚姻之外，當代人還有許多其他的因素迫使他與家人離散。留學、從軍、就業、移民都是正常的理由，但老年人養子防老的期望似乎已經落空，成年人反哺報恩的理想幾乎要變成夢想。呈現在我們眼前的事實是：當代的老年人孤獨寂寞，當代的壯年人莫可奈

何，當代的兒童心靈創傷。每次過年過節，由高速公路車輛的擁擠，火車車廂的人滿為患，可以推測當代人流動離散的嚴重性。

單看當代人的婚姻與家庭，也許我們所得的印象偏於消極。今日的臺灣是以經濟奇蹟聞名於世界，我們的目光更該轉移到工商企業界的人士，看看他們的生活情調。首先，臺灣的大企業家、大資本家，近二十年來事業發達，財源滾滾而來；數錢需要機器，算帳需用電腦。錢不是問題，心卻並不如意。為購買土地，受多方限制；要擴建工廠，遭民眾抗議。為拓展市場、應付競爭、解決污染、滿足員工要求，當代的有錢人也並不事事順利。為促進上下溝通，他們忙於開會；為獲得各界瞭解諒解，他們不斷應酬、金錢以天文的數字累積，時間卻總是不夠。擁有寬大豪華的住宅，自身卻經常在外；四處奔走，長途跋涉。

從事服務業的商人們，生活可能比工業鉅子更糟。走私漏稅、投機取巧幾乎是當代商人的特色。他們獲取的利潤越高、貪心也越大。從前商人的利潤可能是成本的一成、二成，當代的商人所賺取的可能是成本的一倍、二倍。消費大眾的購買力強了，商人們便使用各種花招攫取更高的利潤。錢多了，大家吃喝玩樂、花天酒地。茶室、酒家、歌廳、舞廳、馬殺雞、三溫暖、牛肉莊、野雞村、MTV及賭場都是他們的遊樂場所。錢多了，更貪圖面子。當代人在大量的消耗了有害心身的洋酒洋菸之外，更追逐洋車洋妞。比起前人，當代的商人不知多了多少財富，更不知增加了多少尋歡作樂的機會。可惜當代人並不知足，也不幸福。社會的犯罪事件層出不窮，全臺的監獄與精神病院常以人滿為患。

雖然林順賢駕機飛往大陸的事件，也使我們想起軍人；但軍中生活畢竟特殊，本文不談。至於從黨、從政者的生活，卻值得我們注

意。

　　一般忠貞愛國，爲民造福的黨國元老有使命感，有責任感。在歷史中，他們爲自己定位，不忘祖忘本而知道繼往開來。雖然他們不得已遠離家鄉，但仍心繫祖國，強烈的民族意識、國家觀念。他們任勞任怨、奉獻犧牲；目標清楚、立場堅定。雖然人人意識到自己年齡增長，體力的衰退，但他們憂人之憂、爲他忘我，不怕考驗、接受挑戰。這些當代的政治家雖然遭受指責謾罵，甚至飽受凌辱，逼著退休。爲了國家的統一、民族的前途，他們卻感到工作得有意義、生活得有價值。對領袖，他們有信心；對未來，他們有希望。可惜，這一類型的當代人似乎爲數不多。相反的，祇想升高發財的政治家，見利爲義的貪官污吏卻比比皆是。爲爭權，他們埋沒良知；爲奪利，他們出賣人格。蒙上欺下，長袖善舞，貪污瀆職、混水摸魚。榮星花園的官商勾結、吳天惠夫婦的司法舞弊是最明顯的實例。至於高喊民主自由而煽動民眾破壞公共設施、擾亂交通秩序的野心家，以及以推行法治爲名而企圖廢棄憲法、顛覆政府的政客，根本罔顧國家安全與大眾福利。他們的言論往往顛倒是非，他們的作爲幾乎與盜賊無異。可惜，這類的當代人猶如愛滋病毒不斷在繼續蔓延，除非民眾覺悟，否則將深受其害。

　　分析心理特徵，我們發現當代人體驗的是疏離感與挫折感；可能的原因是疏遠了家庭，脫離了鄉土，以致不易盡孝盡忠而易忘祖忘本。當代人教育求速成，從商靠取巧，從政搞特權，爭權上黑道。他們迷於錢，迷於色，爲錢痴狂，爲色放縱，因而理性失控而道德淪喪。面對這樣的現象，我們的推論是：當代人迷於物質享受而缺乏精神生活。

　　人不僅需要衣食，更需要感情；不僅追求財帛，更追求知識；不

僅需要名利，也需要公義；不僅追求地位，也追求仁義；不僅需要享受，更需要法治；不僅追求今生，同時也追求來世。

觀察社會上的生活現象，我們理會當代的人，情人不愛，家人不親，他們所體嚐的是感情空虛。工商企業界的勞資糾紛、主僕不睦又表現出當代人缺乏情誼。政治界忠良的官員不多，野心的政治客到處都是；這又顯示了當代人的社會政風不良、正義不張。可見，當代人的迫切需要不再是物質的富饒，而更是精神生活的食糧。

隨著科技的發達，當代人驚訝電腦的功能，核武的威力、太空梭以及人造衛星的偉大，幾乎相信人真的是萬能；不幸的是，面對人間的悲劇：貧窮、戰爭、毒品、色情等，當代人又顯得處處無能。不論在政府機關或工商企業，當代人不斷講服務犧牲，處處提倡溝通分享，但人們所遭遇的，卻是刁難剝削、謊言欺騙。當代人追求自由，同時卻又侵犯了他人自由；當代人爭取解放，同時卻又把他人變成俘虜。可見當代人的生活中到處存在著矛盾，大多數恐怕還沒有認清問題的根。

邁向未來的光明前程

人為靈肉的結合體，因著心物合一，在萬物中，人類占著首位，被稱為萬物之靈。因此，人類異於任何禽獸。生理的需要之外，人類有心理的需要、社會性的需要、精神方面的需要。生存之外，人類求知識，求真理，求自由，求意義。佛洛依德認為人類的慾望是在追求享樂（The Will to pleasure），阿德勒卻進一步肯定人類的慾望在權勢（The Will to power），而維克多・弗郎闌卻以為人類的慾望在於意義（The Will to Meaning）。現代心理學家告訴我們，人生的目標是在實現自我、完成自我。因此人類在追求意義之外，還要繼續發展、追求

完美。耶穌基督更囑咐我們要效法天父一樣的完美。

　　回顧在我們中間的當代人，許多人盲目地斂財，變成了財迷；許多男女放縱情慾，變成了色迷。他們不知不覺地讓自己淪爲軀體的僕役，物質的奴隸。當一個人盲目地生，盲目地死，他無異於禽獸。要是一個人爲非作歹、謀財害命，他還不如禽獸。生活在文明的現代社會裡，尤其在經濟發達、物質充裕的地區，當代人不必爲油鹽柴米擔憂，更不必爲食衣住行發愁。他們更該探索眞理，發掘生活的意義；成己達人，提高人性的尊嚴。

　　法語中有這樣的一句話：Manger pour vivre, vivre n'est pas paur manger. 意思是：吃是爲了生活，生活不是爲了吃。可見人類的生活除了生存以外，還有更高的目標。人生的終極目標到底是爲了什麼？完全拋棄上帝觀念、抗拒宗教信仰的人們也許永遠得不到滿意的答覆。反共大文豪索忍尼辛認爲，這20世紀最大的特色是：人類忘記了上帝。近幾十年來，西方的青年男女，藉菸毒，從縹緲虛幻的夢境中尋找解脫。他們沒有找到滿意的答覆，原因是他們不忠於上帝。四十年來的中國大陸，在毛澤東的領導下，奉馬、列主義來爭取解放。結果是：十億人民不但沒有幸福，反而集體失望。原因是：馬、列主義徹底否定上帝。

　　相反的，國父孫中山先生信奉上帝，懷著基督的仁愛救國救民，一生奉獻犧牲，造福人群。他不但眞正找到了生命的意義，更進入了生命的永恆。先總統　蔣公同樣心懷上帝、信奉基督，他繼承　總理大志、鞏固中華民國。他的一生不但活出了意義，更可以說，他到達了完人的境地。當他說出：「置人生死於度外，以國家興亡爲己任。」這種偉大忘我的精神，已使他超越現世而進入永恆。繼承　蔣公故總統　經國先生，也受過基督宗教的洗禮。他的犧牲享受、憂國

憂民，不但讓全國同胞感激不盡，連全球人民為之欽敬。這些人絕不是愚夫愚婦，他們的心中卻有接納上帝的空間。

絕對不是偶然，也不是巧合；身為當代人的總統　李登輝，也是一位虔誠的基督徒。他心愛上帝，不圖人間名利；他堅毅勇為，祇求民眾福利。當代人中的黨國元老如李國鼎、孫運璿等。他們都信仰基督、敬愛上帝、懷救世贖人的胸懷，一生奉獻犧牲，為國為民。他們都找到了生活的意義，也尋獲了終極的方向。他們不爭取解放，也不尋找解脫；但他們享受心靈的自由，雖然生活在現世，但已分享上帝的永恆。

宗教信仰能不能引領當代人邁向未來的光明前程，中國大陸深圳大學的教授劉小楓，大膽地作了肯定的答覆。在一個國際學術研討會的場合，臺灣、香港、新加坡及中國大陸的哲學家們聚集一堂，研討儒思想與基督教義（Confucianism and Christiarity）。劉小楓在發表他的論文時，大膽地說：為挽救中國，要靠耶穌基督。

七十八年來，中華民國的誕生、成長、茁壯完全有賴於三民主義博大精深的思想體系。不過，我們不能忘記，從　國父孫中山先生直到當代人的總統李登輝，都曾在三民主義的思想體系裡，注入了基督的仁愛。認識了基督，肯定了上帝；人才瞭解自己，知道自己的來源，明白自己的身分，且同時也找到了自己該走的方向與終極的目標。自從民國三十八年以來，中國大陸為什麼發生了人類有史以來最大的悲劇？索忍尼辛的答覆是：因為他們忘記了上帝。古代的中國，儒、道、釋的思想體系並不排斥上帝。中國人雖不富裕，但會知足；他們發揚文化、重視倫理，平心靜氣，知道自己的歸宿。

中國最近播映的「河殤」明白指出，過去的中華民族牢牢地與鄉土結合，同時反映出當代大陸人的心態，幾乎人人都想遠走高飛。為

什麼？因爲無神唯物的思想體系祇把人看作自動的機器。人祇是生產的機器，那裡還找得到生活的意義。有病的人才知健康的寶貴，淪爲俘虜的人才懂得自由的意義。否定上帝四十年之後的中國大陸，竟然出現了劉小楓這樣的人物。可見人類不斷地在探索，無神主義所創造的「解放」沒有爲十億人口帶來滿意的答覆。今天，我們臺灣的當代人也在探索，要是經濟奇蹟沒有給我們帶來幸福，那麼追隨當代偉人去認識基督、信仰上帝——劉小楓教授所找到的路線，是否也值得我們去探索？

國家圖書館出版品預行編目資料

全人心理學／朱秉欣著.
--1版.--臺北市：五南，2008.09
面；　公分
ISBN 978-957-11-5359-9（平裝）
1.心理學
170　　　　　　　　97016240

1BVM
全人心理學

作　　者－朱秉欣(37)

發 行 人－楊榮川

總 編 輯－王翠華

主　　編－王俐文

責任編輯－李敏華

封面設計－童安安

出 版 者－五南圖書出版股份有限公司

地　　址：106台北市大安區和平東路二段339號4樓

電　　話：(02)2705-5066　傳　　真：(02)2706-6100

網　　址：http://www.wunan.com.tw

電子郵件：wunan@wunan.com.tw

劃撥帳號：01068953

戶　　名：五南圖書出版股份有限公司

台中市駐區辦公室/台中市中區中山路6號

電　　話：(04)2223-0891　傳　　真：(04)2223-3549

高雄市駐區辦公室/高雄市新興區中山一路290號

電　　話：(07)2358-702　傳　　真：(07)2350-236

法律顧問　林勝安律師事務所　林勝安律師

出版日期　2008年9月初版一刷
　　　　　2014年9月初版三刷

定　　價　新臺幣350元